国家级职业教育规划教材
人力资源和社会保障部职业能力建设司推荐

■高等职业技术院校公路类专业教材■

公路概论

主编 韩俊梅
主审 林 珈

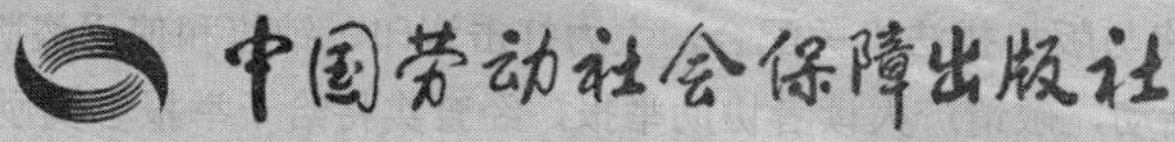

简介

本书根据高等职业技术院校教学实际，由人力资源和社会保障部教材办公室组织编写。主要内容包括公路概述、公路路线、公路路基、公路路面、桥涵工程及公路沿线设施，旨在认识公路线形和公路结构，为公路测量、施工、养护、设计等工作打下基础。

本书由韩俊梅主编，张泓、魏会波、甄占萍参加编写，林珈主审。

图书在版编目(CIP)数据

公路概论/韩俊梅主编. —北京：中国劳动社会保障出版社，2012
高等职业技术院校公路类专业教材
ISBN 978-7-5045-9748-9

Ⅰ.①公… Ⅱ.①韩… Ⅲ.①道路工程-高等职业教育-教材 Ⅳ.①U41

中国版本图书馆 CIP 数据核字(2012)第 135260 号

中国劳动社会保障出版社出版发行
(北京市惠新东街 1 号 邮政编码：100029)
出 版 人：张梦欣

*

三河市华骏印务包装有限公司印刷装订 新华书店经销
787 毫米×1092 毫米 16 开本 11.25 印张 252 千字
2012 年 7 月第 1 版 2021 年 8 月第 9 次印刷
定价：21.00 元

读者服务部电话：(010) 64929211/84209101/64921644
营销中心电话：(010) 64962347
出版社网址：http: // www.class.com.cn
http: // jg.class.com.cn

前言

随着我国公路交通的高速发展，公路施工、养护、工程测量等岗位从业人员的数量日益增多，对其具备的知识和能力的要求也在不断提高。为了更好地满足各类职业院校对公路类专业高技能人才的培养需求，全面提升教学质量，人力资源和社会保障部教材办公室组织全国有关院校的教学专家、行业企业专家，在充分调研学校教学情况和企业生产实际的基础上，精心编写了高等职业技术院校公路类专业教材，包括公路类专业基础平台课教材《公路概论》《公路工程识图》《公路CAD》《工程力学基础》《土质与筑路材料》，以及公路类专业课教材《路基路面施工技术》《桥涵工程施工技术》《公路养护技术》《公路工程测量》《公路勘测及简单设计》《公路工程现场测试技术》《公路工程施工组织与概预算》《公路施工养护机械》《公路施工安全》。

在教材的编写过程中，力求做到以下几点：

1. 采用模块化设计，合理构建专业教材体系

针对公路类专业培养目标和企业对岗位能力的不同需求，本套教材分为公路施工养护模块、公路工程测量模块、公路试验检验模块、公路施工组织与管理模块等。教师可以在专业基础平台上组合不同的能力模块实施教学，以达到公路（桥梁）施工、养护、工程测量等专业方向的能力培养要求。

2. 以国家职业标准为依据，以能力培养为目标组织教材内容

教材编写以筑路养护工、工程测量工、桥梁工、隧道工等职业的国家职业标准为依据，注重企业对公路施工、养护、工程测量等岗位从业人员的能力要求，坚持实用、够用的原则，合理组织教材内容，有效解决了公路类教材存在的理论性过强的问题。

3. 贯彻先进的教学理念，根据教学内容的不同精心选择编写模式

本次教材编写贯彻了职业教育的先进教学理念，对于理实一体化和工程实践操作性较强的课程，采用了任务驱动的编写模式；对于理论性较强的课程，采用了理论与工程实践相结合的编写模式。在教材的表现形式上，尽量采用以图代文、以表代文的表达方式，增强教材的可读性，激发学生的学习兴趣，引导学生自主学习。

为方便教学，与《公路概论》《公路工程识图》《工程力学基础》《土质与筑路材料》《公路工程测量》《公路工程施工组织与概预算》相配套，开发了习题册；与《公路概论》《公路工程识图》《公路 CAD》《工程力学基础》《土质与筑路材料》《路基路面施工技术》《桥涵工程施工技术》《公路工程测量》《公路工程现场测试技术》相配套，开发了多媒体教学课件，可进入中国人力资源和社会保障出版集团网站（http://www.class.com.cn）免费下载。

在本套教材的编写过程中，得到了有关省市教育部门、人力资源和社会保障部门以及一批高等职业技术院校的大力支持，教材的主编、主审等有关人员做了大量的工作，在此表示衷心的感谢！同时，恳切希望广大读者对教材提出宝贵的意见和建议，以便修订时加以完善。

人力资源和社会保障部教材办公室

2012 年 6 月

目录

模块一

公路概述

学习目标

- 了解公路的发展、特点、等级划分及技术标准；
- 掌握公路的基本组成；
- 能够认识公路的基本组成部分。

学习引导

交通运输业是国民经济的重要组成部分，公路运输在交通运输业中起着主导作用，是国民经济的命脉。公路建设在国家的政治、经济、军事、文化及人们的日常生活和生产中起着非常重要的作用。“要想富，先修路”“公路通，百业兴”已充分说明了公路建设的重大意义。因此，对于公路工程人员来讲，熟悉公路方面的基本知识，为公路的长远发展打下坚实的基础是非常有必要的。

想一想

如图 1—1—1 所示的公路图片是不是很漂亮，你想知道它们是怎样发展而来的吗？

a)

b)

c)

d)

e) f)

图 1—1—1 公路图片

a）香格里拉公路 b）沈大高速公路 c）南京长江大桥 d）北京西直门立交桥 e）涵洞 f）隧道

一、公路的发展

我国公路建设有着悠久的历史，约 2 500 年前，古波斯帝国大道贯通了东西方，并连接起通往中国的大道，形成了世界上最早、最长的丝绸之路。早在公元前 2 000 年，我国已有可以行驶牛、马车的道路。唐代是我国古代道路发展的鼎盛时期，初步形成了以城市为中心的四通八达的道路网。清代道路网系统分为三等，即“官马大路”“大路”“小路”，其中，“官马大路”分东北路、东路、西路和中路四大干线，共长 2 000 多千米。但直到 20 世纪初真正能行驶汽车的公路才开始修建。

1913 年中国修筑了第一条真正能行驶汽车的公路，由湖南长沙至湘潭，全长 45 千米，这是中国的第一条汽车公路，为中国公路的建设揭开了新篇章。但是到 1949 年，全国公路里程只有 13 万千米，而能勉强维持通车的公路仅有 8.07 万千米，而且标准低、质量差、分布也极不合理，大部分公路都集中在东部沿海地区。占全国土地面积 2/3 的山区和边疆少数民族地区几乎没有公路。

1949—1978 年，新中国成立后，公路交通进入了恢复发展的新时期，在这 30 年间，公路总里程增加到 89 万千米。

1978 年以后，国家执行了以经济建设为中心的政策，把交通作为国民经济发展的战略重点之一，为公路交通事业的快速发展提供了机遇。我国公路交通步入了快速发展的轨道，不仅通车里程延伸，而且路面技术等级和通达深度也有提高。截至 2010 年年底，全国公路网总里程达到 398.4 万千米。

高速公路的建设是交通运输业现代化的重要标志之一。1988 年 10 月 31 日，我国修建的第一条高速公路沪嘉（上海宝山区至嘉定区）高速公路建成通车，全长 20.4 千米，实现了中国高速公路建设零的突破。高速公路与一般公路最大的区别在于解决了横向干扰并使纵向干扰减少到最低程度。它具有通行能力大、行车速度快、交通事故少、经济效益高等优点。

我国高速公路的发展大致经历了以下两个阶段。一是初期发展阶段，即 1988—1997 年的 10 年。这一阶段相继建成了沈大、京津塘、成渝、济青、京石、沪宁、广深等一大批具有重要区域性影响的高速公路工程，突破了我国高速公路建设的多项重大技术“瓶颈”，积累了设计、施工、监理和运营等建设和管理全过程的经验。二是高速发展阶段，即 1998 年至今。1998 年，为应对亚洲金融危机，国家实施了积极的财政政策，加快了基础设施建设步伐，交通行业按照国家的统一部署，加大了公路建设力度。从 1998 年至今，高速公路建设进入了发展高峰期，发展速度令世界瞩目，年均通车里程超过 4 000 千米，年均完成投资 1 400 亿元。1999 年，全国高速公路里程突破 1 万千米；2000 年，国道主干线京沈、京沪高速公路建成通车，在我国华北、东北、华东之间形成了一条快速、安全、畅通的公路运输大通道；2001 年有“西南动脉”之称的西南公路出海通道经过 10 多年的艰苦建设终于实现了全线贯通，西部地区从此与大海不再遥远。到 2002 年年底，我国高速公路通车里程达到 2.5 万千米，2009 年年底是 6.51 万千米，2010 年年底达到 7.41 万千米。

桥梁是很多地区公路畅通的关键。因此，在公路和高速公路高速发展的同时，我国桥梁的发展速度也很快，我国的桥梁已有 4 000 多年的历史，从古代的泸定桥、洛阳桥、举世闻名的赵州桥，到 20 世纪建成的武汉长江大桥（1957 年）、南京长江大桥（1969 年）、广东虎门大桥（1997 年），21 世纪建成的杭州湾跨海大桥（2008 年）等，我国人民在桥梁史上写下了光辉灿烂的篇章。特别是近年来，我国桥梁建设呈飞跃式发展，2010 年建成的南宁五合大桥，全长 6 770 米，其中主桥为 488 m × 39.8 m，创造了桥梁史上的诸多第一。除此之外，正在建设的桥梁还有很多座，在不久的将来，我们会看到越来越多更宏伟、更壮观、更美丽的桥梁。

在桥梁建设迅猛发展的同时，涵洞及隧道建设也取得了突破性进展。可以很自豪地说，我国在桥涵和隧道建设上的技术水平已经跻身于世界先进行列。

二、公路的基本组成

公路是指按照国家规定的公路技术标准修建，并经公路主管部门验收认定的城市间、城乡间、乡间可主要供汽车行驶的公共道路。由于长期承受车辆荷载和各种自然因素的影响，公路不仅要满足线型要求、稳定的路基、路面和桥涵，而且还必须有必要的防护设施和公路沿线附属设施，以满足公路交通运输的需要。

公路工程由路线工程和结构工程两部分组成。

1. 路线工程

公路由于受自然条件的限制，在平面上有转折，在纵面上有起伏，在转折点和起伏变化点处，为满足车辆行驶的顺畅、安全和一定的速度要求，必须用曲线来连接，故公路路线在平面上和纵面上都是由直线和曲线两部分组成的，包括平面线型、纵断面线型和横断面线型。概而言之，公路是由平、纵、横线形构成的立体空间线型。

2. 结构工程

公路的结构主要由路基、路面、桥涵、隧道、路线交叉等这些公路基本构造物及公路附属构造物（排水工程、防护工程及公路沿线设施）组成。

（1）路基

如图 1—1—2 所示，路基位于路面的下方，是公路的重要组成部分，是公路线形构造物的主体，它贯穿公路全线，与桥梁、隧道相连。路基也是路面的基础，用于承受由路面传递下来的行车荷载。所以，路基必须具有足够的强度、刚度和稳定性。

（2）路面

路面是用各种路用材料铺筑在路基上供车辆行驶的层状结构物。路面结构层一般由面层和基层组成（土基是路面的基础，但不属于路面结构），如图 1—1—3 所示。面层位于公路的最上层，与行车荷载及各种自然因素直接接触；基层是路面结构中的承重部分，因此，为了保证车辆行驶的安全、经济、快速和舒适，路面必须具有足够的强度、刚度、平整度、抗滑性和稳定性。

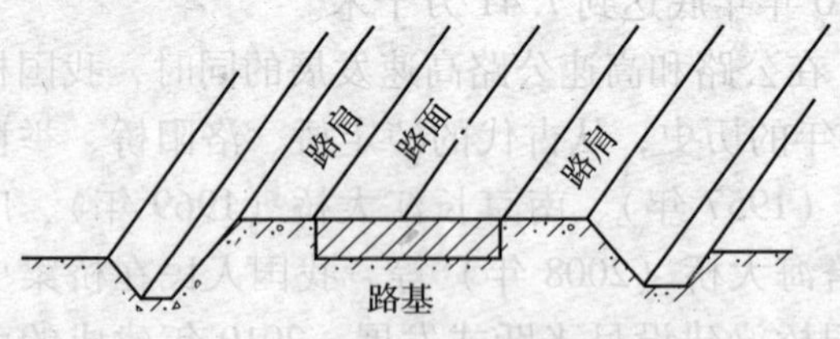

图 1—1—2　路基结构示意图

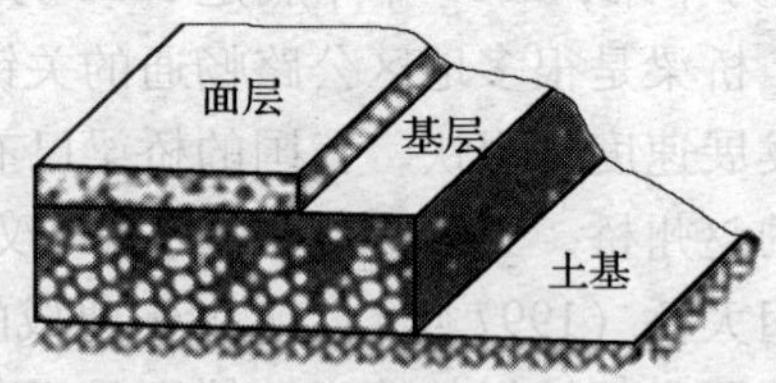

图 1—1—3　路面结构示意图

（3）桥梁和涵洞

公路跨越河流、山谷、公路、铁路及其他线路时需修建桥梁和涵洞，以保证公路的连续性。当单孔跨径≥5 m，或多孔总跨径≥8 m 时，称为桥梁，如图 1—1—4 所示；小于上述值时则称为涵洞，如图 1—1—5 所示。

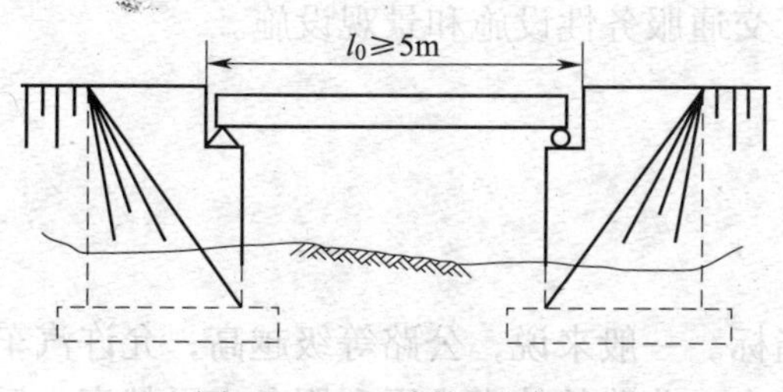

图 1—1—4　桥梁示意图

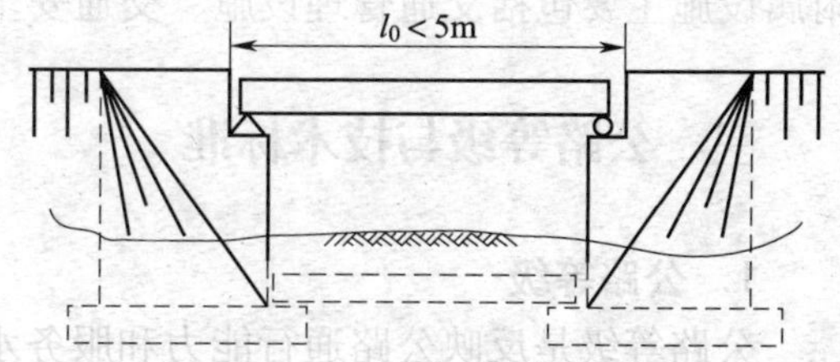

图 1—1—5　涵洞示意图

（4）隧道

在山区修筑公路时，经常需要穿越山梁或垭口，通过修建山洞来连接山岭两侧的公路，这类山洞称为隧道，如图 1—1—6 所示。隧道可以改善平面线形，减缓纵坡，缩短公路里程，降低运输成本等，但工程造价高。

图 1—1—6　隧道

（5）路线交叉

路线交叉是指公路与公路、公路与铁路及公路与其他道路或管线相交的形式。汽车行驶在公路上，必然与其他各种车辆及行人出现汇集现象，相互干扰，容易造成交通事故，影响车辆行驶速度。为了减少交通事故，提高车辆的通行能力，需在各种车辆相互交织的位置设置路线交叉。路线交叉有平面交叉和立体交叉两种形式，如图 1—1—7 所示。

a)

b)

图 1—1—7　路线交叉

a）平面交叉　b）立体交叉

在公路结构中，除以上基本构造物外，还有路基排水、防护与加固工程及公路沿线附属设施等公路附属构造物。这些构造物在整个公路使用中也起着较为重要的作用。路基排水主要包括边沟、排水沟等排水设施；防护与加固工程主要包括植物防护和挡土墙等；公路沿线附属设施主要包括交通管理设施、交通安全设施、交通服务性设施和景观设施。

三、公路等级与技术标准

1. 公路等级

公路等级是反映公路通行能力和服务水平的指标。一般来说，公路等级越高，允许汽车安全行驶的速度越高，适应的交通量和车辆荷载越大，公路的技术水平和服务水平越高；反之，公路等级越低，公路的通行能力和技术水平越低。

根据公路的使用任务、功能和适应的交通量，我国《公路工程技术标准》（JTG B01—2003）中将公路划分为高速公路、一级公路、二级公路、三级公路和四级公路五个等级。高速公路是全封闭、全立交、供快速车辆行驶的干线公路。其他各级公路为干线公路、集散公路。

各级公路的特点及交通量见表1—1—1。

表1—1—1　各级公路的特点及交通量

公路等级	特点	交通量
高速公路	专供汽车分向、分车道行驶并应全部控制出入的多车道公路，包括四车道、六车道和八车道三种车道	四车道高速公路应能适应按各种汽车折合成小客车的年平均日交通量为25 000～55 000辆 六车道高速公路应能适应按各种汽车折合成小客车的年平均日交通量为45 000～80 000辆 八车道高速公路应能适应按各种汽车折合成小客车的年平均日交通量为60 000～100 000辆
一级公路	专供汽车分向、分车道行驶，并可根据需要控制出入的多车道公路，包括四车道和六车道两种车道	四车道一级公路应能适应将各种汽车折合成小客车的年平均日交通量为15 000～30 000辆 六车道一级公路应能适应将各种汽车折合成小客车的年平均日交通量为25 000～55 000辆
二级公路	供汽车行驶的双车道公路	双车道二级公路应能适应将各种汽车折合成小客车的年平均日交通量为5 000～15 000辆
三级公路	供汽车行驶的双车道公路	双车道三级公路应能适应将各种汽车折合成小客车的年平均日交通量为2 000～6 000辆
四级公路	供汽车行驶的双车道或单车道公路	双车道四级公路应能适应将各种汽车折合成小客车的年平均日交通量为2 000辆以下 单车道四级公路应能适应将各种汽车折合成小客车的年平均日交通量为400辆以下

各级公路设计交通量的预测，高速公路和具干线功能的一级公路的设计交通量应按20年预测；具集散功能的一级公路，以及二、三级公路的设计交通量应按15年预测；四级公路可根据实际情况确定。

2. **技术标准**

技术标准指一定数量的车辆在车道上以一定的设计速度行驶时，对路线和各项工程的设计要求。它是根据理论和总结公路建设的经验及国家政策而拟定的法定技术要求，反映了目前我国公路建设的技术方针，在公路施工中都必须严格遵守。技术标准大致可归纳为“几何标准”“载重标准”和“净空标准”三类，其主要指标见表1—1—2。

表1—1—2　　**各级公路主要技术指标**

<table>
<tr><td colspan="2">公路等级</td><td colspan="9">高速公路、一级公路</td><td colspan="6">二级公路、三级公路、四级公路</td></tr>
<tr><td colspan="2">设计速度（km/h）</td><td colspan="3">120</td><td colspan="3">100</td><td colspan="2">80</td><td>60</td><td>80</td><td>60</td><td>40</td><td>30</td><td colspan="2">20</td></tr>
<tr><td colspan="2">车道数</td><td>8</td><td>6</td><td>4</td><td>8</td><td>6</td><td>4</td><td>6</td><td>4</td><td>4</td><td>2</td><td>2</td><td>2</td><td>2</td><td>2</td><td>1</td></tr>
<tr><td rowspan="2">路基宽度（m）</td><td>一般值</td><td>45.00</td><td>34.50</td><td>28.00</td><td>44.00</td><td>33.50</td><td>26.00</td><td>32.00</td><td>24.50</td><td>23.00</td><td>12.00</td><td>10.00</td><td>8.50</td><td>7.50</td><td>6.50</td><td>4.50</td></tr>
<tr><td>最小值</td><td>42.00</td><td>—</td><td>26.00</td><td>41.00</td><td>—</td><td>24.50</td><td>—</td><td>21.50</td><td>20.00</td><td>10.00</td><td>8.50</td><td>—</td><td>—</td><td colspan="2">—</td></tr>
<tr><td colspan="2">圆曲线极限最小半径（m）</td><td colspan="3">650</td><td colspan="3">400</td><td colspan="2">250</td><td>125</td><td>250</td><td>125</td><td>60</td><td>30</td><td colspan="2">15</td></tr>
<tr><td rowspan="2">竖曲线的极限最小半径（m）</td><td>凸形</td><td colspan="3">11 000</td><td colspan="3">6 500</td><td colspan="2">3 000</td><td>1 400</td><td>3 000</td><td>1 400</td><td>450</td><td>250</td><td colspan="2">100</td></tr>
<tr><td>凹形</td><td colspan="3">4 000</td><td colspan="3">3 000</td><td colspan="2">2 000</td><td>1 000</td><td>2 000</td><td>1 000</td><td>450</td><td>250</td><td colspan="2">100</td></tr>
<tr><td colspan="2">最大纵坡（%）</td><td colspan="3">3</td><td colspan="3">4</td><td colspan="2">5</td><td>6</td><td>5</td><td>6</td><td>7</td><td>8</td><td colspan="2">9</td></tr>
</table>

“几何标准”是指主要用于确定路线几何尺寸的技术指标；“载重标准”主要用于结构设计，目前我国的载重标准有公路－Ⅰ级和公路－Ⅱ两个等级；“净空标准”主要根据不同标准汽车确定的外廓尺寸和轴距来确定。

一般情况下，一条公路应采用相同的等级和技术标准，但当公路路线较长且地形或运量不同时，也可以采用不同的等级和技术标准。

一条公路上可以有多个等级和技术标准吗？

四、公路项目基本建设程序

一条公路特别是高等级公路，从计划建设到竣工交付使用，要经过许多阶段和环节，而且它们有着内在的规律和客观必然的先后顺序。公路项目基本建设程序就是公路项目基本建设在整个建设过程中各项工作的先后顺序。凡新建公路工程项目和改建的大中型公路工程项目，都必须按我国交通部颁布的《建设工程项目管理规范》（GB/T 50326—2006）规定的程序办理。

公路项目基本建设程序主要可分为以下四个阶段：规划与研究阶段、设计阶段、施工阶段、交付使用阶段，如图 1—1—8 所示。

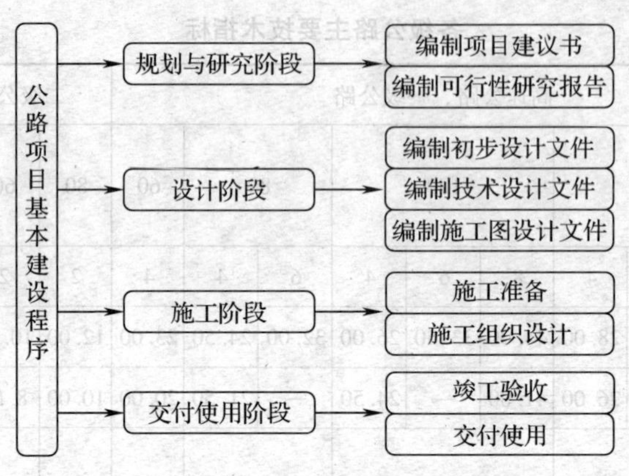

图 1—1—8　公路项目基本建设程序

1. 规划与研究阶段

规划与研究阶段是公路项目基本建设程序的第一个阶段，主要包括项目建议书和可行性研究报告两项内容。一个公路工程项目的实施首先要根据国民经济长远规划及布局所规定的公路网规划，提出项目建议书，待项目建议书获得批准后即可进行可行性研究。

2. 设计阶段

设计阶段是公路项目基本建设程序的主要阶段。它是对拟建工程的实施在技术上和经济上所进行的全面而详尽的安排，是公路基本建设计划的具体化，是组织施工的依据。

根据公路工程项目所设计的路线性质和要求，设计阶段可分为一阶段设计、二阶段设计和三阶段设计三种。

一阶段设计，即一阶段施工图设计。适用于技术简单、方案明确的小型工程建设项目。

二阶段设计，包括初步设计和施工图设计。适用于大、中型工程建设项目。

三阶段设计，包括初步设计、技术设计和施工图设计。适用于技术复杂、基础资料缺乏和不足的建设项目或建设项目中的个别路段、特大桥、互通式立体交叉、隧道等重大建设项目。

一般公路工程项目建设均采用二阶段设计。设计工作必须由具有相应资质等级的勘察设计单位来完成。

3. 施工阶段

(1) 施工准备

为保证施工的顺利进行，公路工程项目在开工之前应积极做好各项施工准备工作。施工准备主要包括施工现场准备及劳力、机具设备、材料和技术准备工作。

1) 施工现场准备

施工单位接到中标通知书后，与业主进行合同签订的同时，开始现场施工准备工作。主要应做好以下几项工作：

①复查和了解现场。施工单位应首先复查和了解现场的地形、地质、文化、气象、水源、电源、料源或料场、交通运输、通信联络以及城镇建设规划、农田水利设施、环境保护等有关情况。对于扩（改）建工程，应将预拟保留的原有通信、供电、供水、供暖、供油、排水沟管等地下设施复查清楚，在施工中要采取保护措施，防止被损坏。

②确定工地范围。施工单位应根据施工图样和施工临时需要确定工地范围及在此范围内有多少土地，哪些是永久占地，哪些是临时占地，并与地方有关人员到现场一一核实（是荒地或是良田、果园等），绘出地界、设立标志。

③清除现场障碍。施工现场范围内的障碍如建筑物、坟墓、暗穴、水井、各种管线、道路、灌溉渠道、民房等必须拆除或改建，以利施工的全面展开。

④办妥有关手续。上述占地、移民和障碍物的拆迁等都必须事先与有关部门协商，办妥一切手续后方可进行。

⑤做好现场规划。施工单位按照施工总平面图搭设工棚、仓库、加工厂；安装供水管线、架设供电和通信线路；设置料场、车场、搅拌站；修筑临时道路和临时排水设施等。在有洪水威胁的地区，防洪设施应在汛期前完成。

⑥保证道路安全畅通。道路施工需要许多大型的车辆机械和设备，原有道路及桥涵能否承受此种重载，需要进行调查、验算，不符合要求的应作加宽或加固处理，保证道路安全畅通。

2) 劳力、机具设备、材料和技术准备

①劳力。道路施工需要大量劳动力，而且时间相对集中，因此，开工前落实劳力来源，按计划适时组织进（退）场是顺利开展施工、按期完成任务、避免停工或窝工的重要条件之一。

目前公路工程施工劳力多为民工，组织民工队伍时应做好以下工作：一是要注重素质；二是要注重教育；三是签订好施工合同。

②机具设备。公路工程施工需要大量的机械设备和运输车辆，其中大、中型设备和运输车辆更是施工的主力。在施工时，若某一关键机械（或设备、车辆）跟不上会严重影响施工进度，造成很大浪费。因此，施工单位应根据现有设备的数量、质量情况和周密的计划分期分批进场。其中需要维修、租赁或购置的设备，应按计划落实，并要留有备份，以保证施工的需要。

③材料。公路工程施工需要大量材料，除水泥、木材、钢材、沥青等重要外购材料外，还有沙、石、石灰等大量的地方材料，材料费占到工程总费用的2/3左右，因此，其费用高

低直接关系到工程造价。同时，材料的品质、数量以及能否及时供应也是决定工程质量和工期的重要环节。材料准备工作的要点是：品质合格、数量充足、价格低廉、运输方便、不误使用。在保证材料品质的前提下，施工单位应本着就地取材的原则，广泛调查料源、价格、运输道路、工具和费用等，做好技术经济比较，择优选用，同时根据使用计划组织进场，力争节省投资。

④技术准备。技术准备是指要熟悉图样资料和有关文件。施工单位接收工程任务后，应全面熟悉施工图样、资料和有关文件，参加业主工程主管部门或建设单位组织的设计交底和图样会审并做好记录。

设计图样是施工的依据，施工单位和全体施工人员必须按图施工，未经业主和监理工程师同意，施工单位和施工人员无权修改设计图样，更不能没有设计图样就擅自施工。

施工单位应组织有关人员对施工图样和资料进行学习和自审，做到心中有数，如有疑问或发现差错应在设计交底和图样会审中提出，请上级给予解答。

（2）施工组织设计

根据设计文件、现场条件、各单位工程的施工程序及相互关系，工期要求以及有关定额等编制施工组织设计。

施工总平面图是施工组织设计中的重要组成部分。实践证明：施工总平面图的布局合理与否，不仅直接关系到是否便于施工，而且对工程造价、工期、质量，乃至与当地关系等方面都会产生很大的影响，因此，必须做好该项工作。

施工总平面图的布局应符合下列要求：

1）应与现场的地物地貌相结合，做到布局合理、工程量少、便于施工及使用。

2）各项临时工程设施尽可能与永久工程相结合，尽量不占或少占耕地，不应早占或占而不用，以便减少投资和节约用地。

3）临时排水、防洪设施，不得损害邻近的永久性建（构）筑物的地基与基础、挖（填）方区边坡以及当地的农田、水利设施等。

施工组织设计一般先由施工单位总工程师向有关大队（或工区领导）、技术干部及职能部门有关人员交底，最后由单位工程负责人向参加施工的班组长和作业人员交底，并认真讨论贯彻落实。

4．交付使用阶段

施工完成后，首先由施工单位向公路工程项目法人提出申请，由法人组织对其进行竣工验收。竣工验收主要包括对工程质量、数量、期限、生产能力、建设规模、使用条件进行审查。合格后，项目法人按照规定及时完成项目交工验收报告，并在交通主管部门备案，最后可交付使用。使用2~3年后，进行项目后评价，确定项目是否达到了预期目标和设计要求，检查设计及施工各个环节的实际质量，重新计算实际财务效益和国民经济效益。通过评估，可以发现从立项到运营全过程存在的问题，肯定成绩、总结经验，作为今后改进投资规划、评估、管理工作的参考。

思考与练习

1. 我国公路可划分为哪几个等级？
2. 我国公路技术标准有哪几类？
3. 公路的基本组成有哪些？
4. 简述公路项目基本建设程序。

模块二

公路路线

课题一　公路平面线型

- 了解平面线型的有关概念及组成；
- 熟悉平曲线超高、加宽设置的相关知识；
- 熟悉平曲线的有关概念及平面线型的常见组合类型；
- 能够根据公路平面线型图认识公路线型名称及组合类型；
- 能够根据平曲线的超高及加宽图认识平曲线的超高和加宽。

公路路线由平面线型、纵断面线型、横断面线型组成，因此公路路线是一种三维空间体。公路平面线型的好坏直接影响着交通安全、公路的美观与顺畅。汽车是主要的交通工具，且交通量很大，因此，必须合理设计公路路线的平面线型、尺寸及线型组合。否则会降低公路的通行能力，造成运输者时间和经济上的损失，造成各种各样的交通事故。

如图 2—1—1 所示的公路线型中平面线型要素包括哪三种？属于哪种平面线型组合类型？

a)

b)

图 2—1—1　公路平面线型
a）平面公路　b）山区公路

一、平面线型的组成及要素

公路平面线型是公路的中心线在水平面上的投影。直线是公路平面线型中最简单、距离最短的平面线型形式，但实际中往往因受地形、地质、地物等因素的影响使公路产生转折，即公路平面线型有直线段和曲线段，因此平面线型由直线和平曲线组成，如图 2—1—2 所示。

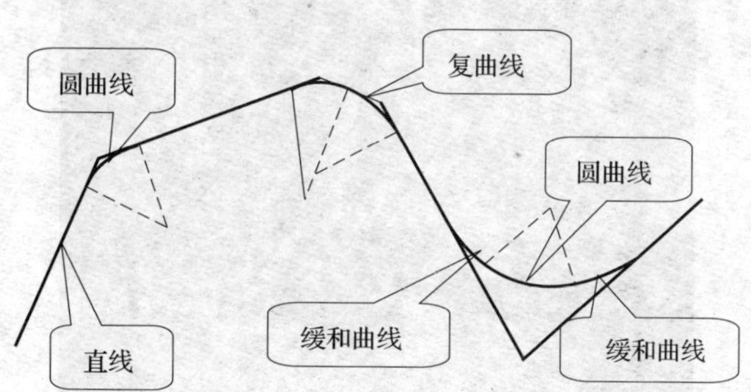

图 2—1—2　公路平面线型图

平曲线是在公路转折处设置的用于连接相邻两直线段的曲线。平曲线分为圆曲线和缓和曲线两种。曲率半径为常量的曲线称为圆曲线，曲率半径为变量的曲线称为缓和曲线。

平面线型要素包括直线、圆曲线和缓和曲线。公路转折处只设一个圆曲线时，称为单曲线；设两个及两个以上半径不同的圆曲线时，称为复曲线。复曲线由于在勘测设计、施工和养护维修时很困难，且会降低汽车运行的平稳性和旅客舒适性，所以很少采用。因此圆曲线一般采用单曲线。曲线转折时有右转弯和左转弯两个方向，转向相同的两相邻曲线称为同向曲线；转向相反的两相邻曲线称为反向曲线。

1. 直线

直线是公路路线距离最短的路线，施工简单，工程费用及运营费用低，因此，在公路平面线型中使用最广泛的是直线，但过长的直线并不利于汽车行驶。一是因为直线线型大多难以和地形相协调，二是因为直线过长容易造成驾驶员思想麻痹大意，精神疲倦，感觉单调从而导致交通事故的发生。所以，直线长度要合理，不能过长，也不能过短。一般直线路段的最大长度（m）应控制在设计速度（km/h）的20倍为宜。同向曲线间直线段的长度不小于6倍设计速度（km/h）为宜；反向曲线间直线段的长度不小于2倍设计速度（km/h）为宜。其最小长度参考值见表2—1—1。

表2—1—1　　直线长度参考值

设计速度（km/h）		100	80	60	40
最大直线长度（m）		2 000	1 600	1 200	800
最小直线长度（m）	同向曲线间	600	480	360	240
	反向曲线间	200	160	120	80

2. 圆曲线

(1) 圆曲线的半径

圆曲线具有易与地形相适应、线型美观、简捷、易于测设等优点，是平曲线中的必要线形要素，如图2—1—3所示。

图2—1—3　圆曲线

各级公路在转弯处均应设置圆曲线。圆曲线的主要技术指标是圆曲线的半径。它的大小直接影响着汽车在平曲线上行驶的平稳性及安全性。

图2—1—4所示为汽车在公路圆曲线（弯道）上行驶时的受力图，从图中可以看出，汽车除受重力等作用力外，还受到离心力 $C=mv^2/R$ 的作用。离心力的产生对在圆曲线上行驶的汽车影响很大，离心力过大，会影响乘客的舒适性，甚至使汽车产生向外滑移或倾覆现象。所以，必须对离心力进行限制。而公路等级确定后，设计速度 V 随之确定，因此，就

只有对圆曲线的半径进行限制。根据离心力的计算公式，离心力与圆曲线半径成反比，所以，有条件时可尽量增大圆曲线的半径，以减小离心力，使汽车在圆曲线上行驶更平稳、更安全。

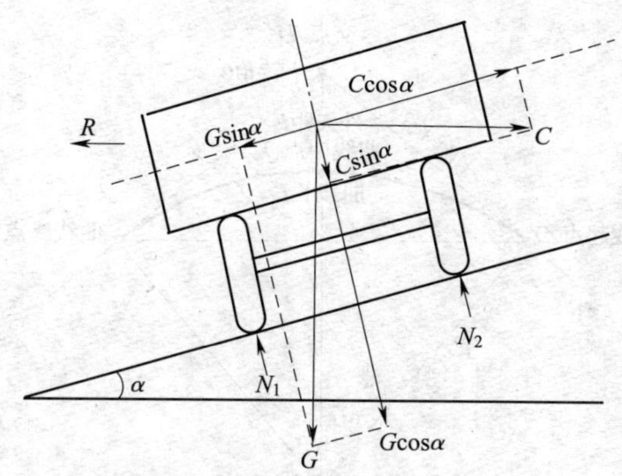

图 2—1—4 汽车在弯道上行驶时的受力图

《公路工程技术标准》（JTG B01—2003）中规定了圆曲线的三种最小半径限定值，即极限最小半径、一般最小半径和不设超高的最小半径，见表 2—1—2。

极限最小半径是指能保证汽车以设计车速安全行驶时，圆曲线最小半径的极限值。一般情况下尽可能不采用。

一般最小半径是指汽车以设计车速行驶时具有较好的安全性、经济性和舒适性的圆曲线最小半径，是一般情况下采用的最小半径。

不设超高的最小半径是指圆曲线半径较大，离心力较小时，在满足设计速度时不设超高的情况下，汽车也能保证其安全性、舒适性的圆曲线最小半径。

表 2—1—2　　圆曲线最小半径

设计速度（km/h）		120	100	80	60	40	30	20
一般值（m）		1 000	700	400	200	100	65	30
极限值（m）		650	400	250	125	60	30	15
不设超高的最小半径（m）	路拱≤2.0%	5 500	4 000	2 500	1 500	600	350	150
	路拱＞2.0%	7 500	5 250	3 350	1 900	800	450	200

圆曲线半径选用时必须与设计速度相适应，条件允许时，尽可能选用较大的圆曲线半径，但最大不能超过 10 km。

（2）圆曲线元素

圆曲线是公路转折处平面线型的主要曲线形式，当圆曲线的半径 R 确定后，圆曲线就由其切线长、曲线长、外距、超距四要素决定，如图 2—1—5 所示。

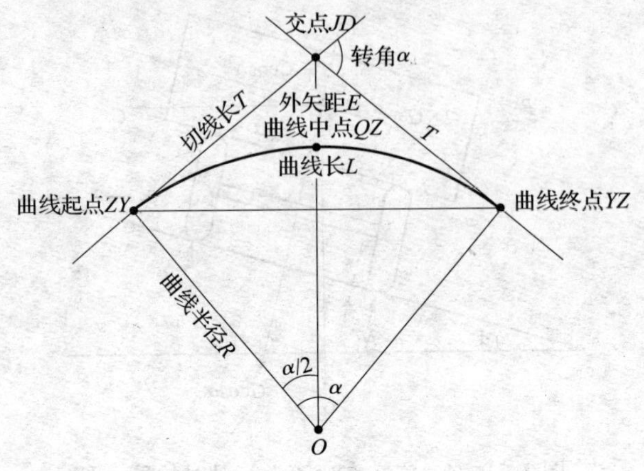

图 2—1—5　圆曲线元素

圆曲线各要素具体计算公式如下：

切线长：

$$T = R\tan\frac{\alpha}{2} \tag{2—1—1}$$

曲线长：

$$L = \frac{\pi}{180}\alpha R \tag{2—1—2}$$

外距：

$$E = R\left(\sec\frac{\alpha}{2} - 1\right) \tag{2—1—3}$$

超距：

$$D = 2T - L \tag{2—1—4}$$

式中　R——圆曲线半径，m；

　　　α——转角（°）。

3．缓和曲线

（1）缓和曲线的特点

缓和曲线是曲率连续变化的平曲线，通常设置在公路转弯处的直线和圆曲线之间或半径相差较大的两同向圆曲线之间，是平面线型的要素之一。在公路迅猛发展的今天，由于缓和曲线具有能适用汽车行驶轨迹，缓和汽车运动状态的突变，有利于驾驶员转向操作，且线形过渡顺畅、美观的特点，在平面线型中所占的比例越来越大，目前已成为协调平面线型的主要线形要素，如图 2—1—2 所示。《公路工程技术标准》（JTG B01—2003）规定，除四级公路可不设缓和曲线外，其他各级公路均应设置缓和曲线。

（2）缓和曲线的线形

缓和曲线设计时应适应汽车的行驶轨迹，使半径由直线上的无穷大逐渐过渡到半径为定值的圆曲线上。缓和曲线包括回旋线、三次抛物线、双纽线等线型。《公路工程技术标准》（JTG B01—2003）规定，缓和曲线应采用回旋线线型形式。回旋线是一种半径与曲线长度成反比的曲线。

回旋线的基本公式为：

$$rl = A^2 \tag{2—1—5}$$

式中 r——回旋线上某点的曲线半径，m；

l——回旋线上某点到其原点的曲线长，m；

A——回旋线参数，表示回旋线曲率变化的缓急程度，m。

（3）设缓和曲线的平曲线元素

如图 2—1—6 所示，在公路平面线型设计时，根据需要在弯道处，除设置圆曲线外，还应设置缓和曲线。缓和曲线设置后圆曲线的位置将变化，则原来的圆曲线必须向内移动，才能保证直线段与缓和曲线起点相切，缓和曲线的终点又与圆曲线上某一点相切。

平曲线中设置缓和曲线后，包括以下元素：

p——圆曲线的内移值；

q——圆曲线切线增长值；

β——缓和曲线角；

T_h——切线长；

L——曲线长；

E_h——外距；

D_h——切曲差。

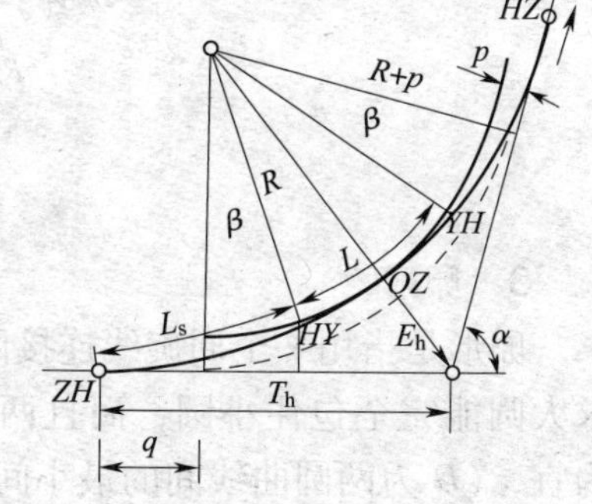

图 2—1—6 缓和曲线图

二、平面线型的常见组合形式

平面线型包括直线、圆曲线和缓和曲线（回旋线）三种线型。我国地形、地质、水文条件等复杂多样，因此，平曲线也有多种形式。平面线型组合形式主要有基本型、S 形、卵形、凸形、复合形和 C 形六种。

1．基本型

平面线型的基本型是指平曲线部分按回旋线—圆曲线—回旋线的顺序组合的形式，如图 2—1—7 所示。它是最简单、最常用的一种组合形式。其中，回旋线—圆曲线—回旋线的长度之比尽量设计成 1∶1∶1 或大致接近。

2．S 形

S 形是指两个反向圆曲线用两段反向回旋线连接起来的组合形式，如图 2—1—8 所示。组合时 S 形平面线型中相邻两个回旋线参数 A_1 与 A_2 宜相等。S 形的两个反向回旋线以径向连接为宜。S 形两圆曲线半径之比不宜过大，以 $R_1/R_2 \leq 2$ 为宜。

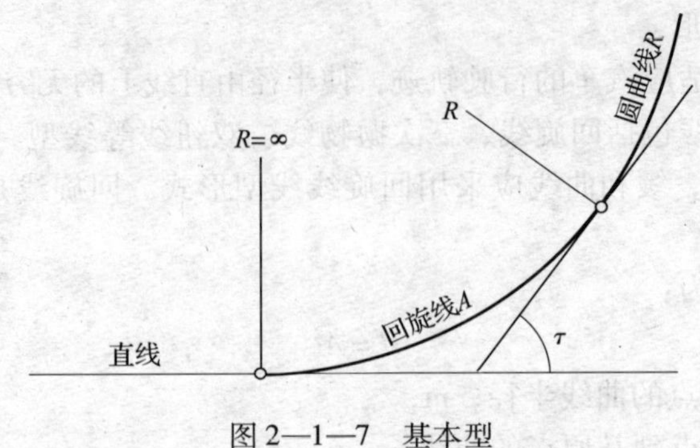

图 2—1—7　基本型

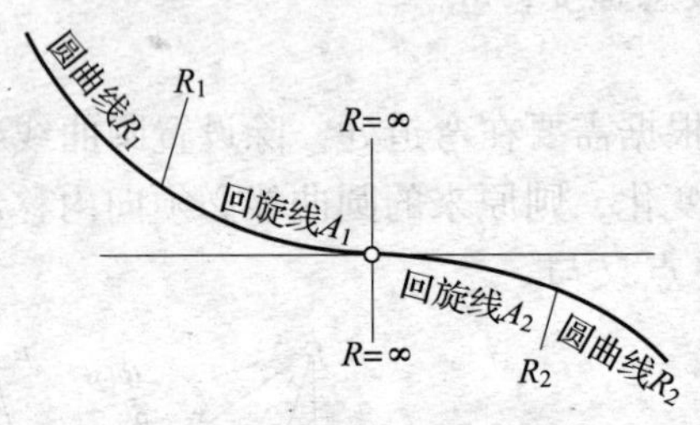

图 2—1—8　S 形

3. 卵形

卵形是指用一个回旋线连接两个同向圆曲线的组合形式，如图 2—1—9 所示。组合时要求大圆能完全包住小圆，而且两圆不是同心圆；两圆曲线的间距，以 $D/R_2=0.003\sim0.03$ 为宜，（D 为两圆曲线间的最小间距）；两圆曲线半径之比 $R_2/R_1=0.2\sim0.8$。

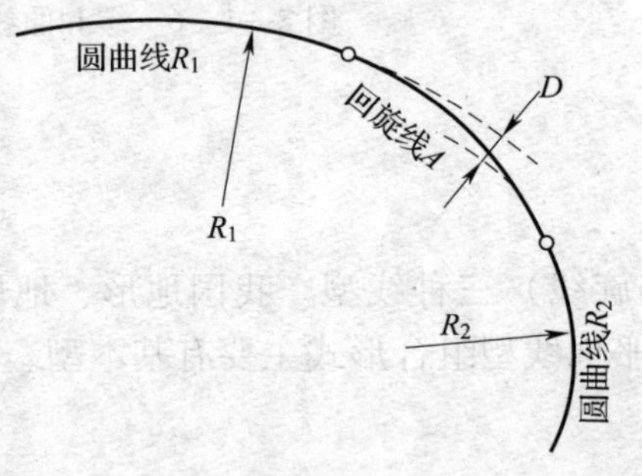

图 2—1—9　卵形

4. 凸形

凸形指两段同向回旋线之间不插入圆曲线而径相衔接的组合形式（圆曲线长度为零），如图 2—1—10 所示。组合时要求凸形曲线在连接点处曲率是相等的。这种组合对驾驶操纵不利，很少采用。只有在路线受地形、地物严格限制处才可使用。

5. 复合型

复合型是指将两个以上的同向回旋线在曲率相等处相互连接的组合形式，如图 2—1—11

所示。组合时要求相邻两个回旋线参数之比应小于 1.5。复合型线型形式较复杂，所以，很少采用，只有在受地形条件限制，或互通式立体交叉的匝道设计中方可采用。

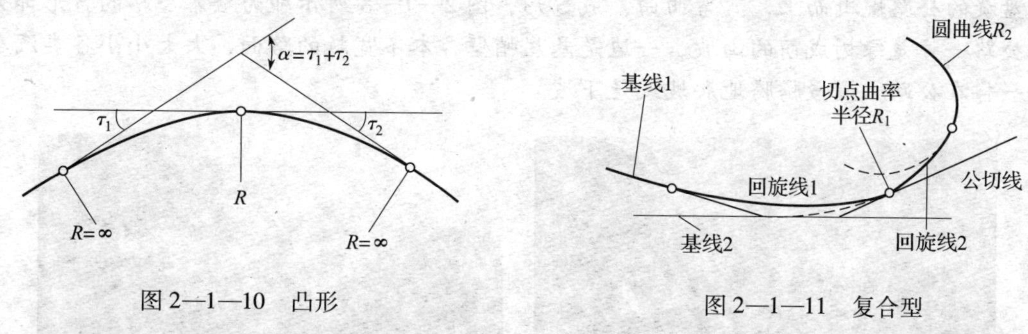

图 2—1—10　凸形　　　　图 2—1—11　复合型

6. C 形

C 形指两同向回旋线在曲率为零处径相连接（即连接处曲率为 0，$R=\infty$）的组合形式，如图 2—1—12 所示。C 形曲线对行车和平面线型都不利，所以很少采用，只有在特殊地形条件下方可采用。

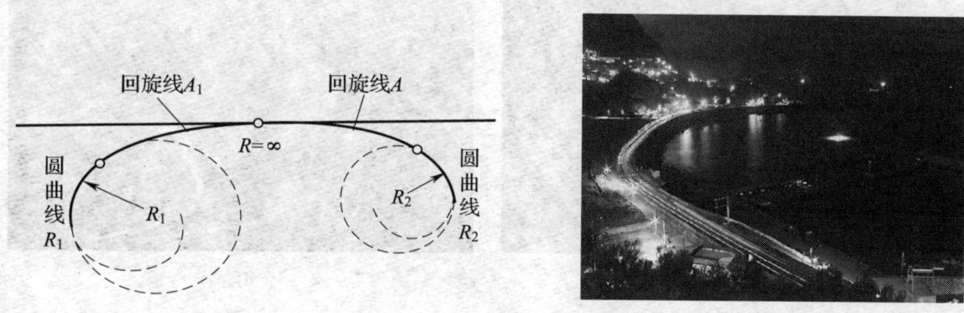

图 2—1—12　C 形

在以上六种形式中，基本型是平原地区常用的公路平面线型组合类型，其他形式在山区及其他特殊地形条件下使用。

问题解答

根据以上所学知识可知图 2—1—1 所示的公路线型中平面线型要素包括直线、圆曲线和缓和曲线三种。图 2—1—1a 所示公路平面线型组合形式属于基本型；图 2—1—1b 所示公路平面线型组合形式属于 S 形。

阅读材料

矮寨公路位于湖南省湘西自治州吉首市境内，是湘川公路 319 国道中的一段。矮寨公路之险居全国公路之首，如图 2—1—13 所示。这条盘山而上的公路只有约 6 km，但它却修筑于水平距离不足100 m、垂直高度高达440 m、坡度大小在70°~90°的斜面之上。这种特定的空间迫使公路左右移动，转折13道锐角急弯，形成26截几乎平行、上下重叠的路面。这一段盘旋的公路蜿蜒而上，弯弯曲曲，成S形，图2—1—8所示即为矮寨公路的S形部分路段。公路一旁是绿树成荫的山坡，一边是悬崖峭壁，本不宽敞的路面，大大小小各类汽车如蚂蚁一样在公路上慢慢腾腾地爬坡或是下坡。

a)　b)　c)　d)

图2—1—13　矮寨公路

a）上下重叠的路面　b）汽车慢慢爬坡　c）山舞银蛇段　d）线形多变

三、平曲线的超高

1. 超高和全超高的概念

根据以下所学知识认识图2—1—13所示平曲线的超高、全超高段和超高过渡段。

（1）超高

为使汽车行驶安全、舒适、平稳，当圆曲线半径较小时，将公路弯道处的路面做成外侧高、内侧低的单向横坡形式称为超高。这个单向横坡坡度值称为超高横坡度，用 $i_{超}$ 表示，如图2—1—14所示。

（2）全超高

汽车在圆曲线上行驶时其半径大小是不变的，因此，圆曲线部分超高横坡度 $i_{超}$ 在圆曲线部分的起点 A 至终点 B 的值也是不变的定值，这种超高就称为圆曲线上的全超高，简称全超高。

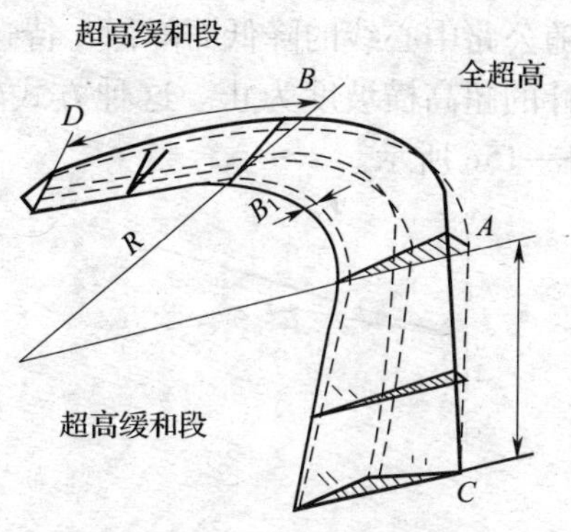

图 2—1—14　平曲线上的超高

超高横坡度主要按公路等级、设计速度、圆曲线半径，并结合路面类型、自然条件等因素确定，不能太大，也不能太小。太大时汽车有可能向内侧滑移，特别是北方冰冻地区，滑移的可能性更大，同时也不利于驾驶操作和行车安全、公路养护和施工；太小则又不利于克服离心力，也不利于排水。《公路工程技术标准》（JTG B01—2003）中规定了各级公路圆曲线部分的最大超高值，见表 2—1—3。

表 2—1—3　各级公路圆曲线最大超高值

公路等级	高速公路、一级公路	二、三、四级公路
一般地区（%）	10 或 8	8
积雪冰冻地区（%）	6	

各级公路的超高值是不同的，需根据不同情况来确定。

2．设置超高的条件及目的

当圆曲线半径小于不设超高的最小半径时应设置超高。目的是使汽车在平曲线上行驶时能获得一个向圆曲线内侧的横向分力，可以克服离心力，减小横向力，从而可安全、经济、平稳地驶过平曲线。

3．超高过渡段

汽车在直线公路上行驶时，路面形式是中间高、两侧低的双向横坡，即路拱。当行驶至圆曲线位置，即弯道处时，路面形式会突然变为单向横坡，这样对驾驶员的操作、行车安全是不利的。为了有利于行车、排水和线形的美观，使汽车平稳地驶入圆曲线，需在直线和圆曲线之间设置一段超高渐变的过渡段，这段渐变过渡段称为超高过渡段。

4．超高过渡方式

（1）无中间带的公路

1）绕路面内边缘旋转。先将外侧车道路面绕公路中心线旋转，旋转至与内侧车道路面坡度相同后，整个路面再绕未加宽前的内侧车道路面的内边缘旋转，直至设计的超高横坡度。这种方式一般在新建公路中采用，如图 2—1—15a 所示。

2）绕路面中线旋转。先将外侧车道路面绕公路中心线旋转，旋转至与内侧车道路面坡度相同后，整个路面再绕公路的中心线旋转，直至设计的超高横坡度。这种方式一般在改建公路中采用，如图 2—1—15b 所示。

3）绕路面外边缘旋转。先将外侧车道路面绕公路的外侧边缘旋转，同时内侧车道路面随公路中心线的降低而降低，待达到单向横坡后，整个断面仍绕外侧车道边线旋转，直至设计的超高横坡度为止。这种方式较复杂，只有在强调路容美观或高路堤时采用，如图 2—1—15c 所示。

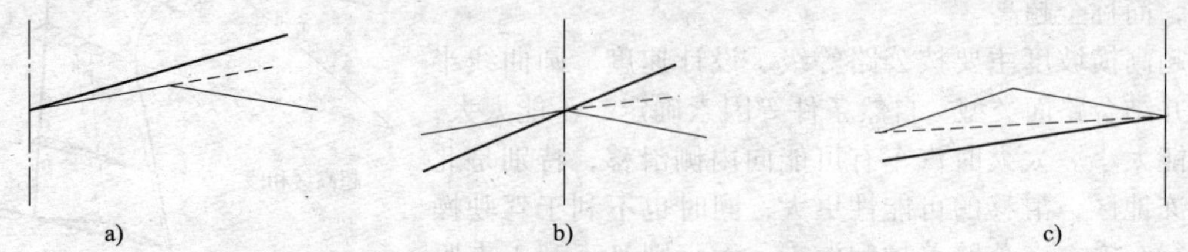

图 2—1—15　无中间带的公路超高过渡方式

a）绕内侧边缘旋转　b）绕中线旋转　c）绕路面外边缘旋转

（2）有中间带的公路

1）绕中间带的中心线旋转。先将外侧车道路面绕中间带的中心线旋转，旋转至与内侧车道路面坡度相同后，整个路面再同时绕公路中心线旋转，直至设计的超高横坡，此时中央分隔带呈倾斜状。这种方式适用于中间带宽度小于 4.5 m 的公路，如图 2—1—16a 所示。

2）绕中间带的边缘旋转。将两侧车道路面分别绕中央分隔带边缘旋转，使内外侧车道路面均成为独立的单向超高路面，此时中央分隔带维持原有水平状态。这种方式适用于各种宽度中间带的公路，如图 2—1—16b 所示。

3）绕各自行车道中线旋转。将两侧车道路面分别绕各自的车道中心线旋转，使内外侧车道路面均成为独立的单向超高路面，此时中央分隔带两边缘分别升高与降低而成为倾斜断面。这种方式适用于四车道以上的公路，如图 2—1—16c 所示。

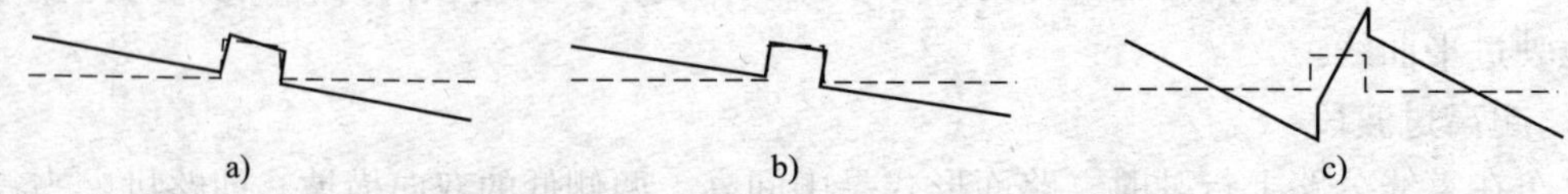

图 2—1—16　有中间带的公路超高过渡方式

a）绕中间带的中心线旋转　b）绕中间带的边缘旋转　c）绕各自行车道中线旋转

高速公路、一级公路纵坡较大处，其上、下行道可采用不同的超高值。

问题解答

根据以上所学知识可知，图 2—1—14 所示的 *DC* 段为超高段，其中 *AB* 段为全超高段；*AC*、*DB* 段为超高缓和段。

四、平曲线的加宽

公路在什么情况下进行加宽？其加宽规定和要求是什么？

1. 设置加宽的原因

根据经验可知，汽车在直线公路上行驶时，前后轮的轨迹是相同的。汽车在平曲线上行驶时，前后轮轨迹不重合，靠近曲线内侧的后轮行驶轨迹半径最小，靠近曲线外侧的前轮行驶轨迹半径最大，汽车内侧后轮会超出行车道内侧边缘，比直线上占用路面的宽度大，如图2—1—17所示。平曲线半径越小或汽车轴距越长，占路面宽度越大。另外，汽车在公路上行驶时，其行驶轨迹并不完全与理论行驶轨迹相吻合，而是有一定的摆动偏移，在路面上占用的宽度就会更大，因此，为了保证行车的舒适与安全，需要将平曲线部分的路面适当加宽。

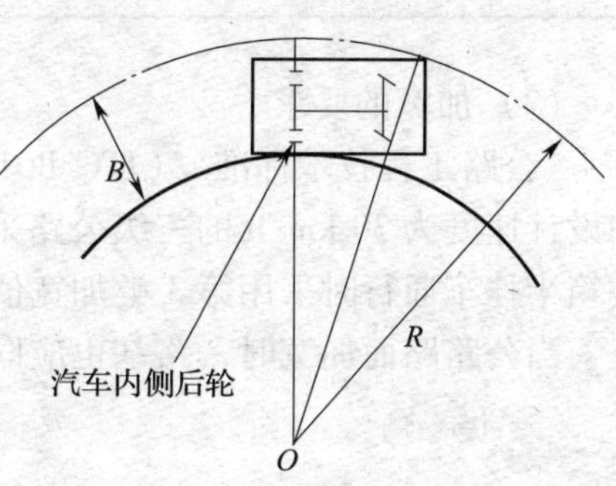

图2—1—17 汽车在平曲线上行驶

2. 圆曲线上的全加宽

汽车驶入圆曲线后，圆曲线的半径为定值，汽车从圆曲线起点至圆曲线终点的车轮转向角也保持不变，因此在圆曲线上的加宽值是一个不变的定值。这个定值称为圆曲线上的全加宽，简称全加宽，如图2—1—18所示。

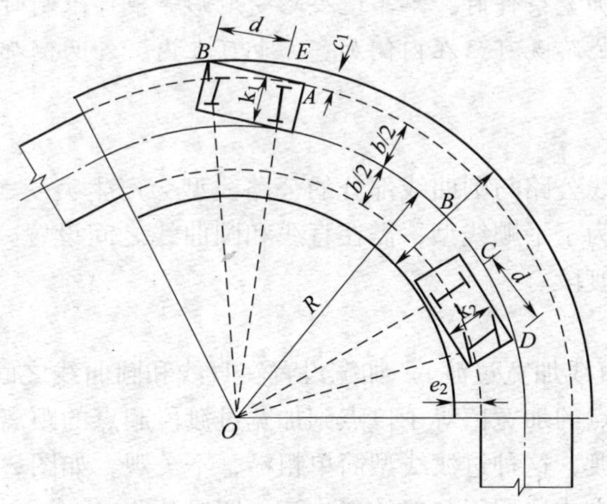

图2—1—18 圆曲线上的全加宽

3. 设置加宽的规定与要求

（1）加宽的规定

《公路工程技术标准》（JTG B01—2003）规定，当圆曲线半径 $R\leqslant250$ m时，应在圆曲线内侧设置加宽。

双车道路面的全加宽值见表2—1—4。单车道路面的全加宽值按表2—1—4值的一半取用，三车道以上的路面其加宽值应另行计算。

表2—1—4　　双车道路面加宽值　　单位：m

加宽类别	加宽值／圆曲线半径／汽车轴距加前悬	250~200	<200~150	<150~100	<100~70	<70~50	<50~30	<30~25	<25~20	<20~15
1	5	0.4	0.6	0.8	1.0	1.2	1.4	1.8	2.2	2.5
2	8	0.6	0.7	0.9	1.2	1.5	2.0	—	—	—
3	5.2+8	0.8	1.0	1.5	2.0	2.5	—	—	—	—

（2）加宽的要求

《公路工程技术标准》（JTG B01—2003）规定：二级公路采用第3类加宽值；四级公路和设计速度为30 km/h的三级公路采用第1类加宽值；设计速度为40 km/h的三级公路有集装箱半挂车通行时采用第3类加宽值，不经常通行集装箱半挂车时，可采用第2类加宽值。

当公路路面加宽时，路基也应同时加宽。

在圆曲线半径满足加宽条件时，单车道公路受地形等条件限制时，也可不加宽；但当圆曲线半径较小时，各级公路既可只在内侧加宽，也可在内、外两侧都加宽。

4. 加宽过渡方式

（1）加宽过渡段

圆曲线加宽后，直线公路与圆曲线部分的公路线型会产生突变，影响平面线型的美观，也不利于行车。因此，为了平顺线型，需在直线和圆曲线之间设置一段逐渐加宽的过渡段，这段过渡段称为加宽过渡段。

（2）加宽过渡方式

1）按比例过渡（直线加宽过渡）。加宽设置在直线和圆曲线之间按比例逐渐加宽过渡，即按加宽过渡段上任一点的加宽值等于该点到加宽过渡段起点的距离与加宽过渡段长度的比值与全加宽值的乘积过渡，这种过渡线型简单粗糙，不美观，如图2—1—19所示，*AC*段为加宽过渡段。此种过渡方式适用于一般的二、三、四级公路。

公路加宽过渡段加宽值计算公式：

$$B_{jx}=\frac{x}{L}B_{j} \tag{2—1—6}$$

式中　B_{jx}——加宽过渡段上任意断面处的加宽值，m；

x ——加宽过渡段上任意点至加宽过渡段起点的距离，m；

L ——加宽过渡段的长度，m；

B_j——圆曲线部分的全加宽值，m。

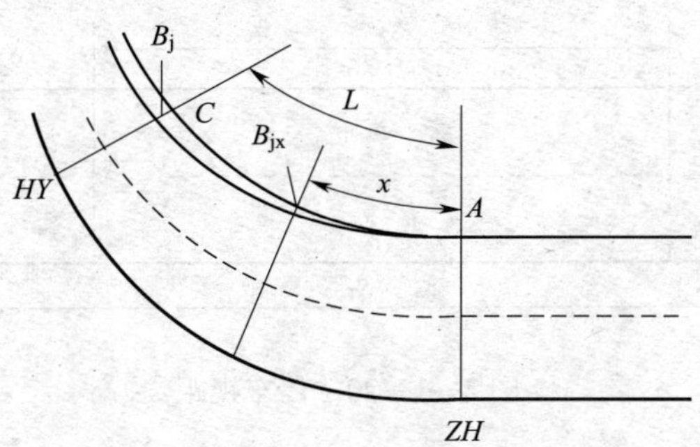

图 2—1—19　平曲线加宽过渡方式

2）高次抛物线过渡。高次抛物线公式：

$$B_{jx} = (4k^3 - 3k^4)\ B_j \qquad (2—1—7)$$

高次抛物线过渡是指按公式（2－1－7）加宽过渡的方式。这种方式过渡的路面与按比例过渡方式相比，内边缘线圆滑顺适，线形美观。一般适用于高速公路、一级公路和对路容要求较高的二级公路。

一般情况下，加宽过渡是在缓和曲线上完成的。

五、行车视距

汽车在公路上行驶时，驾驶员要能随时看到公路前方的一定距离，以便发现前方障碍物，或在迎面来车时，能及时采取制动或避让，保证行车安全。在这段时间内汽车行驶所需的最短距离，称为行车视距。

行车视距按行车状态不同分为停车视距、会车视距和超车视距三种。

1. 停车视距

汽车在公路上行驶时，从汽车驾驶员发现前方障碍物到汽车在障碍物前完全停止所需要的最短距离称为停车视距，用 S_T表示。

停车视距 S_T由反应距离 S_1、制动距离 S_2和安全距离 S_3三个部分组成，如图 2—1—20 所示。

停车视距：

$$S_T = S_1 + S_2 + S_3 \qquad (2—1—8)$$

式中 S_1——驾驶员从发现障碍物到开始制动汽车所行驶的距离；

S_2——驾驶员从开始制动汽车至完全停止汽车所行驶的距离；

S_3——汽车停止后与障碍物间的距离。一般取 5 ~ 10 m。

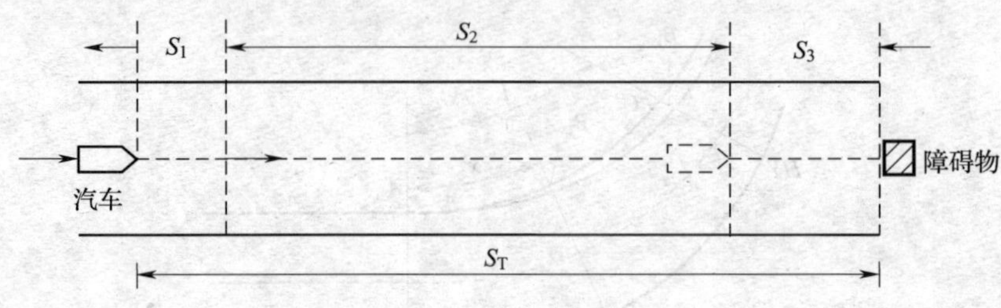

图 2—1—20 停车视距

停车视距与汽车性能、驾驶员的反应时间、汽车行驶速度及车轮与路面的摩擦系数等有关。综合各种因素后，《公路工程技术标准》（JTG B01—2003）中规定了各级公路的停车视距。高速公路、一级公路的停车视距见表 2—1—5。《公路工程技术标准》（JTG B01—2003）规定：高速公路、一级公路的视距应满足停车视距的要求。

表 2—1—5 高速公路、一级公路的停车视距

设计速度（km/h）	120	100	80	60
停车视距（m）	210	160	110	75

高速公路、一级公路以及大型车比例高的二级公路、三级公路的下坡路段，应采用下坡段货车停车视距对相关路段进行检验。下坡段货车停车视距规定见表 2—1—6。

表 2—1—6 下坡段货车停车视距 单位：m

纵坡坡度（%） \ 设计速度（km/h）	120	100	80	60	40	30	20
0	245	180	125	85	50	35	20
1	265	190	130	89	50	35	20
2	273	195	132	91	50	35	20
3		200	136	93	50	35	20
4			139	95	50	35	20
5				97	50	35	20
6							20
7							20
8							20
9							20

二、三、四级公路的停车视距、会车视距与超车视距见表2—1—7。

表2—1—7　二、三、四级公路的停车视距、会车视距与超车视距

设计速度（km/h）		80	60	40	30	20
停车视距（m）		110	75	40	30	20
会车视距（m）		220	150	80	60	40
超车视距（m）	一般值	550	350	200	150	100
	最小值	350	250	150	100	70

2．会车视距

汽车行驶在不设中间带的双车道或单车道公路上时，驾驶员常常习惯于沿公路中心线位置行驶，直到发现对向行驶的汽车后，才相互避让或者采取制动措施，汽车才能停止。从彼此发现会车汽车至双方汽车完全停止，两辆汽车同时驶过的距离之和称为会车视距。

《公路工程技术标准》（JTG B01—2003）规定：二、三、四级公路应满足会车视距的要求，其长度不应小于停车视距的两倍。

3．超车视距

汽车行驶在公路上，车速较高的汽车超越车速较低的汽车时，应利用公路左侧车道进行超车。为了保证超车安全，超车前，驾驶员必须先观察汽车行驶情况，当左侧车道有对向来车时，超车汽车超过同向车道汽车并驶回原车道后，应保证不能与对向驶来的汽车相撞。因此，超车视距是指汽车安全超越前车时所需的最小通视距离。

超车视距用$S_{超}$表示，由以下四部分组成：加速行驶距离S_1；超车汽车在对向车道上行驶的距离S_2；超车结束时，超车汽车与对向汽车之间的安全距离S_3；超车汽车从开始加速到超车结束时对向汽车的行驶距离S_4。如图2—1—21所示。

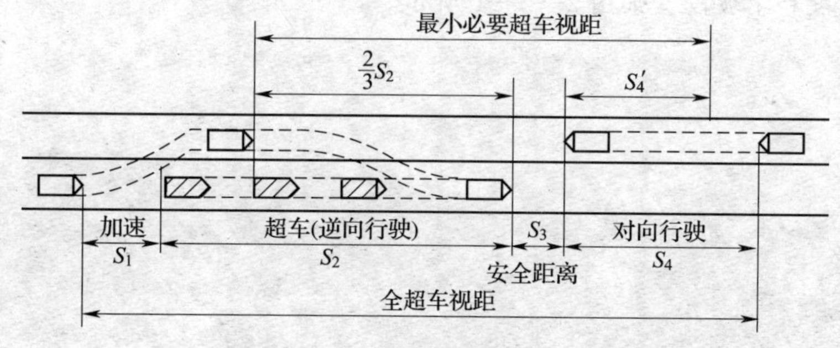

图2—1—21　超车视距

超车视距：

$$S_{超} = S_1 + S_2 + S_3 + S_4 \quad (2—1—9)$$

超车视距包括一般值和最小值。

《公路工程技术标准》（JTG B01—2003）规定：二、三、四级公路应在适当间隔内设置满足超车视距一般值的超车路段。当地形及其他原因不得已时，超车视距长度可适当减小，

最短不应小于超车视距的最小值。

在上述三种视距中，停车视距和会车视距是针对对向行驶的车辆而言，超车视距是针对同向行驶的车辆而言。超车视距的距离最长，停车视距的距离最短。

课题二　公路纵断面线型

学习目标

- ◆ 了解纵坡、竖曲线的有关概念；
- ◆ 了解平、纵线形的组合原则；
- ◆ 熟悉纵断面图上纵断面线型的组成及主要内容；
- ◆ 能够根据公路纵断面线型图认识公路纵断面线型组成及主要内容。

学习引导

由于公路沿线的地面是起伏不平的，因此汽车在公路上行经的路面往往也是有起伏的，有平坡段、上坡段和下坡段，如图 2—2—1 所示。

图 2—2—1　公路纵断面

为了使汽车安全、经济、平稳地行驶在公路上，就需要合理地设计纵断面线形。公路的纵断面是指沿着公路中心线竖直剖切公路，并沿路线长度方向展直后的平面。将公路的纵断面中心线在竖直面上投影后的线形称为公路纵断面线型。公路纵断面线型通常用图来直观地表示，这就是公路纵断面图，它反映了路线在纵断面上的形状、位置及尺寸，以及路线所经过地区公路中线的地面起伏情况与设计标高之间的关系，如图 2—2—2 所示。如何认识公路的纵断面线型图及其他相关资料呢？

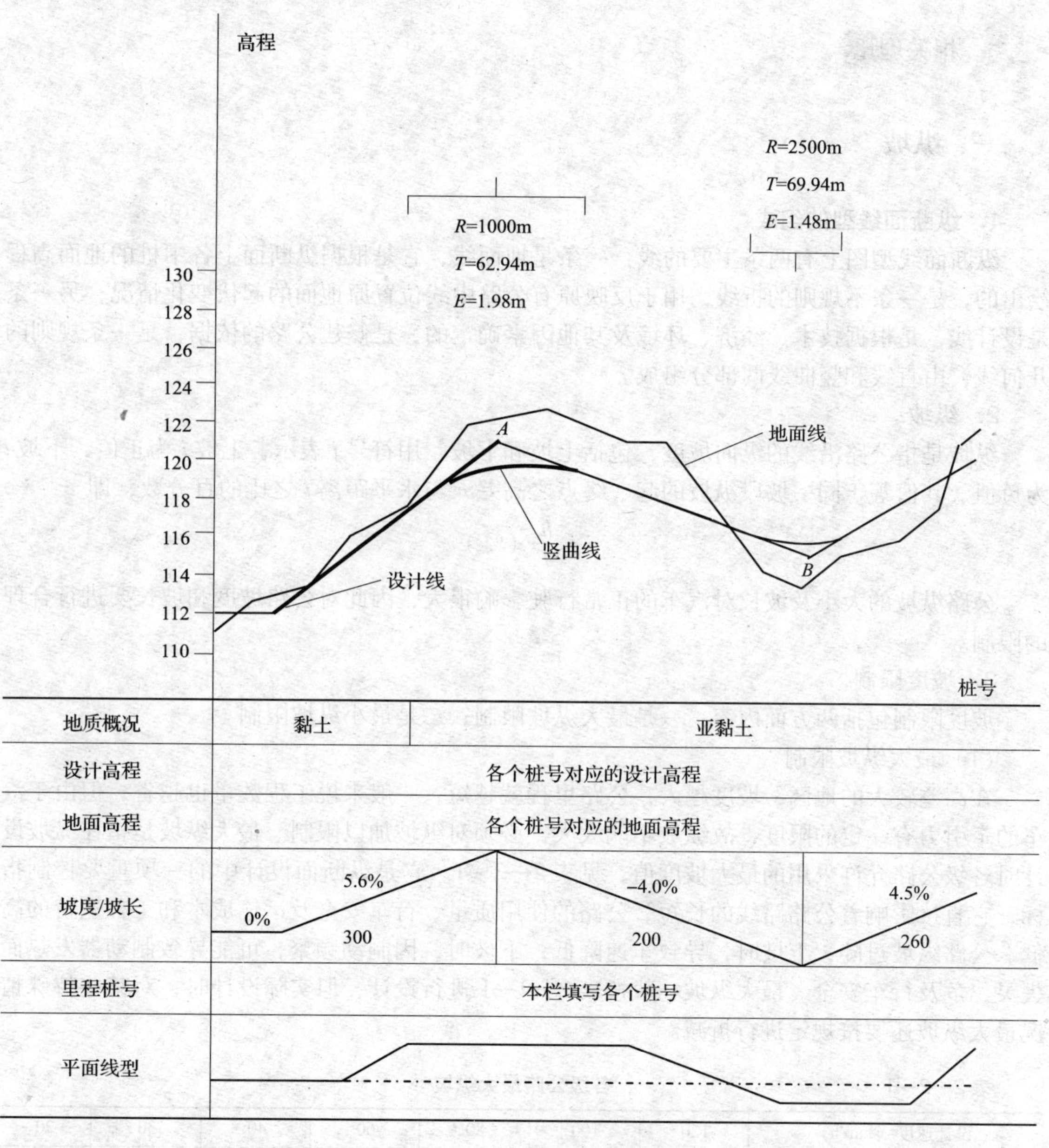

图 2—2—2　公路纵断面线型图

图 2—2—2 所示的公路纵断面线型图中包括哪些线形？共包括几个坡段，各个坡段是平坡、上坡，还是下坡，其坡度是多少？变坡处竖曲线的主要参数分别是多少？平面上有几个弯道？是左转还是右转？

一、纵坡

1．纵断面线型的组成

纵断面线型图上有两条主要的线：一条是地面线，它是根据纵断面上各中桩的地面高程绘出的，是一条不规则的折线，用于反映原有公路中线位置原地面的起伏变化情况；另一条是设计线，是根据技术、经济、环境及其他因素确定的，是修建公路的依据，是一条规则的几何线，由直线和竖曲线两部分组成。

2．纵坡

纵坡是指公路沿线的纵向坡度，包括上坡和下坡，用符号 i 表示，上坡 i 为正值，下坡 i 为负值。其值等于同一坡段纵坡的起、终点之高差 h 与水平距离 l 之比的百分数，即

$$i=\frac{h}{l}\ (\%)$$

公路纵坡的大小及坡长对汽车的正常行驶影响很大，因此对公路坡度和坡长要进行合理的限制。

3．坡度限制

坡度限制包括两方面内容：一是最大纵坡限制；二是最小纵坡限制。

（1）最大纵坡限制

在高差较大的地区，坡度越大，公路里程就越短，一般来说工程数量也越省；但由于汽车的牵引力有一定的限度，故纵坡不能太大，必须对纵坡加以限制。最大纵坡是指在纵坡设计时各级公路允许采用的最大坡度值，见表 2—2—1。它是纵断面设计中的一项重要控制指标，它直接影响着公路路线的长短、公路的使用质量、行车安全及运输成本和工程造价的高低。公路纵坡过陡，上坡时，导致车速降低；下坡时，因制动频繁，可能导致制动器发热而失灵，危及行车安全。最大纵坡一般按表 2—2—1 进行设计，但实际设计时，对某些特殊情况最大纵坡还要按规定进行折减。

表 2—2—1　　各级公路最大纵坡

设计速度（km/h）	120	100	80	60	40	30	20
最大纵坡（%）	3	4	5	6	7	8	9

（2）最小纵坡限制

最小纵坡是指在纵坡设计时各级公路允许采用的最小坡度值。为使公路上行车快速、安全和畅通，希望公路纵坡设计的小一些，但是在长路堑、低填方及其他横向排水不畅的路段，为防止积水渗入路基影响其稳定性，《公路工程技术标准》（JTG B01—2003）规定应设置不小于0.3%的纵坡。

4．坡长限制

坡长限制包括两方面内容：一是最大坡长限制；二是最小坡长限制。

（1）最大坡长限制

最大坡长是指控制汽车在坡道上行驶，当车速下降到最低容许速度时所行驶的距离，它是由汽车的动力性能决定的。各级公路最大坡长见表2—2—2。

表2—2—2　不同纵坡最大坡长　单位：m

设计速度（km/h）		120	100	80	60	40	30	20
纵坡坡度（%）	3	900	1 000	1 100	1 200	—	—	—
	4	700	800	900	1 000	1 100	1 100	1 200
	5	—	600	700	800	900	900	1 000
	6	—	—	500	600	700	700	800
	7	—	—	—	—	500	500	600
	8	—	—	—	—	300	300	400
	9	—	—	—	—	—	200	300
	10	—	—	—	—	—	—	200

汽车在长坡上行驶时，长时间以低档上坡，油耗增加，行车速度降低，机件很容易发生故障；下坡时，则因反复制动，机件磨损严重，制动器发热而失灵，容易造成车祸。纵坡越陡，坡长越长，对行车的安全影响越大。《公路工程技术标准》（JTG B01—2003）规定：当公路连续纵坡大于5%时，其纵坡坡长应加以限制，并在最大坡长所规定的范围内设置缓和坡段，缓和坡段的纵坡坡度应不大于3%。

（2）最小坡长限制

最小坡长是指在纵坡设计时各级公路允许采用的最小坡长值。如果坡长过短，变坡点增多，汽车行驶不舒适，路线不美观。为使汽车行驶平稳，路线美观，需对最小坡长加以限制。《公路工程技术标准》（JTG B01—2003）规定了各级公路最小坡长，见表2—2—3。

表2—2—3　各级公路最小坡长

设计速度（km/h）	120	100	80	60	40	30	20
最小坡长（m）	300	250	200	150	120	100	60

5．平均纵坡

平均纵坡是指含若干坡段路段的起、终点高差与水平距离之比，以%表示。它与坡道长度及路线的相对高差有关。

《公路工程技术标准》（JTG B01—2003）规定：二、三、四级公路连续上坡或下坡路段、相对高差在200～500 m时，平均纵坡不应大于5.5%；相对高差大于500 m时，平均纵坡不应大于5%；且任意连续3 km路段的平均纵坡不应大于5.5%。

6. 合成坡度

公路在平曲线路段，纵向有纵坡且横向有超高时，最大坡度既不在纵坡上，也不在超高上，而是在纵坡和超高的合成方向上，这个最大的坡度称为合成坡度，如图2—2—3所示。

合成坡度计算公式为：

$$i_{合} = \sqrt{i_{纵}^2 + i_{横}^2} \qquad (2—2—1)$$

若合成坡度过大，汽车在弯道上行驶速度较慢或静止时，有可能沿合成坡度的方向滑移或倾覆，容易造成事故，所以对合成坡度要加以限制。

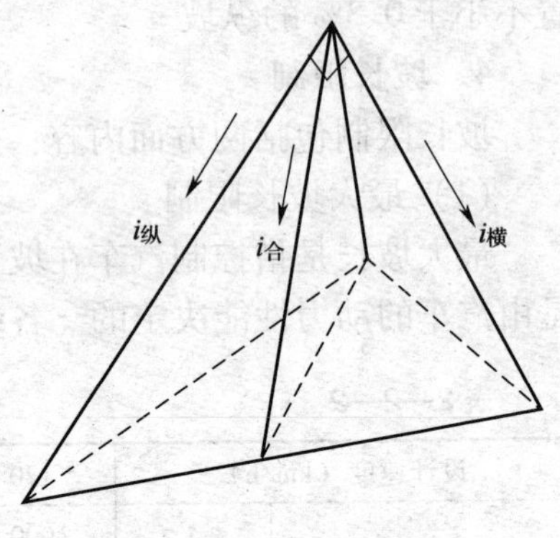

图2—2—3　合成坡度

问题解答

在图2—2—2所示公路纵断面图中，不规则的折线为地面线，较规则的折线为设计线。共有4个坡段，第1个坡段为平坡段，其坡度为0%；第2个坡段为上坡段，其坡度为5.6%；第3个坡段为下坡段，其坡度为4.0%；第4个坡段为上坡段，其坡度为4.5%。

二、竖曲线

公路纵断面上有平坡段和纵坡段（上坡段和下坡段）。在纵坡段的变坡处，为了行车安全、舒适以及视距的需要用一段曲线来缓和，这段曲线称为竖曲线。如图2—2—4所示。竖曲线分为凸形竖曲线和凹形竖曲线两种。

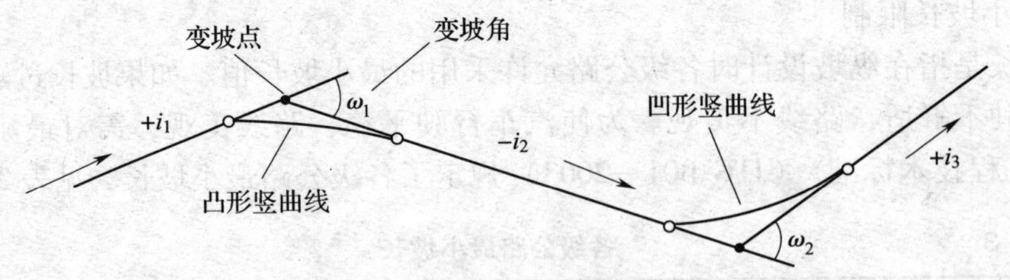

图2—2—4　竖曲线示意图

纵断面上相邻两条坡度线相交处称为变坡点。相邻两条坡度线所夹的锐角称为变坡角，用 ω 表示。其大小近似等于相邻两纵坡坡度的代数差，其计算公式为：

$$\omega = i_1 - i_2 \qquad (2—2—2)$$

i_1、i_2——变坡点前、后坡线的纵坡坡度，用小数表示，上坡取“+”，下坡取“-”。

ω 为正时为凸形竖曲线，反之，为凹形竖曲线。

《公路工程技术标准》（JTG B01—2003）规定：各级公路在纵坡变坡处均应设置竖曲线。

竖曲线有圆曲线和抛物线两种线形形式。这两种线形在应用范围内是完全相同的，在公路设计上，一般采用二次抛物线作为竖曲线形式。

竖曲线设计时，首先选择半径，然后计算竖曲线的要素。

1．竖曲线的要素

竖曲线的要素包括竖曲线长度 L、切线长 T 和外距 E，如图 2—2—5 所示。

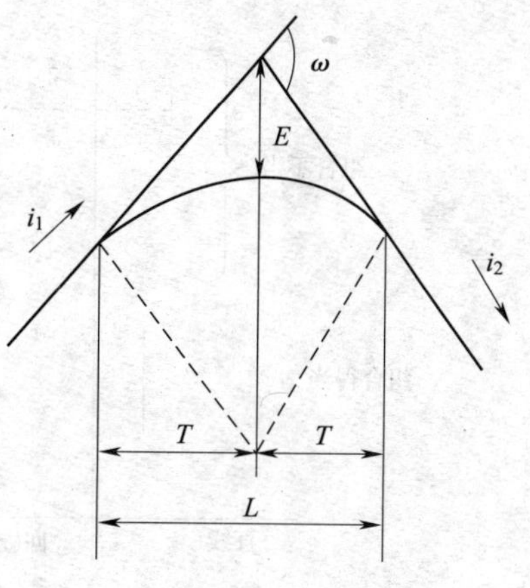

图 2—2—5　竖曲线要素

具体设计时，还要计算竖曲线的设计标高。

2．竖曲线的最小半径和最小长度

汽车在竖曲线上行驶时，必须要考虑视觉和离心力的影响，以保证行车安全和舒适。竖曲线半径过小，长度过短，一方面视线会受阻；另一方面也会产生较大的离心力，使汽车驾驶员及乘客感觉不适。所以，竖曲线设计时，要求尽可能选用较大的竖曲线半径和长度。

《公路工程技术标准》（JTG B01—2003）规定了竖曲线的最小半径和最小长度，最小半径包括一般最小半径和极限最小半径，见表 2—2—4。

表 2—2—4　各级公路竖曲线的最小半径和最小长度　　单位：m

设计速度（km/h）		120	100	80	60	40	30	20
凸形竖曲线半径	极限最小值	11 000	6 500	3 000	1 400	450	250	100
	一般最小值	17 000	10 000	4 500	2 000	700	400	200
凹形竖曲线半径	极限最小值	4 000	3 000	2 000	1 000	450	250	100
	一般最小值	6 000	4 500	3 000	1 500	700	400	200
竖曲线最小长度	一般值	250	210	170	120	90	60	50
	最小值	100	85	70	50	35	25	20

注：实际设计时竖曲线半径一般值是极限值的 1.5～2.0 倍，实际设计时采用一般值的 1.5～2.0 倍或更大。

三、公路平、纵线组合

公路线型是由公路的平面线型、纵断面线型和横断面线型组成的空间带状结构物，公路设计时，不仅要考虑汽车行驶要求、各线型技术指标、地形、景观、视觉、排水、经济性等因素，还要考虑各平、纵、横三种线型间的协调。

1．组合原则

（1）平曲线和竖曲线一般情况下应相互重合，如图 2—2—6 所示。宜将竖曲线的起、终点放在缓和曲线段内，这样既可起到诱导视线的作用，又可使线型平顺，即平曲线应稍长于竖曲线（又称“平包竖”）。

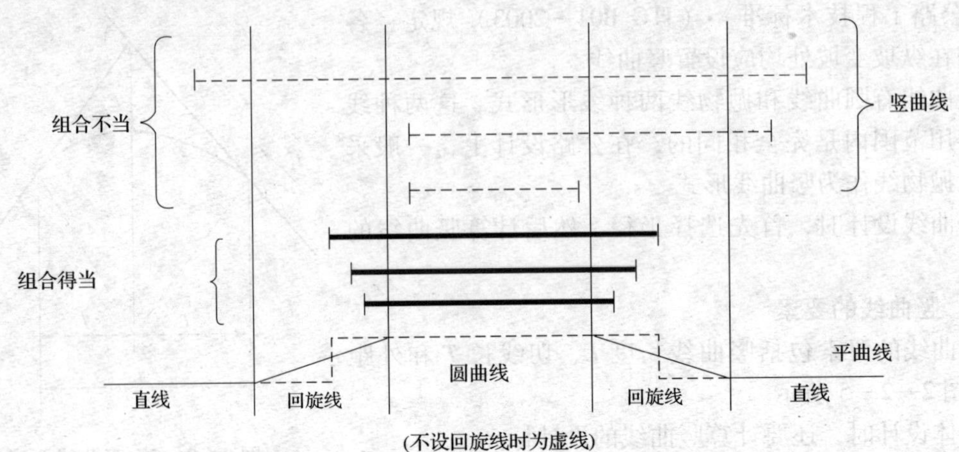

图 2—2—6　平曲线与竖曲线的组合

（2）平、竖曲线的半径应大小均衡

平、竖曲线半径中，若一方大而缓时，另一方也要大而缓，不能相差过大；一般情况下，平曲线半径小于 1 000 m 时，竖曲线半径就为平曲线半径的 10 ~ 20 倍，见表 2—2—5。

表 2—2—5　　平曲线与竖曲线半径比较　　单位：m

竖曲线半径	10 000	12 000	16 000	20 000	25 000	30 000	40 000	60 000	100 000
平曲线半径	600	700	800	900	1 000	1 100	1 200	1 500	2 000

（3）要选择适合的合成坡度，以利于路面排水和行车安全，尽量使最大合成坡度不大于 8%，最小合成坡度不小于 0.5%。

（4）在视觉上能自然地诱导驾驶员的视线，并保持视线的连续性，应注意线型与自然环境和景观的配合与协调，避免发生交通事故。

2. 平、纵线型的不利组合

（1）要避免使凸型竖曲线的顶部或凹形竖曲线的底部与反向平曲线的拐点重合。

（2）直线上的纵面线型应避免出现驼峰、暗凹等使驾驶员视觉中断的线型。

（3）在一个平曲线内，避免有两个或两个以上的竖曲线出现。

（4）应避免急弯与陡坡相重合。

（5）应避免驾驶员在视觉范围内看到两个或两个以上的平曲线或竖曲线。

（6）应避免平曲线与竖曲线错位的组合。

问题解答

在图 2—2—2 所示的公路纵断面线型图中，变坡点 A 处竖曲线半径 R = 1 000 m，切线长

$T=62.94$ m，外距 $E=1.98$ m；变坡点 B 处竖曲线半径 $R=2\ 500$ m，切线长 $T=69.94$ m，外距 $E=1.48$ m。平面上有2个弯道，变坡点 A 处是左转弯，变坡点 B 处是右转弯。

课题三　公路横断面

- 了解公路横断面主要组成部分的尺寸；
- 熟悉标准横断面的组成及有关概念；
- 熟悉公路的典型横断面类型；
- 能够认识公路横断面的类型、主要组成、作用。

公路路线是由平面线型、纵断面线型和横断面线型构成的空间线形。当平、纵线型确定后，横断面线型才能确定。公路的横断面是沿公路中线法线方向的剖面，它反映了公路的形状和尺寸。因此，必须要合理地对横断面上各组成部分进行设计，以保证公路具有足够的横断面尺寸、强度和稳定性，使之经济合理。

公路的横断面主要由哪些部分组成？各级公路行车道宽度是多少？

一、公路横断面的主要组成及尺寸

公路的标准横断面一般由行车道、路肩、中间带、边沟、边坡及截水沟等部分组成。高速公路和一级公路的路基分为整体式和分离式两种。整体式断面由行车道、中间带、路肩以及紧急停车带、爬坡车道、变速车道等部分组成，这种断面一般在自然条件较为良好的地区使用。分离式断面由行车道、路肩以及紧急停车带、爬坡车道、变速车道等部分组成。

二级公路的横断面由行车道、路肩、爬坡车道等部分组成。

三、四级公路的横断面由行车道、路肩及错车道等部分组成。

各级公路标准横断面组成如图 2—3—1 所示。

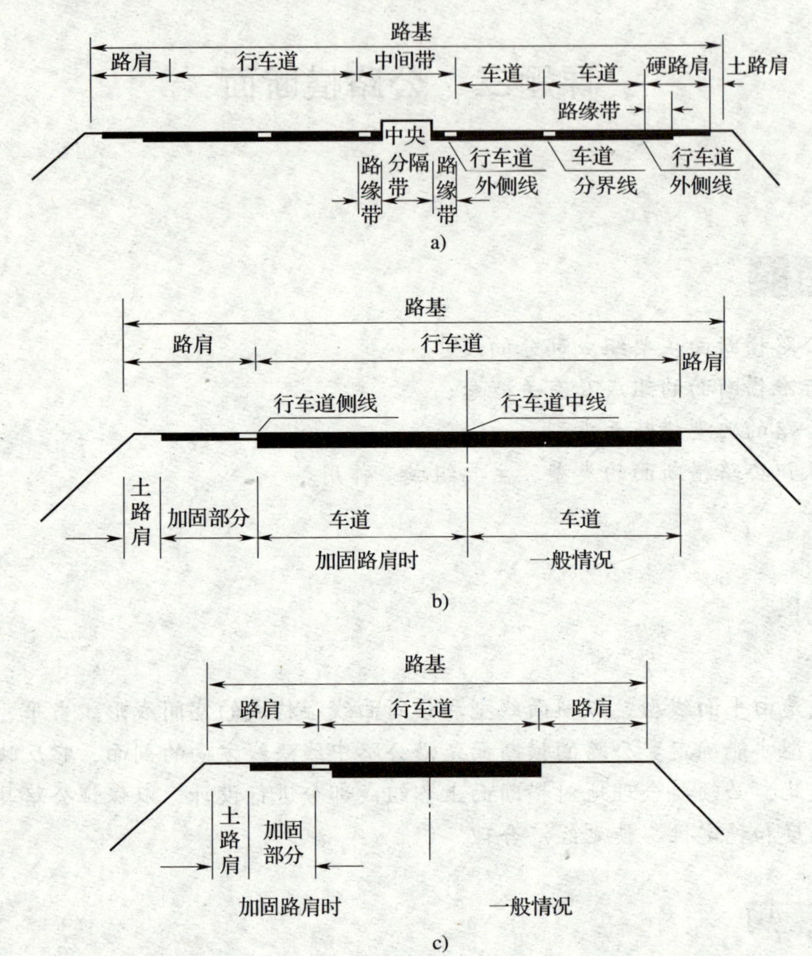

图 2—3—1　标准横断面组成

a）高速公路、一级公路　b）二级公路、三级公路　c）四级公路

下面介绍其主要组成部分。

1. 行车道

行车道是公路上供各种车辆行驶部分的总称，其宽度直接影响公路的通行能力、行车速度、行车安全、工程造价等，所以要根据车辆宽度、设计交通量、汽车行驶速度来确定其宽度，见表 2—3—1。行车道宽度一般为 3. 50 ~ 3. 75 m。

行车道有单车道、双车道和多车道三种形式。

高速公路、一级公路的行车道最少为四车道，四车道以上按双数增加。

表 2—3—1　　行车道宽度

<table>
<tr><td>设计速度（km/h）</td><td>120</td><td>100</td><td>80</td><td>60</td><td>40</td><td>30</td><td colspan="2">20</td></tr>
<tr><td rowspan="2">行车道宽度（m）</td><td rowspan="2">3.75</td><td rowspan="2">3.75</td><td rowspan="2">3.75</td><td rowspan="2">3.5</td><td rowspan="2">3.5</td><td rowspan="2">3.25</td><td>3.00</td><td>单车道</td></tr>
<tr><td>3.50</td><td>双车道</td></tr>
</table>

二级公路、三级公路均为双车道公路，四级公路为双车道或单车道公路。

2. 路肩

路肩是位于行车道外侧边缘至路基边缘之间的部分，它通常包括硬路肩和土路肩两部分，高速公路、一级公路还设置右侧路缘带。路肩的作用是保护行车道等主要结构的稳定和满足临时停车的需要，如图 2—3—2 所示。

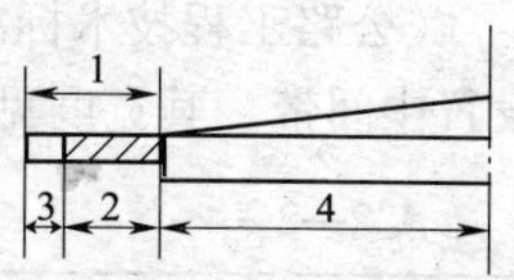

图 2—3—2　路肩的组成
1—路肩　2—硬路肩
3—土路肩　4—行车道

路肩的宽度应根据公路等级、交通量大小和行人稠密程度来确定。高速公路、一级公路整体式横断面及其他各级公路应设置右侧路肩，高速公路和设中间带的一级公路一般不设左侧路肩。各级公路右侧路肩宽度见表 2—3—2。

表 2—3—2　　各级公路右侧路肩宽度

<table>
<tr><td colspan="2" rowspan="2">设计速度（km/h）</td><td colspan="4">高速公路、一级公路</td><td colspan="5">二、三、四级公路</td></tr>
<tr><td>120</td><td>100</td><td>80</td><td>60</td><td>80</td><td>60</td><td>40</td><td>30</td><td>20</td></tr>
<tr><td rowspan="2">硬路肩宽度（m）</td><td>一般值</td><td>3.00
3.50</td><td>3.00</td><td>2.50</td><td>2.50</td><td>1.50</td><td>0.75</td><td rowspan="2">—</td><td rowspan="2">—</td><td rowspan="2">—</td></tr>
<tr><td>最小值</td><td>3.00</td><td>2.50</td><td>1.50</td><td>1.50</td><td>0.75</td><td>0.25</td></tr>
<tr><td rowspan="2">土路肩宽度（m）</td><td>一般值</td><td>0.75</td><td>0.75</td><td>0.75</td><td>0.50</td><td>0.75</td><td>0.75</td><td rowspan="2">0.75</td><td rowspan="2">0.50</td><td rowspan="2">0.25
（双车道）
0.50
（单车道）</td></tr>
<tr><td>最小值</td><td>0.75</td><td>0.75</td><td>0.75</td><td>0.50</td><td>0.50</td><td>0.50</td></tr>
</table>

注：表中所列的一般值为一般情况下采用的值；最小值是条件受限制时采用的值。

高速公路、一级公路采用分离式横断面时，应设置左侧路肩，其宽度规定见表 2—3—3。

表 2—3—3　　高速公路、一级公路分离式横断面左侧路肩宽度

设计速度（km/h）	120	100	80	60
硬路肩宽度（m）	1.25	1.00	0.75	0.75
土路肩宽度（m）	0.75	0.75	0.75	0.50

3. 中间带

中间带是指高速公路、一级公路上用于分隔对向行驶车辆的带状构造物，它由两条左侧路缘带和中央分隔带组成，如图 2—3—3 所示。中间带的主要作用是诱导驾驶员的视线。

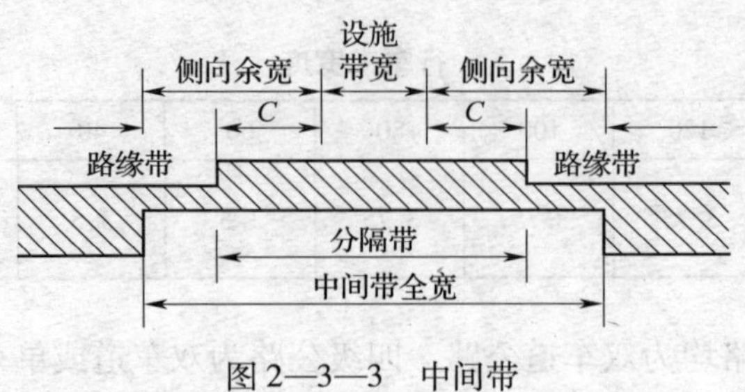

图 2—3—3　中间带

《公路工程技术标准》（JTG B01—2003）规定：高速公路、一级公路整体式横断面必须设置中间带，其宽度见表 2—3—4。

表 2—3—4　　中间带宽度

设计速度（km/h）		120	100	80	60
中央分隔带宽度（m）	一般值	3.00	2.00	2.00	2.00
	最小值	1.00	2.00	1.00	1.00
左侧路缘带宽度（m）	一般值	0.75	0.75	0.75	0.50
	最小值	0.75	0.50	0.50	0.50
中间带宽度（m）	一般值	4.50	3.50	3.00	3.00
	最小值	3.50	3.00	2.00	2.00

4. 紧急停车带

紧急停车带是指在高速公路和一级公路上，供临时发生故障车辆或其他原因需紧急停车使用的临时停车地带。紧急停车带的设置间距，主要考虑故障车辆可能行驶的距离和人力可能推动的距离。

《公路工程技术标准》（JTG B01—2003）规定：高速公路和一级公路，当右侧硬路肩的宽度小于 2.5 m 时，应设紧急停车带。紧急停车带的设置间距，平原、微丘区约为 300 m，山岭、重丘区约为 500 m；紧急停车带的宽度包括硬路肩在内为 3 m，有效长度≥30 m，如图 2—3—4 所示。

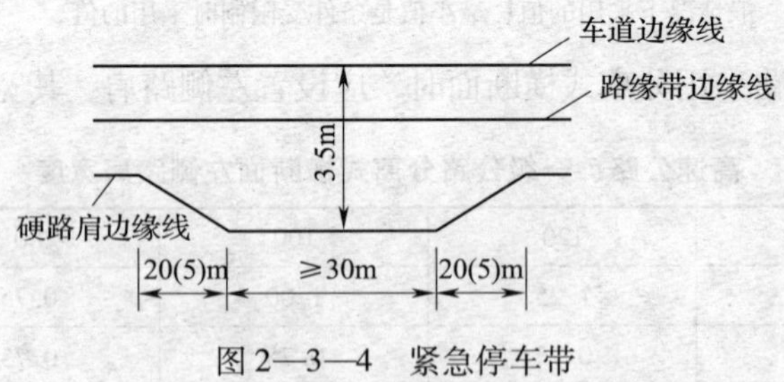

图 2—3—4　紧急停车带

二、路基横断面的类型

路基标高与原地面标高不一，且各段路基岩土性质差异较大，各处附属设施布置不一，使得路基不同地段的横断面形状相差很大。根据不同的地质、地形、公路等级、汽车行驶要求等实际情况，路基常见的横断面有路堤、路堑、填挖结合及零填零挖四种类型。

1. 路堤

全部在天然地面上用岩土填筑而成的路基称为路堤。路堤按其填土高度的不同分为矮路堤、一般路堤、高路堤三种，见表2—3—5。

表2—3—5　　路堤的分类及适用条件

路堤类型	矮路堤	一般路堤	高路堤	
填土高度	<1.5 m	1.5~18 m	土质	>18 m
		1.5~20 m	石质	>20 m
适用条件	平坦地区且取土困难	一般地区	山区且取土（石）容易	

2. 路堑

全部在天然地面上开挖而成的路基称为路堑。常见路堑的横断面形式有全挖路基、台口式路基、半山洞路基三种，如图2—3—5所示。

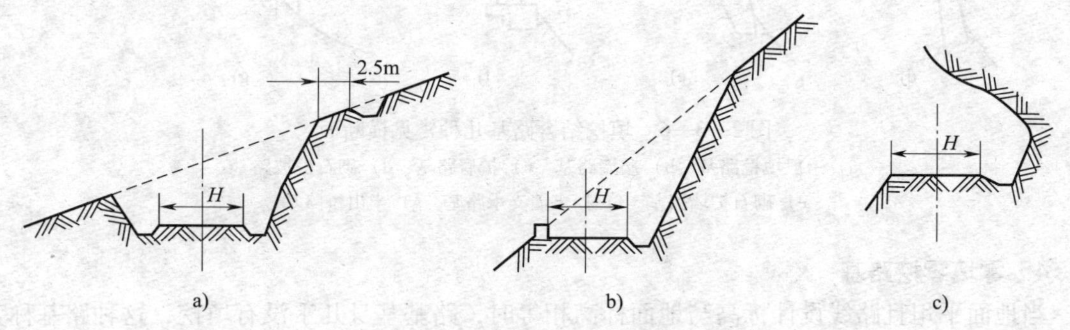

图2—3—5　路堑的常见横断面形式

a）全挖路基　b）台口式路基　c）半山洞路基

全挖路基是指全部通过挖方而成的路基，适用于较易开挖的地段。要求在坡顶外至少5 m处设置一道或多道截水沟，以拦截山坡上方流向路基的地面水。

台口式路基适用于陡坡上的半路堑，为避免路基外侧的少量填方，路中线宜向内移动，且路堑边坡为山体的自然坡面。

半山洞路基适用于整体性坚硬的岩石层，可节省土石工程量，但要确保行车安全可靠。

由于路堑低于天然地面，通风和排水不畅，故必须在坡脚处设置边沟，以汇集和排除路基范围内的地表水，边坡可根据情况设计成直线形或折线形。

3. 填挖结合路基

天然地面横坡较大，且路基较宽，需一侧开挖而另一侧填筑时的路基称为填挖结合路基，也称半填半挖路基。其主要用于丘陵或山区公路上。

填挖结合路基通常把接近原地面高程处作为路中心，以便减少土石方开挖数量，保持土石方数量的横向平衡，这是一种比较经济的断面形式。

填挖结合路基常见的横断面形式有一般填挖路基、矮墙路基、护肩路基、砌石护坡路基、砌石护墙路基、挡土墙支承路基、半山桥路基等，如图 2—3—6 所示。

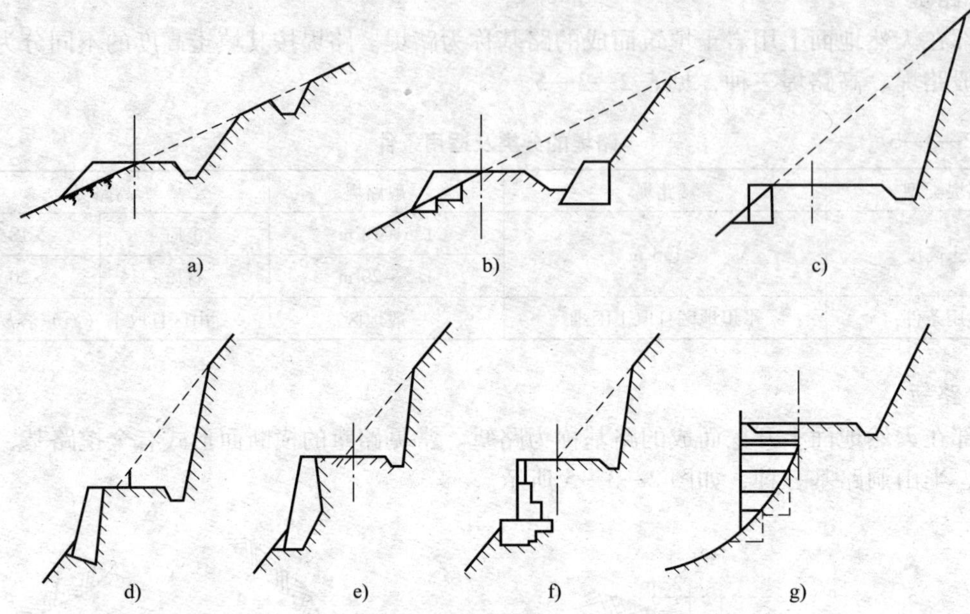

图 2—3—6 填挖结合路基几种常见横断面
a）一般填挖路基 b）矮墙路基 c）护肩路基 d）砌石护坡路基
e）砌石护墙路基 f）挡土墙支承路基 g）半山桥路基

4. 零填零挖路基

当地面平坦且路线设计标高与地面标高相等时，路基基身几乎没有填挖，这种路基称为零填零挖路基，如图 2—3—7 所示。这种路基只适用于干旱的平原地区、地下水位较低的丘陵区。修筑路基时节省土石方量，但不利于排水，容易发生水淹、雪埋等病害。

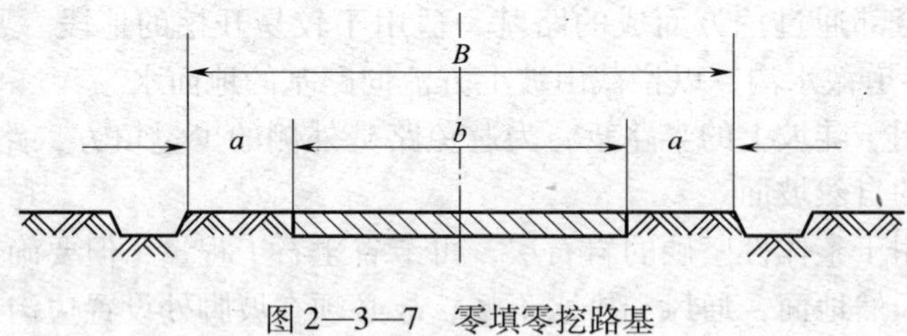

图 2—3—7 零填零挖路基

三、路基的横断面图

路基的横断面形式有多种，可用图清晰直观地表示出来，该图称为路基横断面图。它由地面线和设计线组成，反映了路基的外部形状，如图 2—3—8 所示。

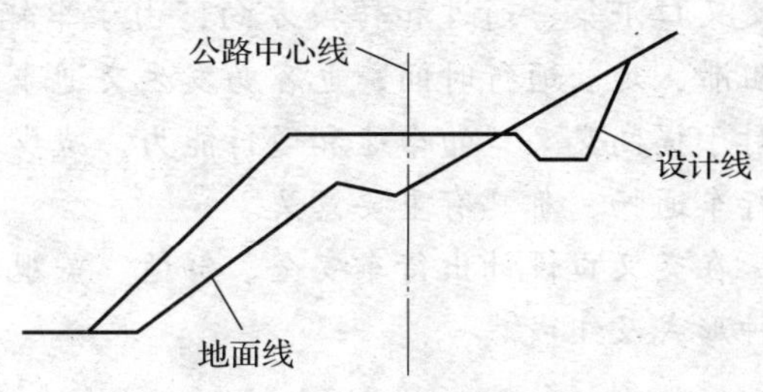

图 2—3—8　路基横断面图

绘制路基横断面图是公路路线设计中的最后一项任务，是在平面图和纵断面图设计完成之后进行的。在横断面测量所得各中桩横断面（地面线）上，按纵断面设计确定的路基填挖高度以及选定的路基宽度，超高加宽值等逐桩号绘制路基的外轮廓线，即路基横断面图。

根据以上所学知识可知，公路的横断面一般由行车道、路肩、中间带、边沟、边坡及截水沟等部分组成。行车道宽度有 3.0 m、3.25 m、3.5 m 和 3.75 m 四种。

课题四　公路交叉

- 了解公路交叉的意义；
- 熟悉公路交叉的类型、适用范围及形式；
- 能够根据公路交叉图认识公路交叉的类型及形式，明确行驶路线。

公路交叉是指公路与公路、公路与铁路等相交的形式，相交的地点称为交叉口。公路交叉口是公路的重要组成部分，是公路交通的咽喉，它直接影响着公路的使用质量。相交公路的各种车辆和行人都要在交叉口汇集、通过和转换方向，由于车辆和行人之间的相互干扰，会使行车速度降低，交通阻滞，延长通行时间，也容易发生交通事故。因此，如何正确设计交叉口，合理组织交通，对于提高交叉口的车速和通行能力，减少通行时间和交通事故，避免交通阻塞，保障交叉口行车通畅，都具有重要意义。

要想正确设计交叉口，在交叉口设计出行车安全、舒适、美观的立交桥，首先必须要认识交叉口、公路交叉的各种形式及组成。

图2—4—1a～f所示的分别属于哪种公路交叉类型？又属于哪种公路交叉形式？

a)　　b)

c)　　d)

e)　　f)

图2—4—1　公路交叉

公路交叉在交通运输中是不可缺少的部分，在各种公路路线交叉中，最常见和最复杂的是公路与公路交叉。公路交叉可分为平面交叉和立体交叉两种类型。相交公路在同一平面上时，称为平面交叉；相交公路在非同一平面上时，称为立体交叉。

一、平面交叉

平面交叉是公路交叉中最常见的一种形式。《公路工程技术标准》（JTG B01—2003）规定：公路与公路交叉，除高速公路外，一级公路可少量采用平面交叉，其他各级公路均可采用平面交叉。在平面交叉口，不同方向的车流和行人在同一平面位置，互相干扰，不但会降低车速、阻滞交通、降低通行能力，而且容易发生交通事故。

1. 平面交叉的基本要求

平面交叉是公路网中的节点，其位置和形式的选择直接影响着公路网整体使用质量以及交通安全。因此，设计交叉口时，必须满足以下基本要求：

（1）在保证安全的前提下，使车辆和行人在交叉口能以最短的时间顺利通过，使交叉口的通行能力适应各条公路的行车要求。

（2）合理设计交叉口的立面，以保证转弯车辆行车稳定，同时保证符合排水要求。

（3）相交公路在交叉口应有良好的线形和视距。

（4）平面交叉的岔路一般不得多于四条；采用环形交叉时，岔路不多于五条。

2. 平面交叉的形式与适用范围

平面交叉的形式取决于道路网的规划和周围地形、用地的情况，以及设计速度、直行和转弯交通量、交通性质和交通组织等。

常见的平面交叉形式可分为以下几种，如图 2—4—2 所示。

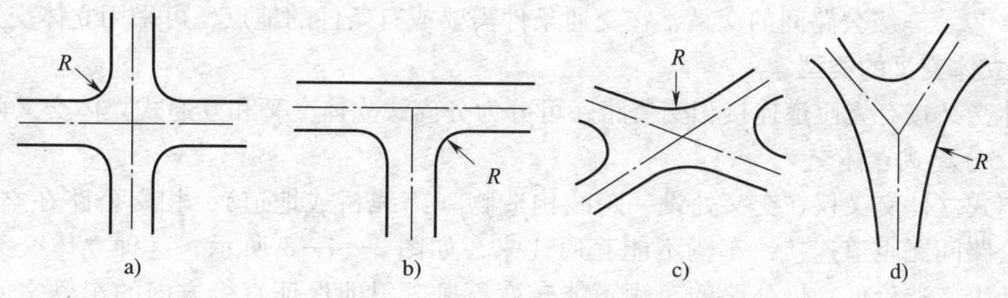

图 2—4—2 常见平面交叉形式

a）十字交叉 b）T 形交叉 c）X 形交叉 d）Y 形交叉

（1）十字形交叉

十字形交叉是最常见的四路交叉和平面交叉形式，它形式简单，交通组织方便，街角建筑容易处理，适用范围广，适用于相同等级或不同等级的公路交叉。

(2) T形交叉

T形交叉是三路交叉，它是一条尽头公路与另一条直行公路接近直角相交的交叉形式。它形式简单，交通组织方便，街角建筑容易处理，可用于主要公路与次要公路的交叉，特殊情况下也可用于两条干线公路的交叉。

(3) X形交叉

X形交叉是四路交叉，它是两条公路以锐角或钝角斜交的交叉形式。它所形成的交叉口范围狭长，对左转弯车辆行驶不利，锐角处建筑物较难处理，适用于特殊地形。

(4) Y形交叉

Y形交叉是三路交叉，它是一条尽头公路与另一条公路以锐角或钝角（$<75°$或$>105°$）相交的交叉形式，它所形成的交叉口范围狭长，对左转弯车辆行驶不利，街角建筑不易处理，适用于特殊地形处主要公路与次要公路的相交，且主要公路应设在交叉口的顺直方向。

二、立体交叉

立体交叉是现代公路运输中非常重要的组成部分，而立交桥是城市交通中立体交叉口的标志，是现代化的陆地桥。随着桥梁建设迅速发展和汽车拥有量的快速增长，立交桥建设在城市中的应用会越来越广泛。

立体交叉可使各向车流在不同平面上通过，各行其道，互不干扰，从而显著提高行车速度，增大通行能力，同时可以保证交通安全，改善交通环境，提高经济效益和社会效益，实现了高等级公路的快速、安全、经济和舒适。随着公路建设的快速发展，立体交叉的形式及数量越来越多。但立体交叉技术复杂，占地面积大，造价高。

1. 立体交叉的设置条件

(1) 高速公路与其他公路交叉时，必须采用立体交叉。

(2) 一级公路间的交叉，应尽量采用立体交叉。

(3) 二、三级公路间的交叉，在交通条件需要或有条件的地点，可采用立体交叉。

2. 立体交叉的类型

立体交叉按有无匝道连接相交公路，可分为分离式立体交叉和互通式立体交叉两类。

(1) 分离式立体交叉

分离式立体交叉仅在交叉处设一跨线构造物（跨线桥或地道），相交公路在空间分离，上、下公路间无匝道连接，车辆不能互通往来，如图2—4—3所示。这种立体交叉结构简单，占地少，造价低，但公路的车辆不能转弯行驶，只能保证直行方向的车辆空间分离行驶。

分离式立体交叉适用于公路等级、性质及交通量相差悬殊的交叉口。

(2) 互通式立体交叉

互通式立体交叉不仅在交叉处设一跨线构造物使相交公路空间分离，而且上、下道之间有匝道连接，以供转弯车辆行驶，如图2—4—4所示。这种立体交叉，车辆可以转弯行驶，全部或部分消灭了冲突点，各方向行车相互干扰小，但其结构复杂，占地多，造价高，广泛应用于高速公路相交处。

图 2—4—3 分离式立体交叉

图 2—4—4 互通式立体交叉

3．互通式立体交叉的组成

互通式立体交叉应用较为广泛，它主要由跨线桥（或地道）、主线、匝道、出口与入口及变速车道等部分组成，如图 2—4—5 所示。

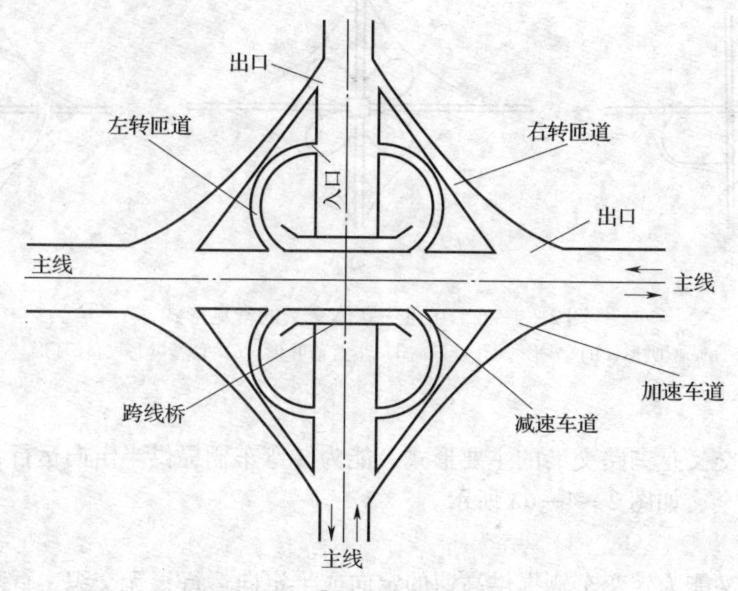

图 2—4—5 互通式立体交叉的组成

（1）跨线桥

跨线桥是立体交叉的主要组成部分，即立交桥，是实现车流空间分离的主要构筑物。

（2）主线

主线是组成立交的主体，是相交公路的直行车道。

（3）匝道

匝道是立交的重要组成部分，是连接相交公路供左右转弯车辆行驶的公路。匝道按转向不同分为右转匝道和左转匝道。

(4) 出口与入口

由主线驶出、进入匝道的路口称为出口；由匝道驶出、进入主线的路口称为入口。

(5) 变速车道

其设在匝道与主线的连接部位。出口端称为减速车道，入口端称为加速车道。

4. 互通式立体交叉的形式

互通式立体交叉的基本形式有喇叭形、Y形、菱形、半苜蓿叶形、苜蓿叶形、环形等，如图2—4—6所示。

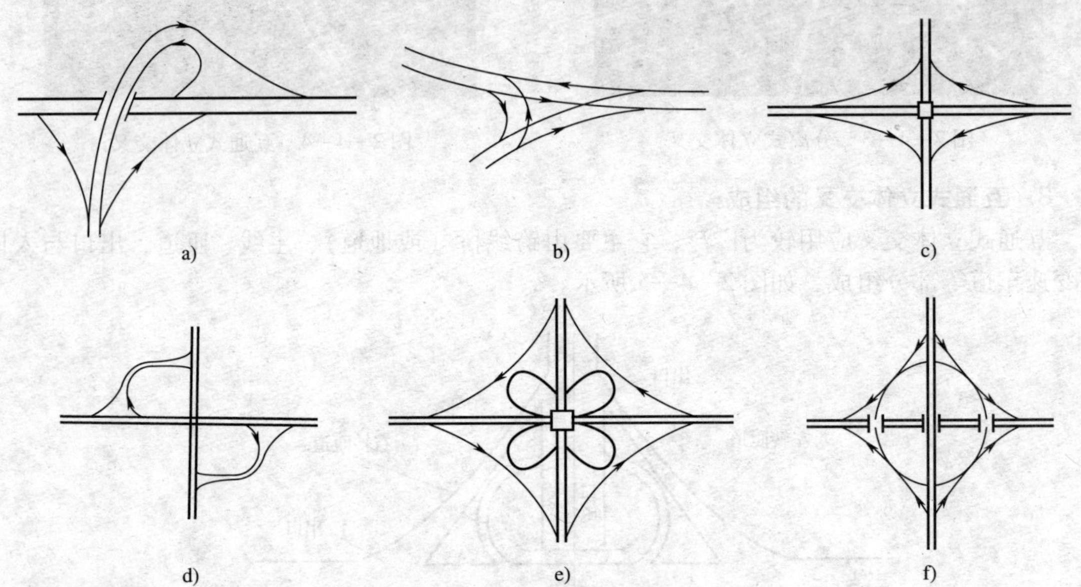

图2—4—6 互通式立体交叉的常见形式

a) 喇叭形 b) Y形 c) 菱形 d) 半苜蓿叶形 e) 苜蓿叶形 f) 环形

(1) 喇叭形

喇叭形立体交叉是三路交叉的主要形式，能为转弯车辆提供半定向运行，无交织，通行能力大，行车安全，如图2—4—6a所示。

(2) Y形

Y形立体交叉能为转弯车辆提供高速的定向或半定向运行，无交织，行车速度快，通行能力大，行车安全，但造价较高，如图2—4—6b所示。

(3) 菱形

菱形立体交叉设有四条匝道连通相交公路，能保证主线直行车辆快速通行，但不能保证次线公路车辆的通行能力和行车安全，适用于特殊地形出入交通量较小、匝道上无收费站的立体交叉，如图2—4—6c所示。

(4) 半苜蓿叶形

半苜蓿叶形适用于出入交通量较小的特殊地形处，如图2—4—6d所示。

(5) 苜蓿叶形

苜蓿叶形立体交叉中主线和匝道所组成的图形似苜蓿叶，交通运行连续而自然，无冲突点，仅需一座构造物，且形式美观，但占地面积大，左转时绕行距离较长，适用于城市外围左转交通量较小的情况，如图 2—4—6e 所示。

（6）环形

环形立体交叉是用一个公用的环道来实现各方向车辆左转的立体交叉形式，分两层或三层两种，适用于五条以上公路相交。这种交叉能保证主线直通，交通组织方便，无冲突点，占地较少，但次要公路通行能力差，左转车辆绕行距离长，构造物较多。环道中央的中心岛可采用圆形、椭圆形或其他形式。如图 2—4—6f 所示。

如图 2—4—1a 所示为十字形平面交叉，图 b 为 T 形平面交叉，图 c 为苜蓿叶形立体交叉，图 d 为菱形立体交叉，图 e 为半苜蓿叶形立体交叉，图 f 为环形立体交叉。

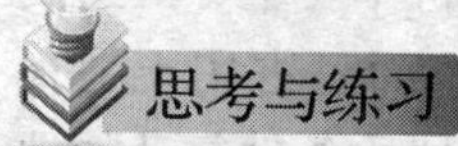

1. 平曲线包括哪两种线型？
2. 平面线型要素是什么？
3. 圆曲线的三个最小半径分别适用什么条件？
4. 缓和曲线的作用是什么？我国采用的缓和曲线线型是什么？
5. 平面线型常见的组合形式有哪几种？
6. 什么是超高？设置超高的条件、目的分别是什么？
7. 设置加宽的条件和位置分别是什么？
8. 什么是行车视距？行车视距包括哪三种？
9. 公路纵坡坡长限制的原因是什么？
10. 竖曲线的两种类型及常用线型分别是什么？
11. 平、纵线型组合原则是什么？
12. 公路的横断面主要由哪些部分组成？
13. 什么是路肩？路肩的主要作用是什么？
14. 路基常见的横断面有哪几种类型？
15. 公路交叉包括哪两种类型？
16. 常见的平面交叉形式有哪几种？
17. 高速公路必须采用的交叉形式是什么？
18. 当汽车由图 2—4—5 所示的立交桥上通过时，按交通标识及交通规则，应怎样行驶，图中还有哪些匝道、出口与入口？

模块三

公路路基

路基是公路的重要组成部分，是公路线形构造物的主体，它贯穿公路全线，与桥梁隧道相连。路基也是路面的基础，它的质量直接影响着整个公路的使用品质、行车安全、舒适度和经济性。因此，路基在一条公路的建设项目中，工程数量和投资巨大，而且占用土地最多、使用劳动力数量最大、牵涉面最广。特别是工程量集中、地质与水文地质条件复杂的地段，需要更复杂的技术处理，才能满足路基的使用要求，使路基不会产生沉陷、滑坡、坍塌等各种病害。路基的使用要求即路基的尺寸、施工工艺及路基的排水、路基的病害等要求。

路基构造的横断面示意图如图 3—1—1 所示。

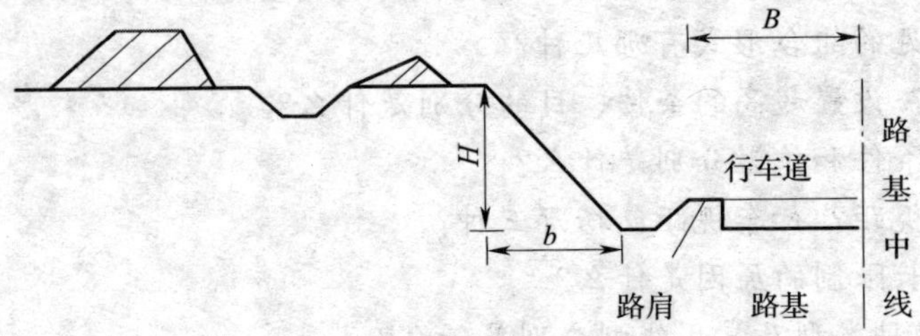

图 3—1—1　路基构造横断面示意图

课题一　路　基

◆ 了解路基的作用与要求；

- ◆ 了解路基土的分类；
- ◆ 了解路基的常见病害；
- ◆ 能够认识路基的构造及要求。

路基是按照一定的路线位置和技术要求修筑的岩土构造物。位于地面与路面之间，它承受着由路面传递下来的行车荷载、路面结构的自重及自然因素的作用，所以路基是路面的基础，公路的承重主体。且在一条公路建设中，路基路线长，通过的地带类型多，受地形、地物、气候和水文地质条件影响很大，要想保证整个公路的使用品质，首先必须了解路基的基本构造及要求。

公路路基的构造如何？其尺寸有哪些规定？

一、路基的基本要求

路基的强度和稳定性，受水温、土质等影响，因此，在一年内，经常出现显著的季节性变化，在个别时期路基的强度和稳定性会显著降低，导致路面在行车荷载作用下产生破坏。所以，要使路基在使用中不发生破坏，必须满足以下基本要求。

1. 具有足够的强度

路基的强度是指在行车荷载作用下，路基抵抗变形与破坏的能力。

路基在路面的下方，要承受由路面传递下来的行车荷载及路基和路面的自重，使路基产生一定的变形；另外，当地基软弱、路基填土疏松，过分潮湿时，路基也会产生沉陷和变形，当变形超过路基的允许变形时，路基就会产生破坏。所以，路基必须具有一定的抵抗变形和破坏的能力，即路基要具有足够的强度。

2. 具有足够的水温稳定性

路基的水温稳定性是指路基在水和温度变化时保持其强度的能力。

路基在水的作用下其强度将会显著降低，特别是季节性冰冻地区，由于水温的变化，路基会发生周期性冻融作用，形成冻胀与翻浆，路基强度急剧下降。因此，必须保证路基在最不利的水温状况下，强度不会显著降低，即路基要有足够的水温稳定性。

3．具有足够的整体稳定性

路基的整体稳定性是指在各种不利因素和荷载的作用下，不会产生破坏而导致交通阻塞和行车事故。

路基是通过地面的填挖建成的，路基建成后改变了原有地面的平衡状态，特别是在工程地质不良地区或岩质土质山坡上开挖路基，会使路基产生各种破坏现象。为保证路基使用时不致产生整体破坏，路基必须具有足够的整体稳定性。

二、路基的干湿类型

路基的干湿状态直接影响路基的强度和稳定性，必须加以了解。

1．路基水的来源

路基受各种外界因素的影响，常见的是湿度的影响。湿度是变化的，湿度变化示意图如图 3—1—2 所示。湿度变化的来源见表 3—1—1。

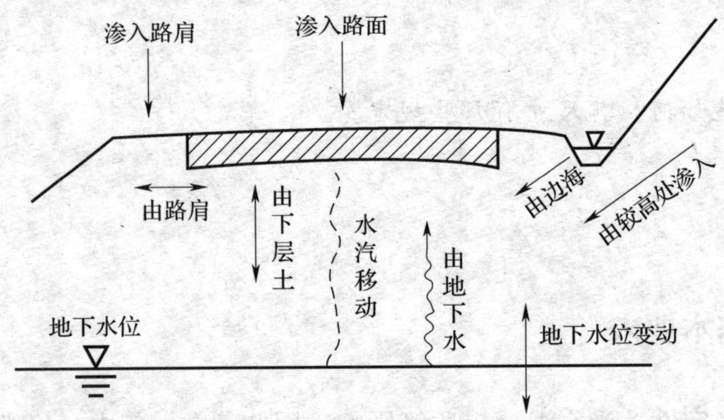

图 3—1—2　湿度变化示意图

表 3—1—1　**湿度变化的来源**

水的来源	特点
大气降水	主要通过路面、路肩和边沟渗入路基
地面水	边沟及排水不良时，导致地表积水，渗入路基
地下水	靠近地面的地下水由于毛细作用上升到路基
凝结水	在土颗粒空隙中流动的水蒸气，遇冷凝结为水

2．路基的干湿类型

路基的干湿类型指路基在最不利季节所处的干湿状态，即路基土所处的含水状态。

路基干湿类型根据含水量大小可分为干燥、中湿、潮湿和过湿四种。一般要求路基处于干燥或中湿状态。过湿状态的路基必须经过处理后方可铺筑路面。

3．路基干湿类型的划分方法

路基干湿类型可根据分界稠度 w_{c1} 、w_{c2} 、w_{c3} 或路基分界高度 H_1 、H_2 、H_3 来划分。对于

原有公路，通常按不利季节土的平均稠度 w_c 与分界稠度的关系来划分；新建公路，按路基临界高度 H 与分界高度的关系来划分。见表 3—1—2。

表 3—1—2 路基干湿类型

土基干湿类型	平均稠度 w_c	一般特征
干燥	$w_c \geqslant w_{c1}$	路基干燥、路面强度和稳定性不受地下水和地表水影响 路基高度 $H > H_1$
中湿	$w_{c1} > w_c \geqslant w_{c2}$	路基上部处于地下水或地表积水影响的过渡带区内 路基高度 $H_1 \geqslant H > H_2$
潮湿	$w_{c2} > w_c \geqslant w_{c3}$	路基上部处于地下水或地表积水毛细影响区内 路基高度 $H_2 \geqslant H > H_3$
过湿	$w_c < w_{c3}$	路基极不稳定，冰冻区春融翻浆，非冰冻区软弹土应经处理后方可铺筑路面 路基高度 $H \leqslant H_3$

三、路基土的分类及性质

路基全部是由土石填挖而成的，而土是填挖路基的主要材料。自然界中，土一般都是由大小不等的土粒混合而成的，也就是不同大小的土颗粒，按不同的比例搭配在一起构成某一类土，比例搭配（级配）不一样，则土的性质也不同。

土颗粒大小，通常以其直径大小表示，简称粒径，单位为 mm。

土的颗粒大小组合情况在工程上就是按土颗粒（粒径）大小分组，称为粒组。每个粒组都以土粒直径的两个数值作为其上下限，并给以适当的名称，简单地说，粒组就是一定的粒径区间。土的分类和工程性质，见表 3—1—3。

表 3—1—3 土的分类和工程性质

土的分类	工程性质
巨粒土	巨粒土是指粒径大于 60 mm，颗粒含量多于总质量 50% 的土。它包括漂石（块石）和卵石（小块石），透水性很大，压缩性极小，颗粒间无黏结，无毛细性，有很高的强度和稳定性，是填筑路基的良好材料
粗粒土	粗粒土是指粒径大于 0.075 mm，颗粒质量大于总质量 50% 的土。它包括砂粒和砾粒，透水性大，压缩性小，无黏结，毛细性小，强度和稳定性均好，是理想的路基填筑材料
细粒土	细粒土是指粒径小于等于 0.075 mm，颗粒质量大于或等于总质量 50% 的土。包括粉土和黏土。粉土黏结性小，毛细上升高度大，透水性小，压缩性中等，在季节性冰冻地区，容易造成路基的冻胀、翻浆等病害。所以，粉土是不良的公路用土。黏性土黏结性大，透水性小，毛细上升高度很大，有较大的可塑性。干燥时较坚硬，湿后强度大大降低，在季节性冰冻地区，容易造成路基的冻胀、翻浆等病害，比粉性土好，但不如砂性土

除以上几种类型的土外，还有一些特殊土，主要包括黄土、膨胀土、红黏土和盐渍土。对于这些土，应采用特殊方法处理后才能使用。

四、路基的基本构造

路基由宽度、高度和边坡坡度三者构成。路基宽度取决于公路技术等级；路基高度取决于公路纵坡及地形条件；路基边坡坡度取决于地质、水文条件、横断面经济性等因素。

1．路基宽度

路基宽度与公路等级及具体要求有关，是指公路土路肩两侧外边缘之间的水平距离，即行车道与路肩宽度之和。但当设有中间带、紧急停车带、爬坡车道、变速车道时，路基宽度还应包含这些部分的宽度。各级公路的路基宽度示意图如图 3—1—3 所示。

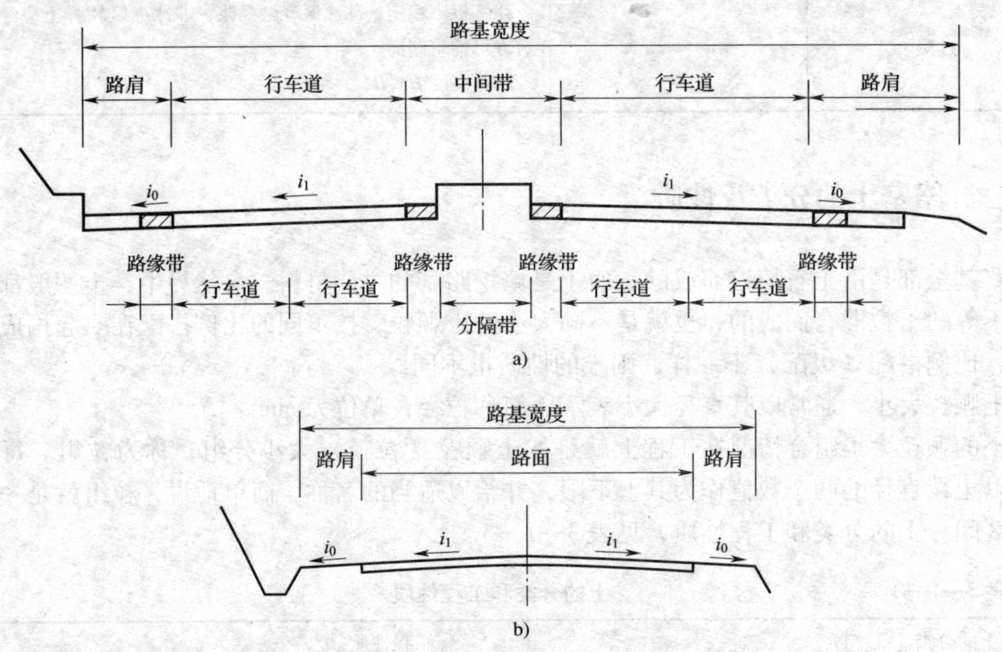

图 3—1—3　路基宽度示意图

a）高速公路、一级公路　b）二、三、四级公路

各级公路的路基宽度值见表 3—1—4。

表 3—1—4　　**各级公路路基宽度**

公路等级		高速公路、一级公路								
设计速度（km/h）		120			100			80		60
车道数		8	6	4	8	6	4	6	4	4
路基宽度（m）	一般值	45.50	34.50	28.00	44.50	33.50	26.00	32.00	24.50	23.00
	最小值	—	—	26.00	—	—	24.50	—	21.50	20.00

续表

公路等级		二级公路、三级公路、四级公路						
设计速度（km/h）		80	60	40	30	20		
车道数		2	2	2	2	2 或 1		
路基宽度（m）	一般值	12.00	10.00	8.50	7.50	6.50 双车道	4.50 （单车道）	—
	最小值	10.00	8.50	—	—	—		

公路路基越宽，对行车条件和公路造型越有利，但工程数量及造价也越高。因此，需根据需要，在考虑经济效益的前提下，合理设计路基宽度。

2. 路基高度

路基高度指路堤的填筑高度或路堑的开挖深度，是原地面标高与路基设计标高之差。由于原地面横向标高不同，在路基的整个宽度范围内，这个相对高差也不同。

《公路工程技术标准》（JTG B01—2003）规定：对于新建公路，高速公路和一级公路采用中央分隔带外侧边缘标高；二、三、四级公路采用路基边缘标高，设置超高和加宽的路段，则为设计超高、加宽前的路基边缘高度。对于改建公路，一般采用新建公路的规定，也可以采用中央分隔带中线或行车道中线的标高。

3. 路基边坡

路基边坡是指在路基两侧修筑的具有一定坡度的土（或石）坡。它是支撑路基主体、保证路基稳定的重要组成部分。根据施工条件，边坡应该有一定坡率，不能过缓或过陡。

路基边坡坡度是指边坡高度 H 与边坡宽度 b 的比值，常写成 $1:m$（路堤）或 $1:n$（路堑）形式，称为边坡坡率。它取决于边坡的土质、岩石的性质及水文地质条件等自然因素和边坡的高度。

路基边坡可分为路堤边坡和路堑边坡两种，如图 3—1—4 所示。

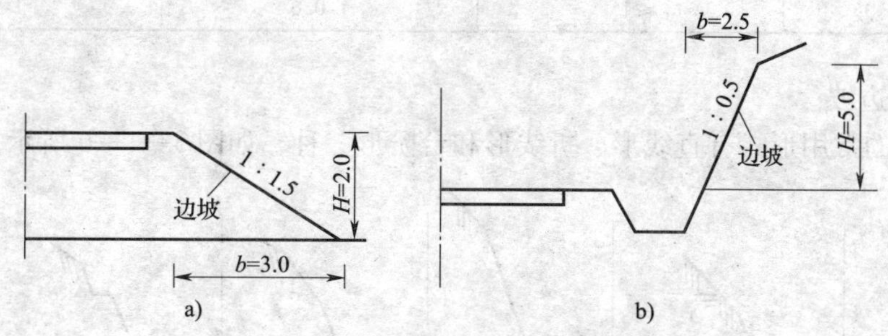

图 3—1—4　路基边坡坡度示意图

a）路堤边坡　b）路堑边坡

（1）路堤边坡

路堤边坡的常用形式有直线形、折线形和台阶形三种，如图 3—1—5 所示。

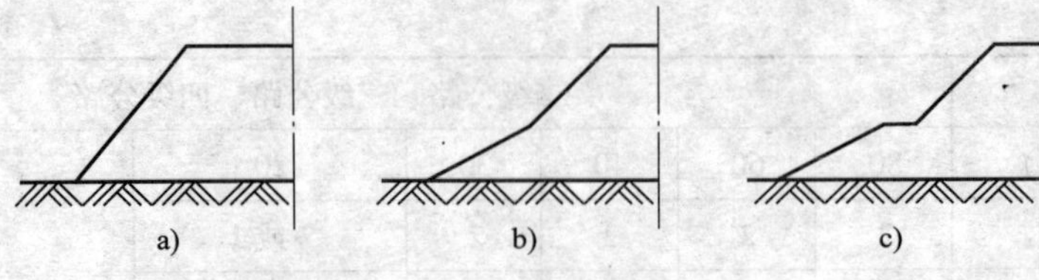

图 3—1—5　路堤边坡形式

a）直线形　b）折线形　c）台阶形

一般路堤的边坡坡率可根据填料种类和边坡高度按表 3—1—5 选用。

表 3—1—5　**一般路堤边坡坡率**

土质类别	边坡坡率	
	上部高度（$H \leqslant 8$ m）	下部高度（$H \leqslant 12$ m）
细粒土	1∶1.5	1∶1.75
粗粒土	1∶1.5	1∶1.75
巨粒土	1∶1.3	1∶1.5

路堤边坡高度超过表 3—1—5 中的数值时，属高路堤，应进行单独设计。

沿河浸水路堤的边坡坡率，在设计水位以下根据填料情况可采用 1∶1.75 ~1∶2.0，在常水位以下部分可采用 1∶2.0 ~ 1∶3.0。

陡坡上的路堤，可采用砌石（当地不易风化的开山片石），按要求砌筑，边坡坡率按表 3—1—6 选用。

表 3—1—6　**路堤砌石边坡坡率**

砌石类别	高度（m）	内坡坡率	外坡坡率
1	≤5	1∶0.3	1∶0.5
2	≤10	1∶0.5	1∶0.67
3	≤15	1∶0.6	1∶0.75

（2）路堑边坡

路堑边坡的常用形式有直线形、折线形和台阶形三种，如图 3—1—6 所示。

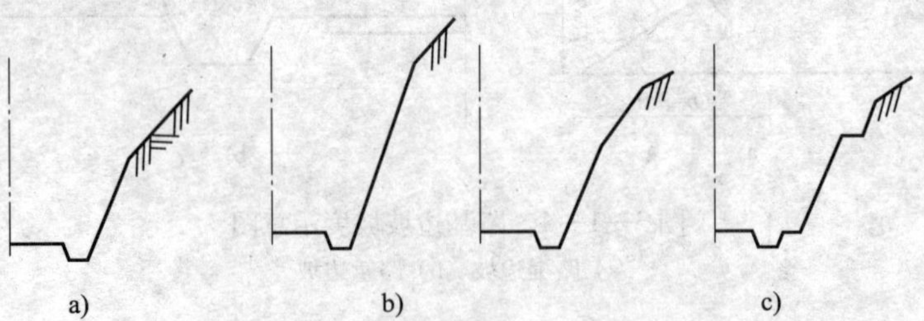

图 3—1—6　路堑边坡形式

a）直线形　b）折线形　c）台阶形

路堑边坡坡率，应根据边坡高度、土石种类与性质（密实、风化程度等）、地面水及地下水情况，以及施工方法等因素确定，见表3—1—7。

表3—1—7　土质路堑边坡坡率

<table>
<tr><th rowspan="2" colspan="2">土质类别</th><th colspan="2">边坡坡率</th></tr>
<tr><th>上部高度
$H<15$ m</th><th>下部高度
15 m$\leqslant H<20$ m</th></tr>
<tr><td colspan="2">黏土、粉质黏土、塑性指数大于3的粉土</td><td colspan="2">1:1</td></tr>
<tr><td colspan="2">中密以上的中砂、粗砂、砾砂</td><td colspan="2">1:1.5</td></tr>
<tr><td rowspan="2">卵石土、碎石土、圆砾土、角砾土</td><td>胶结和密实</td><td colspan="2">1:0.75</td></tr>
<tr><td>中密</td><td colspan="2">1:1</td></tr>
</table>

注：黄土、红黏土、高液限土、膨胀土等特殊土质挖方边坡形式及坡度另按有关规定设置。

石质路堑边坡坡率，可参考有关标准，本节略。

五、路基的附属设施

为了保证路基的强度、稳定性和行车安全，与一般路基工程有关的附属设施有取土坑、弃土堆、碎落台及护坡道等。

1. 取土坑与弃土堆

在路基填挖时，要求应尽量保持平衡，以降低工程造价，减少废方。但在实际操作中很难做到完全平衡。于是就会出现借方和废方。在进行路基设计时，首先要合理选择取土坑与弃土堆的位置，同时兼顾地质、数量、用地及运输条件等因素，还要结合沿线区域规划，因地制宜，综合考虑，做到借之有利，弃之无害。借弃所形成的坑或堆，要求尽量结合当地地形，充分利用，并按要求做好外形，保证其稳定。

（1）取土坑

取土坑是指在修筑路基时，挖取土方填筑路基或公路养护时所留下的整齐土坑，如图3—1—7所示。取土坑可设在路侧，也可设在路外。在路外时，应尽量选在荒山、荒地和地势较高的山地。

平坦地区，如果用土量较少，一般在路基沿线路两侧设置取土坑，即路侧取土，取土坑的布置及要求见表3—1—8。

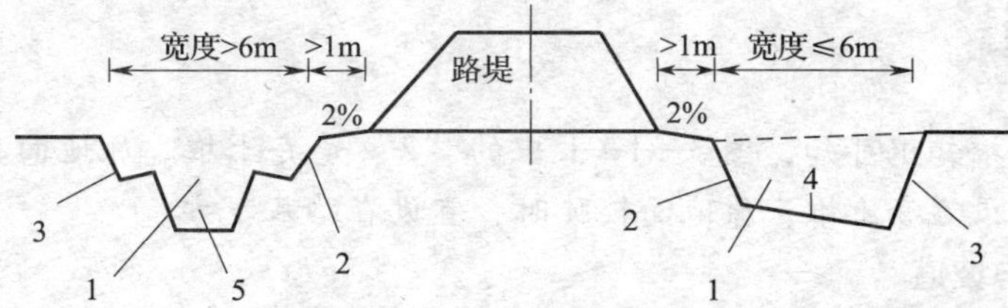

图3—1—7　取土坑横断面图

1—取土坑　2—内侧边坡　3—外侧边坡　4—坑底　5—排水沟

表 3—1—8　　取土坑的布置要求

取土坑位置	地面横坡度	尺寸要求		坑底横坡坡度	坑底纵坡坡度
路基两侧	≤1:10	取土坑深度	一般不大于1.0 m	取土坑宽度≤6 m时，坑底横坡可做成向路线外侧倾斜的单向坡，坡度为2% ~3%	不小于0.2%
地势较高的一侧	>1:10	取土坑宽度	根据用土数量及施工方法和排水的要求确定	取土坑宽度>6 m时，可做成向中间倾斜的2% ~3%双向横坡，并在中部设置底宽0.4 m的纵向排水沟。当坑底纵坡大于0.5%时，可以不设排水沟	
		边坡坡度	内侧边坡采用1:1.5；外侧边坡不陡于1:1		

（2）弃土堆

弃土堆是指开挖路基所剩余的土或不宜筑路而废弃的土堆积而成的整齐土堆。

路基开挖的弃土，应尽量加以利用，如加宽路基或加固路堤，填补坑洞或路旁洼地，并兼顾农田水利基建等所需，做到变废为宝。这些废方在利用前，不能乱弃乱放，应按有关要求来布置。

弃土堆一般选择在路旁荒地或低洼处，就近弃土。原地面横坡坡度小于1:5时，可在路旁两侧设置弃土堆，如图3—1—8所示。原地面较陡时，弃土堆宜设在路基下方。

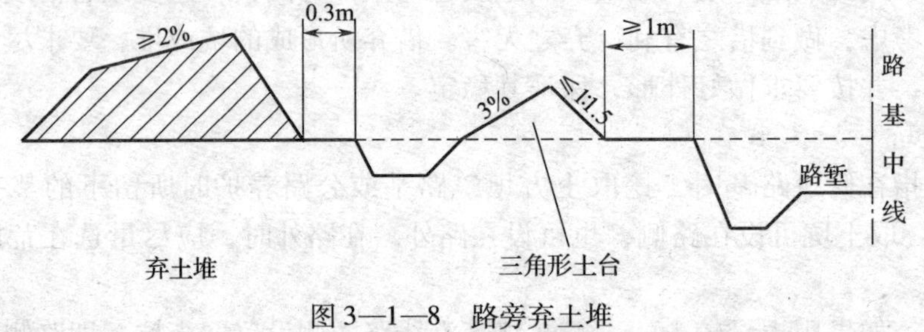

图3—1—8　路旁弃土堆

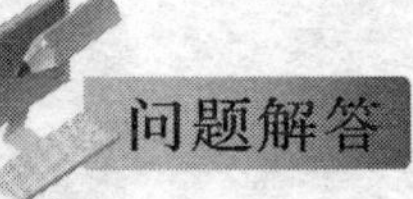

根据所学弃土堆知识可知，图3—1—1中的“2”是弃土堆。原地面横坡坡度小于1:5时，可在路旁两侧设置弃土堆，原地面较陡时，宜设在路基下方。

2. 碎落台与护坡道

（1）碎落台

碎落台设于土质或石质土的路堑边坡坡脚处，主要供零星土石碎块下落时临时堆积，以保证边沟不致阻塞，如图3—1—9所示。碎落台的宽度一般为1.0～1.5 m。碎落台上的堆积物应定期清理。

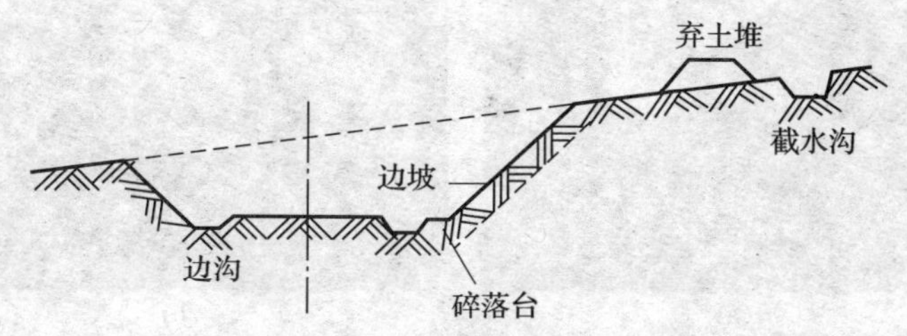

图3—1—9 路堑边坡上的碎落台

（2）护坡道

护坡道是指为保证路基边坡稳定，沿原地面纵向保留的至少为1.0 m宽度的平台。设置护坡道的目的是加宽边坡横向距离，减小边坡平均坡度，保证路基边坡稳定。护坡道越宽，越有利于边坡稳定，但还要兼顾工程数量、边坡稳定性与经济合理性。一般情况下，护坡道宽度 d 根据边坡高度 h 而定，$h<3.0$ m时，可不设护坡道；$h\geqslant 3.0$ m时，$d=1.0$ m；$h=3\sim6$ m时，$d=2.0$ m；$h=6\sim12$ m时，$d=2\sim4$ m。如图3—1—10所示。

护坡道一般设于路基坡脚处，边坡较高时，也可设于边坡上方及路堑变坡处，它是保证路基边坡稳定的措施之一。

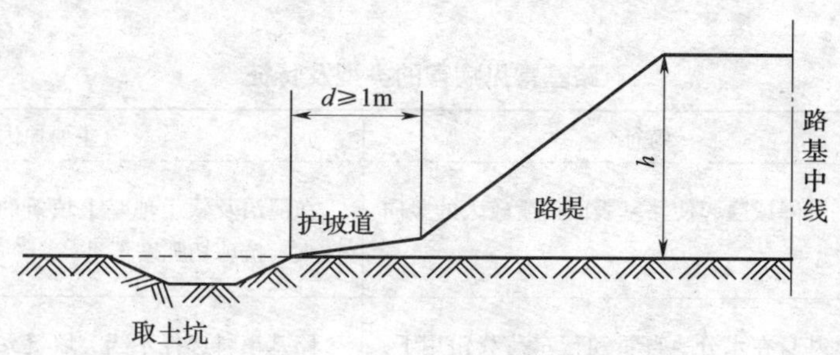

图3—1—10 护坡道示意图

六、路基的常见病害

路基暴露在大气中，在自重、行车荷载及各种自然因素的作用下，各个部位会产生各种各样的变形，引起路基标高和边坡坡度、形状的改变。严重时，会造成土体的位移，危及路基的整体性和稳定性，对路基造成各种破坏，这就是路基的病害。

路基的常见病害有多种，如图3—1—11所示。

路基的常见病害主要有路基沉陷、路基的冻害、路基的滑移、边坡滑塌四类。其中，边坡滑塌是最常见的病害，也是路基水毁的普遍现象。路基病害的类型及特征等见表3—1—9。

图 3—1—11 路基的常见病害

a）边坡滑塌 b）边坡冲蚀 c）路基沉陷 d）路基坍塌

表 3—1—9 路基常见病害的类型及特征

<table>
<tr><th colspan="2">病害类型</th><th>特征</th><th>主要原因</th></tr>
<tr><td rowspan="2">路基沉陷</td><td>沉落</td><td>地基沉降或隆起使路基表面产生较大的竖向位移</td><td>在泥沼及软土地基上填筑的路堤较高，地基压缩性大、抗剪切强度不足</td></tr>
<tr><td>沉缩</td><td>路基基身在水分、自重和行车荷载作用下，会逐渐压密而出现下沉</td><td>路基填料选择不当、填筑方法不合理和压实度不足</td></tr>
<tr><td rowspan="2">路基冻害</td><td>冻胀</td><td>路基体积膨胀和路面隆起开裂</td><td>在季节性冰冻地区，路基土质不良并有水分供给，冬季的低气温作用使路基内的水分不断向上积聚而冻结</td></tr>
<tr><td>翻浆</td><td>在行车荷载作用下泥浆沿路面裂缝冒出</td><td>在季节性冰冻地区，路基土质不良并有水分供给，产生冻胀后，在春融期间，路基上层的土首先解冻，因含水量过多而变得松软</td></tr>
<tr><td colspan="2">路基滑移</td><td>路基在自重和行车荷载作用下，整个路基沿倾斜的原地面向下滑动</td><td>路基底部被水浸湿，坡脚又未进行必要的支撑</td></tr>
</table>

续表

病害类型		特征	主要原因
边坡滑塌	滑坡	边坡上一部分土体在重力作用下沿一定滑动面（软弱面）整体向下滑动	边坡上的土体被水浸湿、路堤边坡过陡、坡脚被冲刷淘空
边坡滑塌	溜方	路基边坡上的表层薄层土体在重力作用下发生推移	边坡坡度过陡、流动水冲刷边坡
	剥（碎）落	边坡坡面在重力等作用下呈片状碎屑逐渐脱落下来，称为剥落。坡面岩石成碎块脱落下来，称为碎落	易风化的岩石边坡其表层岩石因物理风化破碎、雨水冲刷时，会产生剥落；严重风化破碎的岩石路堑边坡较陡时，会产生碎落
	崩塌	边坡上大的石块或土体在自重作用下脱离原有岩土体从高处滚落倒塌下来，岩土块有翻滚和跳跃现象	路堑边坡高陡、岩石节理发育、坡脚被挖动或淘空、地震和大爆破的震动

路基常见病害示意图如图3—1—12所示。

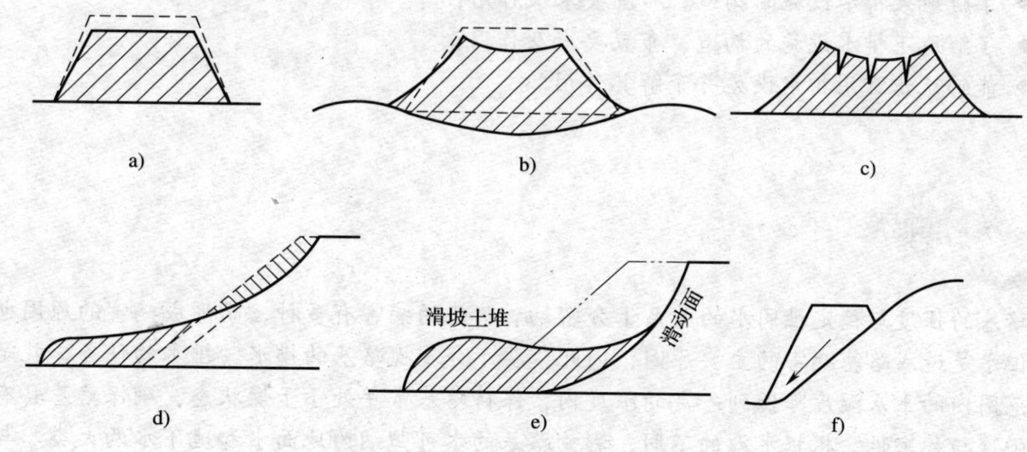

图3—1—12 路基常见病害示意图

a）路基沉落 b）路基沉落 c）路基沉缩 d）溜方 e）滑坡 f）路基滑移

问题解答

根据以上边坡知识可知，图3—1—1中“1”是路堑边坡，“*H*”表示边坡的高度，“*b*”表示边坡的宽度。

高速公路路基沉陷

2010年3月27日，石家庄至太原的石太高速公路寿阳段发生大面积路基沉陷，高速公路被迫紧急封闭，往来车辆绕行其他公路。据了解，塌陷路段位于太旧高速公路寿阳出口往东2 km处。记者在现场看到，有多处路面发生了严重断裂。这次地面沉陷形成了长约100 m，宽约10 m的大坑，最深的地方近10 m。

课题二　路基排水设施

- 了解地表排水设施的构造、布置要求及作用；
- 了解地下排水设施的构造、布置要求及作用；
- 能够认识常用排水设施并了解其作用。

路基的强度与稳定性同水的关系十分密切。路基的病害有多种，而形成病害的原因也很多，但水是造成路基病害的主要原因，因此，要十分重视路基的排水。排水的任务，就是将路基范围内的土基湿度降低到一定的限度内，保持路基常年处于干燥状态，确保路基具有足够的强度与稳定性。根据水源的不同，影响路基的水可归纳为地面水和地下水两大类。与此相适应的路基排水工程，则分为地表排水设施和地下排水设施。

地面水包括大气降水（雨或雪）以及海、河、湖、水渠及水库水。地面水对路基产生冲刷和渗透，冲刷可能导致路基整体稳定性受到损害，形成水毁现象。渗入路基土体的水分，使土体过湿而降低路基的强度。

地下水是指地表以下岩石或土层孔隙中的水，包括上层滞水、潜水及层间水等，它们对路基的危害程度，因埋藏情况、流量大小不同而异，轻者能使路基湿软，降低路基强度；重者会引起路基冻胀、翻浆或边坡滑坍，甚至整个路基沿倾斜基底滑动。水还可能造成掺有膨胀土的路基工程毁灭性地破坏。

想一想

根据经验，你能说出几种排水设施呢？如图3—2—1所示，它们分别属于哪种排水设施？

a) b) c) d)

图3—2—1 路基排水设施

相关理论

一、地表排水设施

地表排水就是将影响路基强度及稳定性的地面水排除或拦截于路基用地范围以外，并防止地面水漫流、滞积或下渗。

常用的地表排水设施包括边沟、截水沟、排水沟、跌水、急流槽等，必要时还有倒虹吸、渡水槽和蒸发池。这些排水设施布置在路基的不同部位，其作用、布置要求及构造形式，均有所不同。

1. 边沟

边沟的作用、构造形式及布置要求见表3—2—1。

表3—2—1　　边沟的作用、构造及布置要求

作用	汇集和排除路基范围内和流向路基的少量地表水
构造	边沟的横断面形式有梯形、矩形、三角形和流线形等，一般采用梯形 底宽、深度要求，高速、一级公路均不小于0.6 m；其他各级公路不小于0.4 m，沟底纵坡与路线纵坡要一致，纵坡宜不小于0.3%。梯形内侧边坡坡度为1∶1～1∶1.5，外侧边坡与挖方边坡一致；单向排水长度不宜超过300～500 m 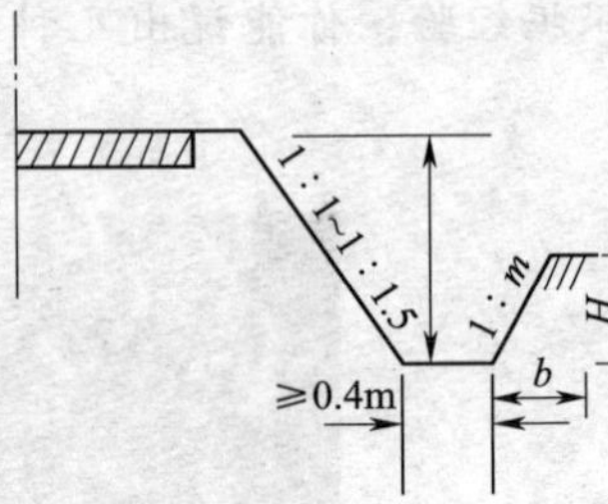
布置要求	边沟设置在挖方路基的路肩外侧、矮路堤、零填零挖路基及陡坡路堤的坡脚外侧，多与路中线平行

2. 截水沟

截水沟又称天沟。截水沟的作用、构造形式及布置要求见表3—2—2。

表3—2—2　　截水沟的作用、构造形式及布置要求

作用	拦截并排除路基上方流向路基的地表水，保护挖方边坡和填方坡脚不受流水冲刷。降水量少的可不设截水沟，降水量大的可设多道截水沟
构造	截水沟的横断面形式一般采用梯形 底宽、沟深均不小于0.5 m；边坡坡度视土质而定，常采用1∶1～1∶1.5；沟底纵坡不应小于0.3% 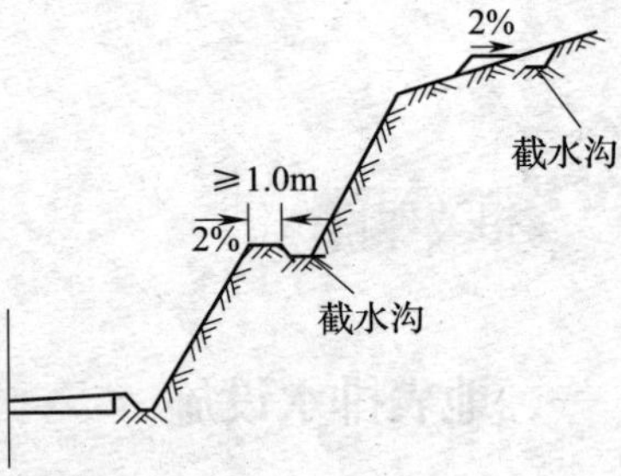
布置要求	截水沟尽量与绝大多数地表水流方向垂直，离路堑坡顶的距离视土质而定：一般土质$d \geqslant 5$ m；黄土$d \geqslant 10$ m 软弱层地段$d \geqslant H+5$ m，不小于10 m

3. 排水沟

排水沟的作用、构造形式及布置要求见表3—2—3。

表 3—2—3　　排水沟的作用、构造形式及布置要求

作用	排水沟的主要作用是引水，是将路基范围内各种水源的水流（如边沟、截水沟及取土坑和路基附近积水）引至桥涵或路基范围以外的指定地点	
构造	排水沟的横断面形式一般采用梯形，排水沟的底宽沟深≥0.5 m，边坡坡度 1∶1～1∶1.5，纵坡≥0.5%	
布置要求	排水沟的位置灵活性很大，离路基尽可能远一些，距路基坡脚不宜小于 2 m，平面上应力求简洁，需要转弯时应尽量圆顺，做成弧形，其半径不宜小于 10～20 m，连续长度不宜大于 500 m	排水沟 路基中心线 桥涵 b 沟渠　$R=10b$

4. 跌水与急流槽

跌水与急流槽是路基地面排水沟渠的特殊形式，用于纵坡大于 10%，水头高差大于1.0 m 的陡坡地段。由于水位落差较大，水流速度快，冲刷力大，要求跌水与急流槽的结构必须稳固耐用，通常采用浆砌块石或混凝土结构，并具有相应的防护加固措施，如图 3—2—2 所示。

a)

b)

图 3—2—2　跌水与急流槽

a）跌水　b）急流槽

除以上几种排水设施外，还有倒虹吸、渡水槽和蒸发池等，因其在路基排水中应用较少，这里不再介绍。

二、地下排水设施

地下排水就是将影响路基强度及稳定性的少量地下水拦截、汇集、排除及降低地下水位，并引导至路基范围以外的适当地点。对于流量较大的地下水，应设置专用地下排水管道予以排除。

常用的地下排水设施包括暗沟、渗沟和渗井三种，主要以渗流方式汇集水流，并就近排出路基范围以外。

地下排水设施设于地下，不易维修、检查，因此，必须要提高施工质量。

1. 暗沟

暗沟是设在地面以下引导水流的沟渠，其结构如图3—2—3所示。

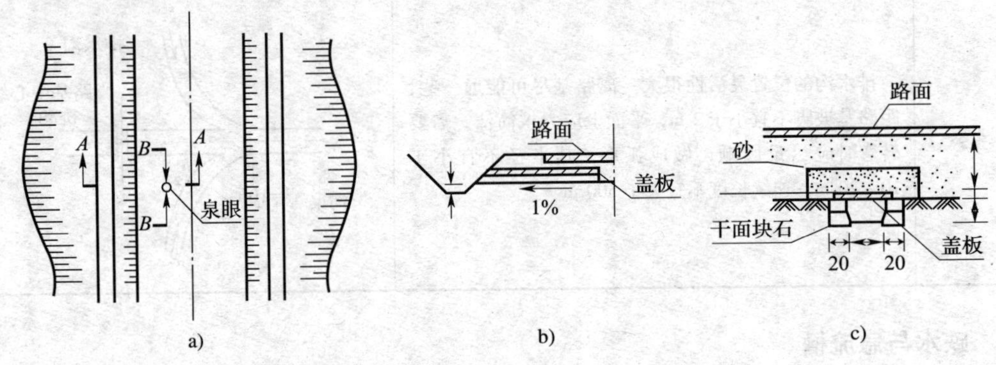

图3—2—3　暗沟结构示意图（尺寸单位：cm）

a）平面　b）A—A剖面　c）B—B剖面

暗沟的作用、构造及布置要求见表3—2—4。

表3—2—4　**暗沟的作用、构造及布置要求**

作用	将路基范围内的泉水或渗沟所拦截的水流排出路基范围以外，而其本身不起渗水、汇水作用
构造	暗沟内分层填以大小不同的颗粒材料，利用渗水材料的透水性将地下水汇集于沟内，并沿沟排泄至指定地点 暗沟可分为洞式和管式两大类，洞式横断面一般为矩形，沟宽或管径按泉眼范围或流量大小决定，一般为20～30 cm，净高 h 约为20 cm。若两侧沟壁为石质，盖板可直接放在两侧石壁上。为防止泥土淤塞，盖板周围用碎（砾）石做成反滤层。沟底纵坡不小于1%，条件困难时应不小于0.5%，出口处沟底应高出地表排水沟常水位0.2 m以上。不允许出现倒灌现象
布置要求	暗沟设置在公路地段的泉眼处、高速公路和一级公路中央分隔带雨水口的下面 暗沟的排水能力较小，不宜过长；寒冷地区的暗沟应做防冻保温处理或将暗沟设在冻深以下

2. 渗沟

渗沟采用渗透的方式将地下水汇集于沟内，并通过沟底通道将水排至指定地点。

渗沟的作用、构造及布置要求见表3—2—5。

表3—2—5　　渗沟的作用、构造及布置要求

作用	降低地下水位、汇集和拦截流向路基的地下水，并排出路基范围以外，如图3—2—4所示
构造	渗沟由排水层、反滤层和封闭层所组成，其构造如图3—2—5所示。反滤层用于汇集、吸收水流，防止土或砂石材料挤入相邻层内，堵塞排水层，一般分层填以碎石及砂砾材料，颗粒粒径由上而下，自外而内逐渐增大，相邻层的粒径比一般不小于1:4，每层厚度不小于15 cm。封闭层设置在渗沟顶部，用于防止地面水进入渗沟，可用双层反铺草皮或沥青纸材料铺筑在反滤层顶面，上面有厚度不小于50 cm的夯实黏土或浆砌片石 渗沟有三种结构形式：填石渗沟、管式渗沟和洞式渗沟 填石渗沟的排水层采用颗粒较大的碎、砾石材料填充，一般适用于流量不大，渗沟较短的地段，沟底纵向坡度不小于1%，通常为矩形或梯形。渗沟底部设管或洞构成管式渗沟、洞式渗沟，底部结构相当于顶部可以渗水的涵洞。适用于地下水流量较大，分布较广，或排水距离较长的地段。管式渗沟排水层的上半部交错留有渗水孔，管径一般为15～30 cm。沟底纵向坡度为1%～3%。洞式渗沟洞宽约20 cm，高20～30 cm，其盖板用条石或混凝土预制板，并预留渗水孔，以便渗入沟内的水汇集于洞内排出
布置要求	渗沟的位置可根据需要设置在边沟、路肩、路基中线以下或路基上侧山坡适当位置，渗沟埋入地下的深度浅时为2～3 m，深时可达6 m以上，渗沟的平面走向尽可能与地下水流相互垂直，以拦截更多的地下水

渗沟根据排水情况来布置，其布置形式如图3—2—4所示。

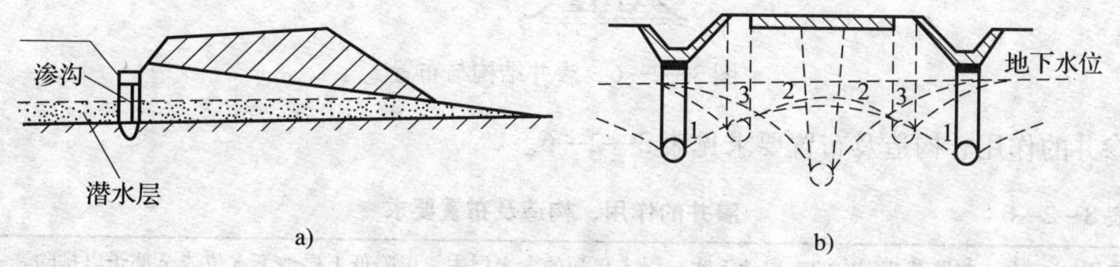

图3—2—4　渗沟布置图

a）拦截流向路基潜水的渗沟　b）降低地下水位的渗沟

渗沟构造图如图3—2—5所示。

3. 渗井

渗井属于立式地下排水设备，当地下存在多层含水层，其中影响路基的上部含水层较薄，且排水量不大，且平式渗沟难以布置时，采用立式排水，即设置渗井，如图3—2—6所示。

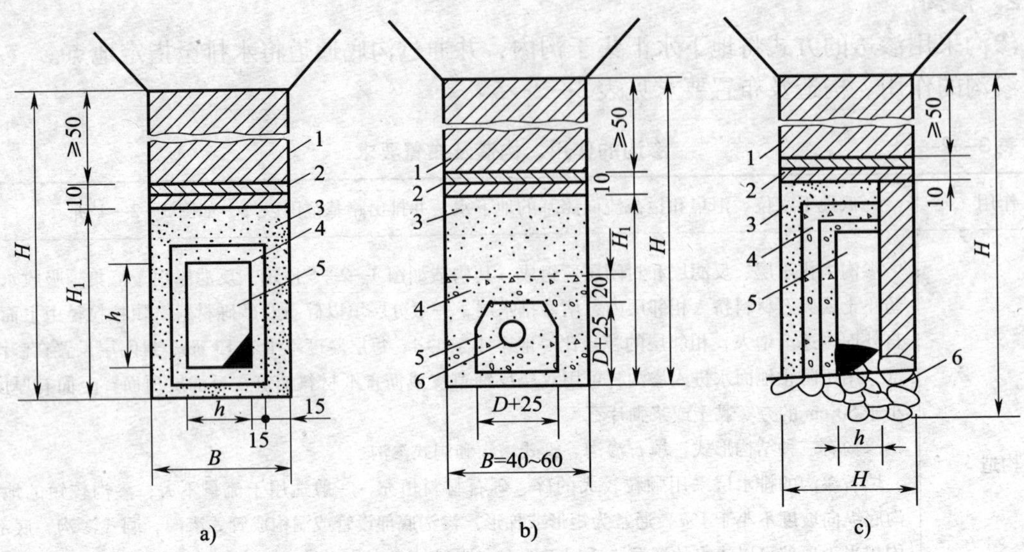

图 3—2—5　渗沟构造图（尺寸单位：cm）

a）填石渗沟　b）管式渗沟　c）洞式渗沟

1—夯实黏土　2—双层反铺草皮　3—粗砂　4—石屑　5—碎石　6—浆砌片石沟洞

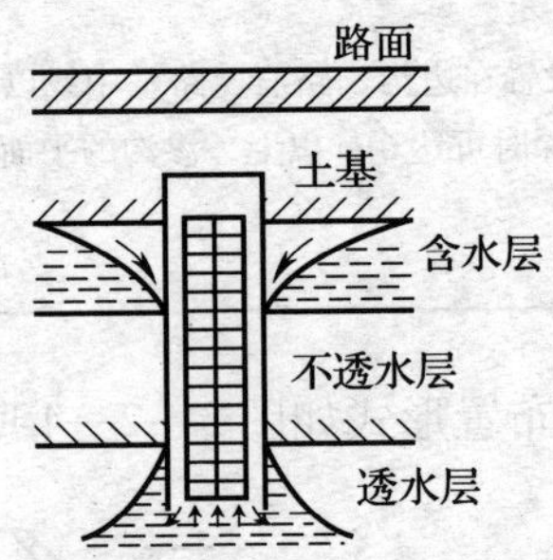

图 3—2—6　渗井结构与布置

渗井的作用、构造及布置要求见表 3—2—6。

表 3—2—6　　渗井的作用、构造及布置要求

作用	将路基范围内的上层地下水，引入更深的含水层中，以降低上层地下水位或全部予以排除
构造	渗井上部构造为集水结构，下部为排水结构 上部结构一般采用直径为 1.0 ~ 1.5 m 的圆柱形或边长为 1.0 ~ 1.5 m 的方形。其顶部四周（进口除外）用黏土夯实筑堤围护，顶部加筑混凝土盖。下部结构必须穿过不透水层而深达透水层，井内填充砂石料
布置要求	布置时渗井内由中心向四周按层次，分别填入由粗而细的砂石材料，粗料渗水，细料反滤，填充料要求筛分冲洗，施工时用铁皮套筒分隔填入不同粒径的材料，要求层次分明，不得粗细材料混杂。渗井施工难度大，单位面积造价高，一般不轻易采用

如图 3—2—1 所示的排水设施均为地表排水设施。图 a 属于边沟，图 b 属于截水沟，图 c 属于排水沟，图 d 属于跌水。

课题三　路基防护与加固工程

◆ 熟悉常用路基防护工程的类型、特点及适用条件；
◆ 熟悉常用路基加固工程的类型、特点及适用条件；
◆ 能够根据路基边坡特点，合理选择防护及加固工程的类型。

公路路基是路面的基础，常年大面积暴露在自然环境中，受到路基开挖、行车荷载及各种自然条件的长期影响，可能因雨水冲刷或者侵蚀而使路基产生各种病害，影响路基的稳定性和公路的正常使用。为保证路基的稳定和防治路基病害，除做好路基排水外，还必须对路基采取有效的防护与加固措施。防护与加固的重点是路基边坡的防护及湿软地基的加固。

如图 3—3—1 所示列出了几种不同类型的路基防护与加固工程。根据公路常识，你能指出图中的防护与加固工程的类型吗？它们各自的特点和适用条件是什么？除此之外，还有哪些路基防护与加固工程类型？

图 3—3—1　各类路基防护与加固工程

一、路基防护工程

路基防护工程是指防止路基风化和冲刷，主要起隔离、封闭作用的防护措施。它既能保证路基稳定，防治路基病害，又能改善环境景观。路基防护工程按其作用不同可分为坡面防护和冲刷防护两类。

路基防护工程不能承受外力作用，所防护的路基本身必须是稳定的。

1. 坡面防护

坡面防护是指对路基边坡表面的保护。路基边坡是最容易遭受破坏的部位。通过这种防护可使路基边坡坡面与大气隔离，阻止土质边坡的冲刷和岩石边坡的进一步风化，既能保证路基稳定、行车安全，又能美化路容。坡面防护主要有植物防护、骨架植物防护、圬工防护和封面、锤面防护四类。

（1）植物防护

植物防护主要依靠成活植物的发达根系，深入土层，使表土固结，可防止边坡水土流失，美化环境，稳定边坡。适用于坡高不大，边坡较缓的坡面。

植物防护按边坡坡面特点可分为种草、铺草皮和植树三种。

1）种草。种草防护主要包括直接种草、三维植物网防护、湿法喷播和客土喷播四种类型。

种草防护类型及适用条件见表3—3—1。

表3—3—1　　种草防护工程类型及适用条件

类型	实例	定义	适用条件
直接种草		直接种草是指直接在坡面均匀撒播拌和好的土和草籽，再洒水湿润，并注意管理的坡面防护措施。草籽深度不少于5 cm	适用于草类生长、边坡坡率不陡于1:1，坡面冲刷轻微的路堤与路堑土质边坡
三维植物网防护		三维植物网是植草固土用的一种三维结构的土工合成材料网垫。它是以热塑树脂为原料制成的，其结构分为上下两层，组成网包。网包能降低雨水冲蚀能量，阻断坡面雨水，并能很好地固定填充物（土、营养土和草籽） 植物长成后根系可深入地表以下30~40 cm，使网垫、草、泥土表面牢固地结合在一起，对坡面形成了一层坚固的绿色复合保护层	适用于砂性土、土夹石及风化岩石、且坡率缓于1:0.75的边坡

续表

类型	实例	定义	适用条件
湿法喷播		湿法喷播是一种以水为载体使用喷播机直接将种子喷播在坡面上的机械化植物快速防护措施	适用于坡率缓于1:0.5的土质边坡、土夹石边坡、严重风化的岩石边坡，以及中央分隔带、立交区、服务区等绿化防护
客土喷播		客土喷播，即干法吹喷播。它是一种将客土（一种人工配制的植物生长营养土）、纤维、侵蚀防止剂、缓效肥料和植物种子按一定比例进行配合并充分混合后，使用喷播机以气流为载体喷到坡面上的一种机械化植物快速防护措施	适用于坡率缓于1:1，土壤层较薄且非常贫瘠、植物生根条件差的高大坡面和受侵蚀显著及风化的岩石坡面

2）铺草皮。铺草皮指直接在边坡表面铺砌草皮来保护边坡。草皮规格一般为20 cm×40 cm，厚6～10 cm。草皮铺砌有平铺、叠铺（水平叠铺、垂直叠铺和斜交叠铺）和网格等形式（见图3—3—2）。此法适用于不宜种草或需要快速绿化，且坡率小于1:1的土质边坡和严重风化的软质岩石边坡。铺草皮时，每块草皮钉使用2～4根竹木销桩，使草皮与坡面固结，以免松动下滑。

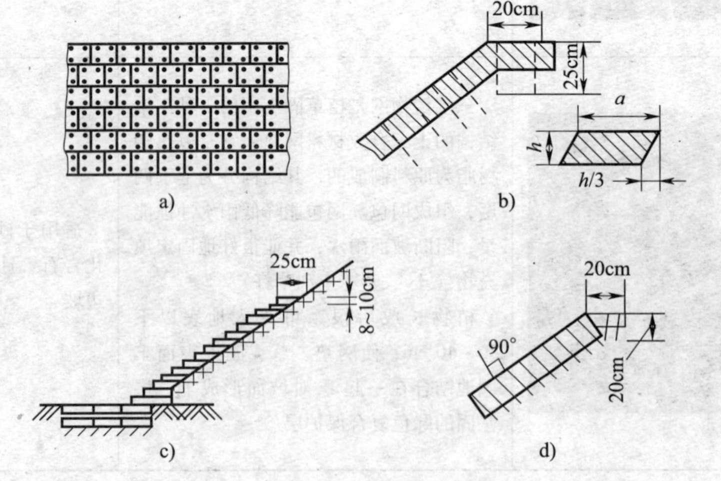

a)　b)　c)　d)

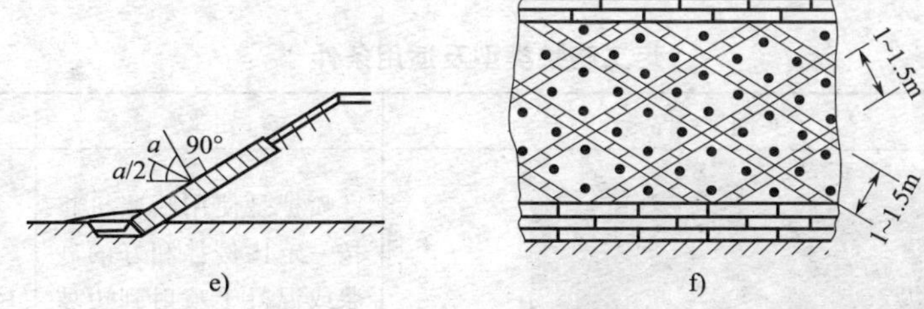

图3—3—2 草皮铺砌形式

a）平铺平面 b）平铺剖面 c）水平叠铺 d）垂直叠铺 e）斜交叠铺 f）网格式

（h 为草皮厚度，5～8 cm，n 为草皮边长，20～25 cm）

其中，平铺草皮适用于坡面水径流速度较小的边坡；叠铺草皮适用于坡面水径流速度较大的边坡；网格式适用于坡面水径流速度较大，且草坡缺乏的地区。

3）植树。植树防护适用于坡率缓于1∶1的边坡或在边坡以外的河岸及漫滩外。主要用于堤岸边的河滩、沙漠及雪害地区的防护林等情况，起到降低河滩水流速度及改变水流方向、防风固沙、防雪等作用。

植树的树种应选择适合当地土质、气候，生长迅速，根系发达，枝叶茂密的乔木及耐水浸的灌木。平面布置形式有带式和连续式两种。

为了保证行车视距，公路弯道内侧边坡严禁栽植高大树木。

（2）骨架植物防护

骨架植物防护是用浆砌片石或混凝土块为框架，在框架内植草对坡面进行防护的措施。常用的骨架形式有：拱形、菱形、多边形混凝土空心块，这是高速公路边坡防护的主要形式，如图3—3—3所示。骨架植物防护适用于坡率小于1∶0.75的土质边坡和强风化的岩石边坡。

（3）圬工防护

圬工防护是指使用砂浆、混凝土或片石等矿料对坡面进行的防护。主要适用于不易于草木生长的岩石坡面。圬工防护有喷护、砌石防护和护面墙三类，见表3—3—2。

图3—3—3 骨架植物防护

（4）封面、捶面

1）封面。又称抹面，是将混合料均匀地涂抹在坡面上来保护坡面。抹面的混合料包括石灰炉渣灰浆、石灰炉渣三合土或四合土。表层再涂软化点高于当地气温的沥青保护层。适用于表面比较完整而尚未剥落的易风化软质岩石挖方边坡。一般抹面的厚度在3～7 cm。

2）捶面。捶面是以混合料均匀地捶（拍）打在坡面上来保护坡面。捶面的混合料可采用水泥炉渣混合土、石灰炉渣三合土。捶面宜采用等厚截面，其厚度宜为10～15 cm，经拍（捶）打使混合料与坡面紧贴，厚度均匀，表面光滑。捶面防护适用于易受雨水冲刷的土质边坡和易风化剥落的岩石边坡，不宜用于高速公路路基边坡。

表3—3—2　　圬工防护类型及适用条件

类型	实例	定义	适用条件
喷护		喷护是使用喷浆机将按一定比例拌和好的砂浆或混凝土喷射到边坡上对坡面进行保护的防护措施。喷浆厚度不宜小于 5 cm，采用的砂浆强度不应低于 M10。喷射混凝土防护厚度不宜小于 8 cm，混凝土强度不应低于 C15	适用于坡率小于 1∶0.5、易风化但未遭强风化、坡面不整的岩石路堑边坡。若坡面松散、破碎严重，且破碎岩层部位较厚。也可采用锚杆挂网喷护
砌石护坡　干砌片石护坡	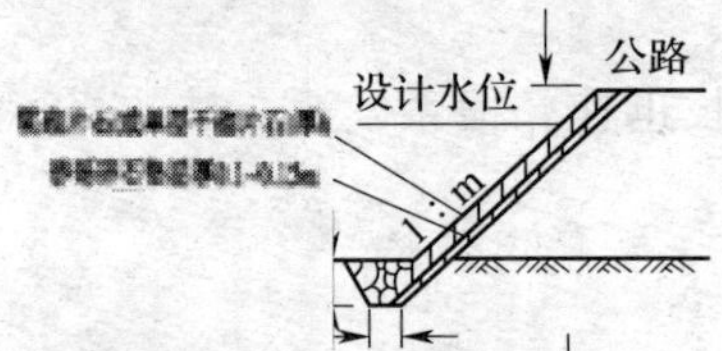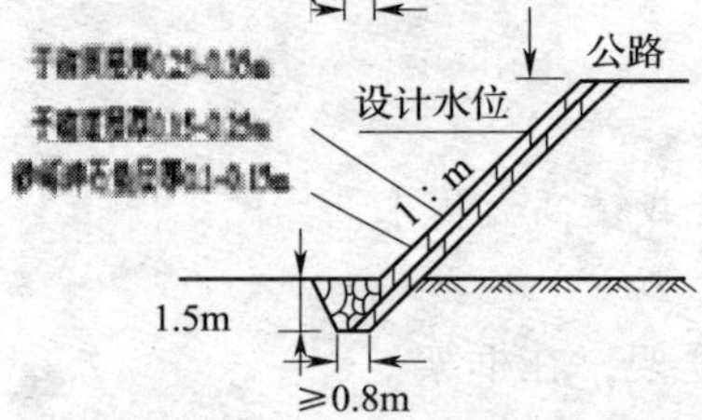	干砌片石护坡是指选用大片石，并使错缝相互紧密砌筑来保护边坡的方法。通俗讲干砌片石就是干码。砌石厚度不宜小于 25 cm，一般可分为单层铺砌和双层铺砌两种	适用于周期性浸水及受水流冲刷较轻，且坡率缓于 1∶1.25、易受水流侵蚀的河岸或水库岸坡
砌石护坡　浆砌片石护坡	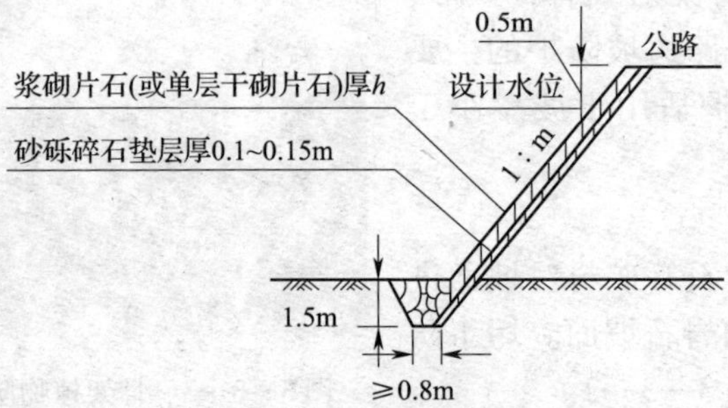	浆砌片（卵）石护坡指采用砂浆与片（卵）石砌筑的砌体结构。缺乏石料地区也可使用混凝土预制块砌筑	适用于坡率缓于 1∶1的易风化岩石和土质路堤边坡。浆砌厚度、砂浆强度与干砌相同
护面墙　单级护面墙	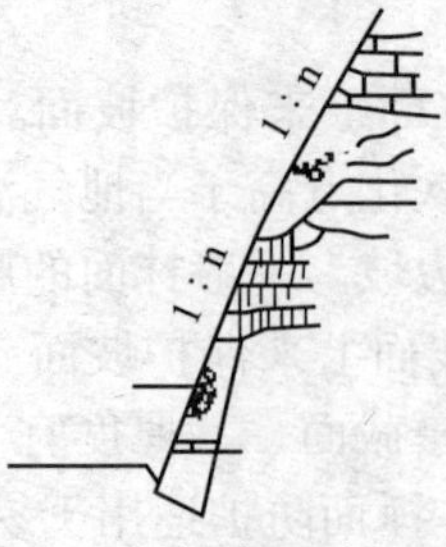a）单级护面墙	护面墙是为了使边坡免受大气影响而修建的墙。其作用是防止边坡冲刷及坍塌 护面墙材料主要有浆砌片石、块石，也可采用现浇混凝土或预制混凝土结构。护面墙的前	适用于易风化或风化严重的软质岩层、较破碎岩石的挖方边坡及坡面易受侵蚀的土质边坡，边坡坡率不陡于 1∶0.5

续表

类型		实例	定义	适用条件
护面墙	两级护面墙	浆砌片石 平台 耳墙 泄水孔 b）两级护面墙	趾必须低于边沟铺砌的底面。护面墙除自重外，不承受其他载重，也不承受墙后土压力 护面墙根据需保护边坡的高度可分为单级护面墙和两级护面墙	适用于易风化或风化严重的软质岩层、较破碎岩石的挖方边坡及坡面易受侵蚀的土质边坡，边坡坡率不陡于 1:0.5

注意：抹面和捶面防护应间隔 2 ~ 3 m 交错设置泄水孔，孔径在为 10 cm。大面积坡面上的封面和捶面均应设置伸缩缝，其间距不宜超过 10 m。

2. 冲刷防护

冲刷防护是防止沿河滨海路堤、河滩路堤的边坡遭受冲刷和淘刷的防护措施。沿河路基直接受到水流侵害，当水位变化不定、洪水急流冲刷河岸时，可利用冲刷防护防止水流危害岸坡，保证路基稳定。

冲刷防护主要有直接防护和间接防护两种。

(1) 直接防护

直接防护是在稳定的边坡上直接加固岸坡的一种措施，其特点是不干扰或很少干扰原来水流的性质，除可使用前面介绍的植物防护和砌石防护外，还主要包括抛石、石笼两种防护，见表 3—3—3。

表 3—3—3　　直接防护类型及适用条件

类型		实例	定义	适用条件
直接防护	抛石防护		抛石防护是在经常浸水且水深较大的路基边坡或坡脚处设置石垛的防护措施。抛石一般多用于抢修工程	适用于流速大、水深、波浪高的路堤
	石笼防护	h b　l=(3~4)h a）箱形石笼 l=(3~4)d d b）圆柱形石笼	石笼防护采用铁丝（或钢筋混凝土、竹料等）编织成一定形式的框架，内填石料，设于防护处。主要有箱形和圆柱形两种形式，另外，还有扁形和柱形。圆柱形石笼用于防止堤岸边坡冲刷，箱形石笼用于防止冲刷淘底	适用于沿河坡脚受水流冲刷，且防护工程基础不易处理或沿河挡土墙及护坡冲刷过大，又无大石块的情况

（2）间接防护

间接防护是通过导流构造物，改变水流方向，迫使主流流向偏离被防护的路段，改变河槽中冲刷和淤积的部位，消除减缓水流对路基边坡的直接冲刷或淘刷。

导流构造物主要有顺坝、丁坝和格坝等类型，见表3—3—4。

表3—3—4 间接防护类型及适用条件

类型		实例	定义	适用条件
间接防护	顺坝	护岸 顺坝	顺坝即顺水坝，其坝根与岸滩相接，坝身与堤岸平行的结构物。主要作用是导流、束水、调整水流曲度和改善流态，保护河岸	适用于河床断面较窄、基础地质条件较差的河岸或沿河路基防护
	丁坝	原水流的动力轴线 导治后水流的动力轴线 丁坝	丁坝，即挑水坝，其坝根与岸滩相接，坝头伸向河槽，坝身与水流方向成某一角度，是一种能将水流挑离河岸的结构物。主要作用是束水归槽、改善流态、保护河岸	适用于宽度变化的河段，用以挑流或降低流速，减轻水流对河岸或路基的冲刷
	格坝	护岸 顺坝 l 0.5l 0.25l 格坝	格坝是指在顺水坝和河岸之间设置一道或几道横格形成的结构物。格坝一端与顺坝相连，另一端嵌入河岸。主要作用是防止水流冲走沉积泥沙	适用于顺水坝较长，距离河岸距离较大的情况

二、路基加固工程

加固工程是为防止路基或山体因重力作用而坍滑，地基承载力不足而沉陷所设置的主要起支承、加固作用的结构物。

加固工程分为湿软地基加固和挡土墙两种形式。

1．湿软地基加固

湿软地基加固主要是对天然含水量过大，胀缩性高，具有湿陷性，承载力低，在荷载作用下容易产生滑动或固结沉降的地基的加固。如软土、泥沼、湿陷性黄土、人为垃圾、松散杂填土等地基的加固。其主要作用是提高承载力、增加地基强度、减少基础沉降、防止产生路基沉陷、滑移等病害。

湿软地基加固的类型有换填土层法、排水固结法和碾压夯实法等。其分类及适用条件见表3—3—5。另外，还有反压护道法、挤密法和化学加固法等。

表3—3—5　　湿软地基加固的类型及适用条件

类型	定义	方法	适用条件
换填土层法	换填土层法是将地基下一定范围内的土层挖去，然后换以强度大、稳定性好的土进行回填，并分层压实至规定的密实度	换填土层法采用人工、机械或爆破等方法，将基底一定深度及范围的湿软土层挖除，直接换填强度较大的砂砾、卵石、素土等	适于浅层地基土的处理，处理深度可达2～3 m
排水固结法	排水固结法是指在湿软地基中设置垂直排水井，运用堆载预压，挤出土中过多含水量，使土体固结，土粒挤紧，提高土体抗剪强度的方法。主要采用砂井法	砂井法是指先用锤击、螺钻、射水等方式成孔，然后在孔内灌砂的方法。砂井直径多为30～40 cm，间距2～4 m。平面布置形式为三角形或正方形	适用于含水量过大，土层较厚的软弱地基
碾压夯实法	碾压与夯实是修路、筑堤、加固地基表层及深层最常用的简易处理方法。通过处理，可使填土或地基表层及深层疏松土孔隙体积减小，密实度提高，从而降低土的压缩性，提高其抗剪强度和承载力。常用的方法有机械碾压、振动压实、重锤夯实和强夯法	机械碾压是利用压路机、羊角碾等碾压机械对浅层地基土压实 振动压实法是通过在地基表面施加振动把浅层松散土振实的方法 重锤夯实是利用起重机械将夯锤提到一定高度（2.5～4.5 m），然后使锤自由落下并重复夯击以加固地基的方法 强夯法，又称动力固结法。其用起重机等机械将80～300 kN的夯锤起吊到6～30 m高度后，自由落下，对地基进行强力夯实。它是我国目前最常用和最经济的深层地基处理方法之一	机械碾压法常用于大面积填土的压实和表层杂填土地基的处理 振动压实适用于处理砂土和由炉灰、炉渣、碎砖等组成的表层杂填土地基 重锤夯实适用于稍湿的一般黏性土、砂土、湿陷性黄土和杂填土等软弱地基表层的处理 强夯法适用于黏性土、湿陷性黄土、碎石类填土地基的深层加固

2. 挡土墙

挡土墙是指为防止路基填土或山坡土体等坍塌而修筑的承受土体侧压力的墙式构造物。挡土墙由墙背、墙面、墙顶、墙趾、墙踵等几部分组成，如图3—3—4所示。

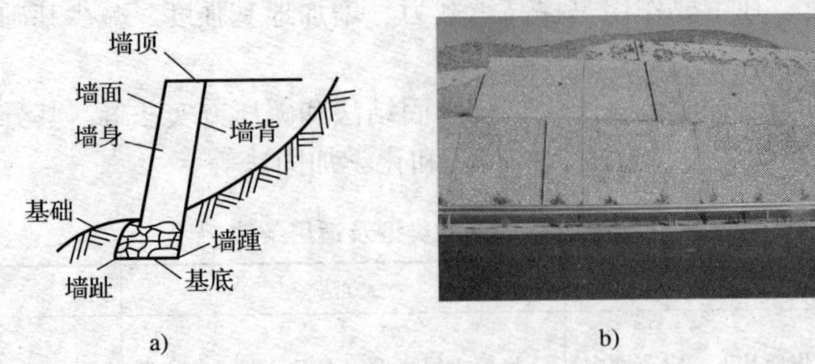

图3—3—4　挡土墙

a）挡土墙组成示意图　b）挡土墙实例

挡土墙按设置位置不同可分为路堑墙、路堤墙、路肩墙和山坡墙等，其特点及适用范围见表3—3—6。

表3—3—6　**挡土墙的适用范围**

类型	示意图	适用范围
路堑墙		1．用于山坡陡峻处，可以减少挖方数量，降低边坡高度，避免因开挖而失去稳定 2．用于地质结构不稳定地段，可支挡可能滑坍的山坡体
路堤墙		1．用于支挡陡峻山坡处修筑的路堤，可防止路堤下滑 2．收缩坡脚，避免与其他建筑物相互干扰，减少填方数量 3．避免沿河路堤不受水流冲刷
路肩墙		1．用于支挡陡坡路堤下滑 2．用于抬高公路路基高程 3．收缩坡脚，减少占地，减少填方数量
山坡墙	覆盖层 1：m	用于支挡山坡上的覆盖层或避免滑坡体下滑

挡土墙按使用条件可分为重力式挡土墙、加筋土挡土墙、锚定式挡土墙和薄壁式挡土墙等，见表3—3—7。

表3—3—7　　挡土墙的特点及适用范围

<table>
<tr><th colspan="2">类型</th><th>示意图</th><th>特点及适用范围</th></tr>
<tr><td colspan="2">重力式挡土墙</td><td></td><td>依靠墙自重承受土压力，结构简单、施工简便，由于墙身重，对地基承载力要求较高
墙身一般用浆砌片石或块石砌筑。在墙身不高时，也可用干砌，在缺乏石料地区或条件许可时，也可用混凝土浇筑
通常适用于石料丰富，墙高小于5 m，且地基承载力较高地段</td></tr>
<tr><td colspan="2">加筋土挡土墙</td><td> 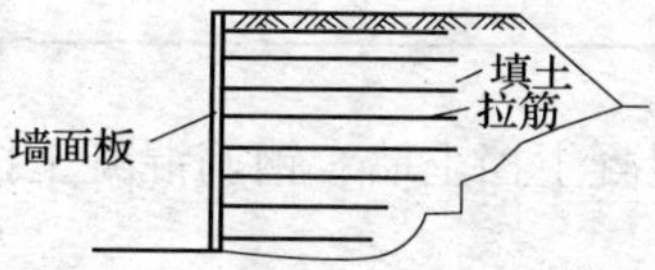填土
拉筋
墙面板</td><td>由墙面板、拉筋和填土三部分组成，依靠拉筋与填土之间的摩擦力来抵抗侧向土压力，面板可预制
适用于缺乏石料地区及在较软弱地基上个修筑路肩墙与路堤墙。它是一种很好的抗震结构物，应用较广泛</td></tr>
<tr><td rowspan="2">锚定式挡土墙</td><td>锚杆式挡土墙</td><td> 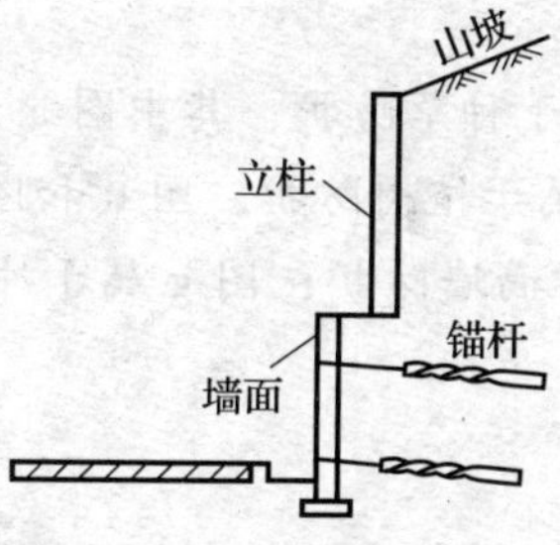山坡
立柱
锚杆
墙面</td><td>由立柱、挡板和锚杆三部分组成。主要是靠锚杆锚固在山体内拉住立柱来保证土体稳定。立柱、挡板可预制
适用于地基承载力较低，墙身较高（墙高可达27 m）的路堑墙与路堤墙</td></tr>
<tr><td>锚定板式挡土墙</td><td> 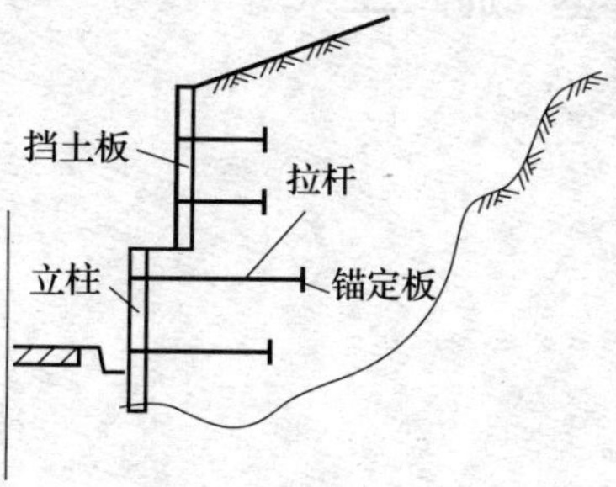挡土板
拉杆
立柱
锚定板</td><td>与锚杆式类似，只是在锚杆的固定端用锚定板固定在山体内。由立柱、挡土板、拉杆和锚定板组成
适用于路肩墙或路堤墙</td></tr>
</table>

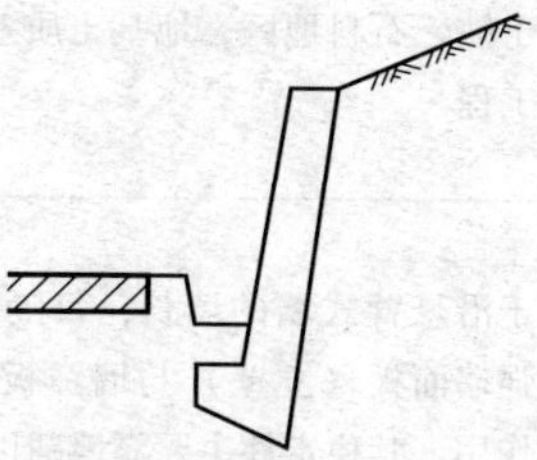

续表

类型		示意图	特点及适用范围
薄壁式挡土墙	悬臂式挡土墙		由立壁、墙趾板和墙踵板三部分组成。多用钢筋混凝土做成，它的稳定性主要靠墙踵悬臂以上的土所受重力维持。立壁下部弯矩较大，在墙高时，需设置较多钢筋 适用于缺乏石料地区，地基土质差，且墙高不大于 7 m 的重要工程
	扶壁式挡土墙		相当于沿悬臂式墙的墙长，每隔一定距离设置一道扶壁，增强墙面板（立壁）与墙踵板的连接，以承受较大的弯矩作用。其稳定性主要靠墙踵以上的土所受重力及扶壁来维持 适用于地质条件差，且墙高大于 10 m 的重要工程

挡土墙按墙体材料不同可分为石砌挡土墙、混凝土挡土墙、钢筋混凝土挡土墙、砖砌挡土墙、木质挡土墙和钢板墙等。

问题解答

如图 2—3—1 所示，其中图 a、图 c、图 d 均属于种草防护，其中图 a 为直接种草防护，图 c 为骨架植物防护，图 d 为湿法喷播防护；图 b 属于植树防护；图 d 和图 e 都属于工程防护类型，其中，图 e 属于浆砌片石防护，图 f 属于护面墙防护；图 g 属于冲刷防护中的抛石防护，图 h 属于重力式挡土墙。

课题四　路基施工

学习目标

- 了解路基施工的方法及主要内容；
- 熟悉路基施工的要点。

路基是路面的基础，路基的强度和稳定性是保证路面稳定的基本条件。没有坚固、稳定的路基就不会有稳固的路面。而提高路基的强度和稳定性，除了好的设计，还取决于路基的施工质量。只有通过施工才能检验、实现设计。路基工程涉及范围广，影响因素多，灵活性较大，特别是在地质复杂地段，施工中困难较多，因此，必须结合实际，全面考虑施工方案，选择合理的施工方法。

一、路基的施工方法

路基施工方法有多种，按其技术特点主要包括以下几种：人工、机械化（包括简易机械化、水力机械化、综合机械化）和爆破等。应根据工程性质、施工期限、现有条件等因素决定选择施工方法，而且应因地制宜，综合使用各种施工方法。

二、路基施工的主要内容

路基施工大致包括施工前的准备工作和基本工作两项主要内容。

1. 施工前的准备工作

路基施工的准备工作较多，大致有组织准备、技术准备和物质准备三项工作。

组织准备工作主要是建立健全施工队伍和管理机构，明确施工任务，制定必要的规章制度，确立施工应达到的目标等，它是做好一切准备工作的前提。

技术准备工作是指施工单位应在全面熟悉设计文件和设计交底的基础上进行施工现场的勘察，核对并在必要时修改设计文件，发现问题并及时根据有关程序提出修改意见且报请变更设计，编制施工组织计划，恢复路线，施工放样与清除施工场地，搞好临时工程的各项工作等。

物质准备工作包括各种材料与机具设备的购置、采集、加工、调运与储存以及供应等。

2. 基本工作

路基是由土石填挖而成的，而土是路基施工的主要材料。土质路基的基本工作是路堑的开挖、土的移运、路堤的填筑、压实以及与路基直接有关的各项附属工程。石质路基的基本工作与土质路基基本相同，只是施工方法不同。路基施工基本工作量大、施工期长，且所需人力物力资源较大，所以必须加以重视。

三、路基施工要点

1. 路基施工基本要求

（1）搞好施工排水

施工排水包括开挖地面临时排水沟槽及设法降低地下水位，以保持施工场地的干燥，必要时可采取其他相应加固措施。

（2）拆除路基范围内的地表障碍物

包括原有房屋的拆迁，树林和丛林茎根的清除，以及表层种植土、过湿土与设计文件或堆积所规定的杂物等的清除。在此前提下，必要时对路堤上层进行加固。

（3）路基取土与填筑

必须有条不紊，有计划有步骤地进行操作。

（4）路堑开挖

应在全横断面进行，自上而下一次成型，注意按设计要求准确放样，不断检查校正，边坡表面削齐拍平。

（5）土质路堤地基

应视路基高度及设计要求，先着手清理或加固地基。

（6）土质路堤的压实

应按要求分层填平压实，压实是确保施工质量的关键。

2. 填挖方案

（1）路堤填筑

1）填筑方案。土质路堤（包括石质土），按填土顺序可分为分层平铺、竖向填筑和混合填筑三种方案。

分层平铺，即水平分层填筑，它是路堤填筑的基本方案，有利于压实，可以保证不同用土按规定层次填筑，如图 3—4—1 所示。正确方案要点是：不同用土要水平分层，以保证强

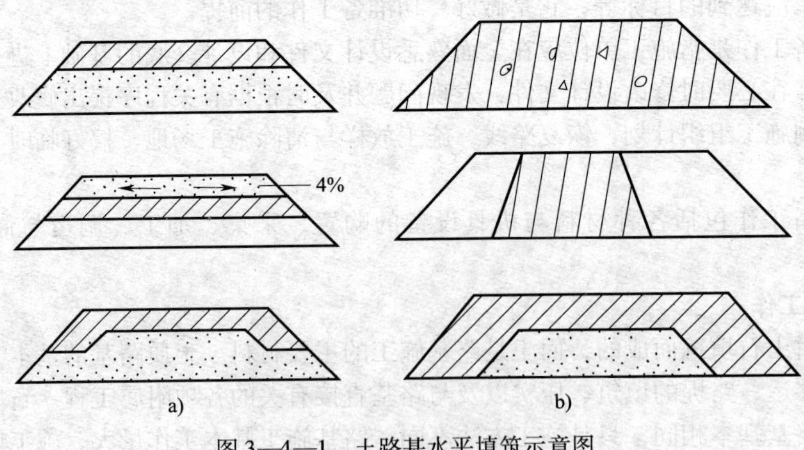

图 3—4—1　土路基水平填筑示意图

a）正确　b）不正确

度均匀；透水性差的用土，如黏性土等，一般宜填于下层，表面成双向横坡，有利于排除积水，防止水害。

竖向填筑是指沿路中心线方向逐步向前深填，如图 3—4—2 所示。路线跨越深谷或池塘时，地面高差大，填土面积小，难以水平分层卸土，以及陡坡地段上填挖结合路基，局部路段横坡较陡或难以分层填筑时，可采用竖向填筑方案，竖向填筑时不利于压实。

混合填筑是指路堤下层用竖向填筑而上部用水平分层填筑，这样可使上部填土获得足够的压实度，如图 3—4—3 所示。

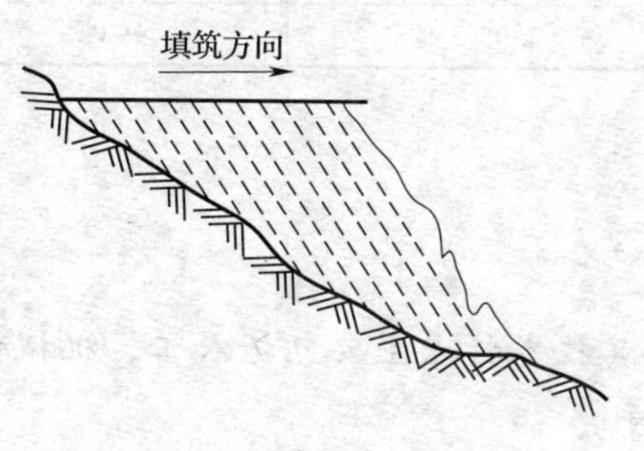

图 3—4—2　竖向填筑示意图

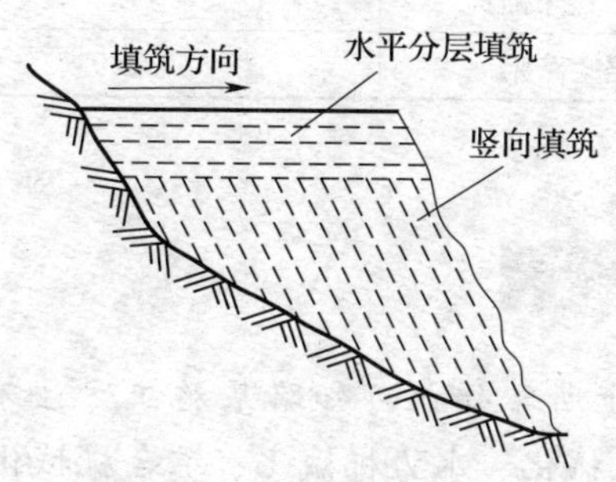

图 3—4—3　混合填筑示意图

2）施工顺序。施工准备→测量定线→取土→填筑→碾压→验收→填筑碾压循环施工。

（2）路堑开挖

1）开挖方案。土质路堑开挖根据挖方数量的大小及施工方法不同，主要有横挖法（横向全宽挖掘法）、纵挖法（纵向全宽挖掘法）和混合法三种。

横挖法是对路堑整个横断面的宽度和深度，从一端或两端逐渐向前开挖的方式，适用于短而深的路堑。

纵挖法是沿路堑全宽在路线一端或两端，沿路线纵向向前开挖的方法，适用于较浅而长的路堑。如果路堑较深，可先沿路堑纵向挖出一通道，然后将通道向两侧拓宽，由上到下，依次进行。

混合法是将横挖法和纵挖法混合使用，先沿路堑纵向开挖，然后沿横向坡面开挖，以增加开挖坡面，每一开挖坡面应能容纳一个作业组或一台机械。

2）施工顺序。测量放线→表土清理→土石方开挖→路堑修整→槽底处理。

3．路基压实

路基施工会破坏土体的天然状态，致使结构松散，颗粒重新组合。必须予以压实，以提高其密实程度，使路基具有足够的强度和稳定性。

路基土体由三相组成，土粒为骨架，颗粒之间的孔隙被水分和气体所占据。对路基土的压实就是用某种工具或机械增加单位体积内固体颗粒的数量，减少孔隙率，从而提高路基的强度和稳定性。所以，路基的压实工作是路基施工过程的关键。

路基的压实标准常用压实度来表示，即路基被压实的程度，通常用百分数来表示。各级公路不同深度处路基压实标准按表 3—4—1 来确定。

表3—4—1　　我国土质路基压实标准

填挖类型		路面底面计起深度范围（cm）	压实度（%）	
			高速公路、一级公路	其他公路
路堤	上路床	0～30	≥95	≥93
	下路床	30～80	≥95	≥93
	上路堤	80～150	≥93	≥90
	下路堤	>150	≥90	≥90
零填及路堑路床		0～30	≥95	≥93

问题解答

根据以上所学知识可知路基施工方法有多种，按其技术特点主要包括人工、机械化（包括简易机械化、水力机械化、综合机械化）和爆破等。

思考与练习

1. 路基的干湿类型包括哪几种?
2. 什么是路基宽度?
3. 路基边坡可分为哪两种? 路基边坡的常用形式包括哪几种?
4. 什么是护坡道? 设置护坡道的目的是什么?
5. 举例说明路基的常见病害类型?
6. 地表排水设施主要包括哪几种?
7. 边沟和排水沟的作用及常见的横截面形式分别是什么?
8. 常用的地下排水设施包括哪几种?
9. 坡面防护主要有哪几种?
10. 工程防护主要有哪几种?
11. 什么是挡土墙? 按其设置位置分为哪几种?
12. 什么是换填土层法?
13. 路基施工方法主要包括哪几种?
14. 路堤填筑方案包括哪几种?
15. 路堑开挖方案包括哪几种?

模块四

公路路面

工作任务

路面在整个公路结构的最上层，是用各种材料铺筑在路基上供车辆行驶的层状结构物，是公路的重要组成部分。它不仅提供汽车在公路上能全天候地行驶，而且要保证汽车以一定的速度，安全、舒适而经济地行驶。所以，在修筑路面时必须保证路面的质量，既要考虑路面的行车速度、安全性、舒适度，还要考虑整个公路运输的经济效益。随着公路，特别是高速公路及国民经济的迅猛发展，要修筑高质量、满足使用要求的路面，延长路面的使用年限。认识路面结构、分类及性能是非常必要的。

课题一　路　　面

学习目标

- 了解路面的作用与要求；
- 熟悉路面的结构层划分及作用；
- 认识路面结构层，区分路面类型。

想一想

根据常识，你能说出几种类型路面？图4—1—1所示的路面分别属于哪种类型？

a）

b）

c）

d）

图4—1—1　几种不同类型的公路路面

一、路面的发展

我国古代曾以条石、块石等铺筑路面，以供人、畜及人力车、畜力车使用。20世纪初，汽车进入我国，为保证汽车的行驶，少数地区开始出现了简易的砂石路面。20世纪三四十年代，开始在公路上铺筑沥青、水泥混凝土路面。到新中国成立前夕，我国仅有沥青和水泥路面315 km。

新中国成立以来，随着我国公路与城市道路建设的发展，路面施工技术水平也相应得到提高。20世纪50年代，我国首创了泥结碎石路面，并在当时得到了推广应用。

20世纪60年代，随着我国石油工业的发展，石油沥青的产量急剧增加，为大量修筑沥青路面提供了物质基础。20世纪60年代初期，在我国北方一些城市开始试验使用国产沥青修筑表面处治和贯入式次高级路面，效果较好，随后在全国推广。经过技术人员的一系列试验、研究、实践和总结，现已制定出了公路沥青路面施工技术规范。各种类型的沥青路面目前已成为我国高等级公路路面的一种重要类型。今后随着沥青性能的改善，施工技术的发展，各种沥青路面的应用将越来越广泛。2004 年，在“神州第一路”——沈大高速公路的改建中全国首次全线采用了 SMA（沥青玛蹄脂碎石）路面技术，它是世界上先进的沥青路面技术，使沥青路面的性能得到了很大的提高。

水泥混凝土路面是一种高级路面。目前在我国水泥混凝土路面已有相当数量的里程。截至 2007 年年底，全国水泥混凝土路面总里程已达 84.88 万 km。

随着汽车拥有量的增加及公路路面技术的迅速发展，我国公路路面质量及行车速度越来越高，为今后汽车的正常行驶打下了坚实的基础。

二、路面的作用与要求

路面暴露在空气中，直接承受车辆荷载及各种自然因素（水、温度、阳光、空气等），它不仅对路基起着加强和保护的作用，还改善了公路使用条件，保证了汽车的正常行驶。

路面在行车荷载的作用及自然因素影响下，为了保证公路畅通，满足行车的使用要求，路面必须满足下列基本要求。

1. 具有足够的强度和刚度

所谓路面的强度是指路面抵抗破坏的能力。汽车在路面上行驶时，会对路面产生竖向压力、纵向水平力、车辆的振动力及冲击力等外力的综合作用，如果公路路面强度不足，会使路面出现断裂、沉陷、磨损等破坏，影响车辆的正常行驶。因此，要求路面结构及其各组成部分必须具备足够的强度，以抵抗行车作用下所产生的各种破坏，避免路面破坏。

所谓路面的刚度是指路面抵抗变形的能力。当路面结构整体或某一组成部分刚度不足时，即使强度足够，在车辆荷载作用下也会产生过量变形而出现车辙、波浪、沉陷等。因此，要求路面结构及其各组成部分必须具备足够的刚度，使路面的变形控制在容许的范围内，保证路面不会产生过大变形而影响正常使用。

2. 具有足够的稳定性

路面结构经常受到温度和水变化的影响，所谓路面的稳定性是指在水和温度等自然因素的作用下保持其强度、刚度基本不发生变化的性能。路面的稳定性通常包括水稳定性、干稳定性和温度稳定性等。当路面稳定性不足时，路面会出现车辙、冻胀与翻浆、裂缝等破坏。因此，必须使路面具有足够的稳定性。

3. 具有足够的耐久性

所谓路面的耐久性是指路面结构要长期承受行车荷载和冷热、干湿等气候因素的多次重复作用，会逐渐出现疲劳破坏和塑性变形累积，路面材料的性能也可能会由于老化衰变而导致破坏。因而，要提高公路的使用年限，避免路面产生病害而增加养护工作量和费用，必须使路面具有足够的耐久性。

4．具有足够的平整度

路面的平整度是指路表面纵向的凹凸量的偏差值。路面平整度是反映路面使用与服务质量的一项重要指标。不平整的路面会增大行车阻力及振动冲击力，从而导致行车颠簸，降低行车的速度、安全性、平稳性和舒适度，加剧汽车机件的损坏和轮胎的磨损，并增加油耗；而且，不平整的路面还会出现积水，加速路面的破坏，汽车不能正常运行，降低经济效益。因此，必须保证路面具有足够的平整度。

5．具有足够的抗滑性

汽车在光滑的路面上行驶时，车轮和路面之间缺乏足够的附着力或摩擦阻力，尤其在雨天高速行车、紧急制动、起动或爬坡、转弯时，车轮易产生空转或打滑，导致行车速度降低，油耗增加，甚至引起严重的交通事故。所以路面表面应具有足够的粗糙度，即足够的抗滑性，保证行车安全、提高经济效益。

6．具有很好的环保性

汽车在砂石路面上行驶时，车身后面所产生的真空吸引力会将路面表层中的细粒料吸出而飞扬尘土，甚至导致路面松散、脱落和坑洞等破坏，加速汽车机件的损坏，影响行车安全，降低行车速度，另外，汽车在各类路面上行驶时还会产生噪声，扬尘和噪声都会对旅客、沿路居民、路旁农作物及汽车本身带来不利影响。因此，要求路面在行车过程中尽量减少扬尘和噪声。

三、路面的结构

1．路拱

路面在路基之上，经常会因雨水的影响而降低路面结构和路基的强度，影响行车安全、行车速度和舒适度。为使路面能及时进行横向排水，将路面的表面做成中间高、两边低的拱起形状，形成一定的坡度，称为路拱。

路拱的常用线形形式包括抛物线形、人字形两种，如图4—1—2所示。

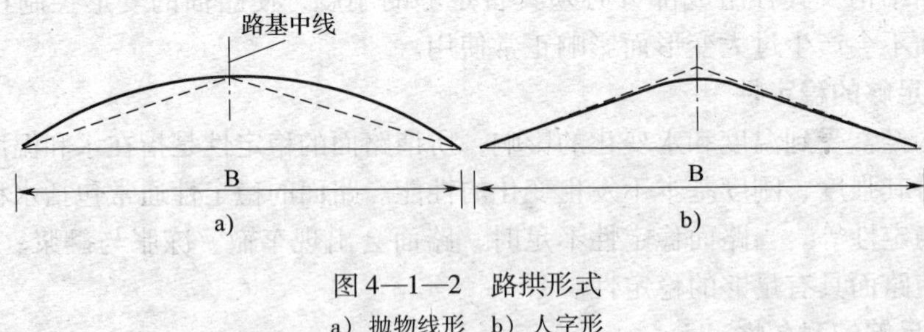

图4—1—2　路拱形式

a）抛物线形　b）人字形

路拱的大小常用路拱横坡度 i 表示。横坡度是指从路中心到路面边缘的平均坡度，它与路面类型和自然条件有关。确定路拱横坡度既要考虑行车平稳，又要有利于路面排水。一般高等级路面采用较小值，低级路面采用较大值，干旱和积雪地区也采用较小值，潮湿多雨地区选用较大值。

2. 路面结构

路面既要承受行车荷载的作用，又要受到自然因素的影响。这些影响作用一般随深度而逐渐减弱，因此，通常根据路面所受荷载及自然因素影响的不同将路面做成多层结构。

路面结构层包括面层、基层和垫层，如图4—1—3所示。

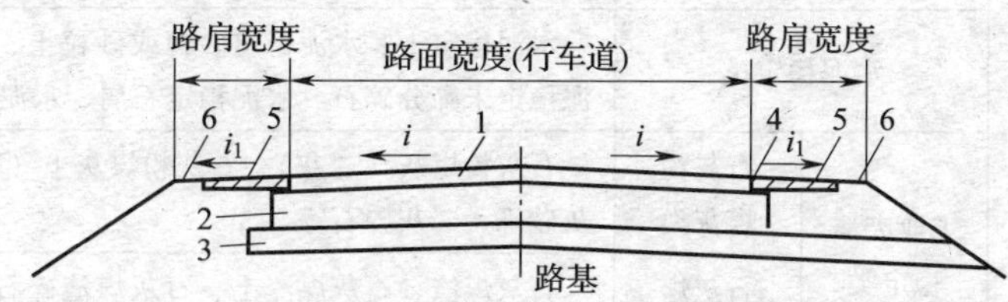

图4—1—3 路面结构示意图

1—面层 2—基层 3—垫层 4—路缘石 5—硬路肩 6—土路肩 i—路拱横坡度 i_1—路肩横坡度

(1) 面层

面层在路面结构层的最上层，直接承受车轮荷载反复作用和自然因素的影响。面层受水和气温变化的影响最大。因此，对面层的要求较高，面层的强度和刚度较大，稳定性较好，表面还应具有较高的抗滑性和平整度，以保证行车安全、迅速、舒适。面层可由一至三层组成，主要材料有水泥混凝土、沥青混凝土、沥青碎石、半整齐石块等。

(2) 基层

基层位于面层以下，主要承受由面层传递下来的车辆荷载垂直力，并把它分布到垫层和路基中，基层是路面结构的主要承重层。因此，基层应具有足够的强度、刚度和耐久性，并具有良好的应力扩散性能。此外，由于基层还可能受到地表水和地下水的影响，所以，基层还应具有足够的水稳性。

基层的主要材料是水泥稳定土、水泥稳定碎石、石灰稳定土、石灰粉煤灰、级配碎（砾）石等。

基层有时可分两层铺筑，其上层仍为基层，下层则称为底基层。底基层与面层、基层一起承受车轮荷载的作用，起次要承重作用。因此，底基层所用材料的质量要求可低些，常用的材料有石灰粉煤灰稳定砂砾、石灰粉煤灰碎石和二灰等，常用基层类型及材料见表4—1—1。

(3) 垫层

垫层位于路基和基层之间，主要用来改善路基水温状况及基层的工作条件，为隔水、排水、防冻而设置，以保证路基及基层的强度和稳定性。所以，垫层通常设在排水不畅和有冰冻翻浆的路段。在地下水位较高的地区铺设的能起隔水作用的垫层称为隔水层；在冻深较大地区铺设的能起防冻作用的垫层称为防冻层。此外，垫层还能扩散由基层传递下来的应力，减小路基的变形，而且它还能阻止路基土挤入基层内，影响基层结构的性能。

垫层所用的材料，强度不一定要高，但水稳定性和保温性要好。常用材料有砂砾、碎石、炉渣等水稳性好的材料及石灰土或炉渣石灰土等保温性材料。

表 4—1—1　　各种常用基层类型及材料

基层类型			常用材料
有机结合料稳定类	沥青稳定类		热拌沥青碎石、乳化沥青碎石、沥青贯入碎石等
无机结合料稳定类（半刚性基层）	石灰稳定类		石灰稳定土（石灰土）、天然砂粒土、天然碎石土、石灰稳定级配砂粒或碎石
	水泥稳定类		水泥稳定土、水泥稳定砂粒或砂粒土、水泥稳定碎石土、水泥稳定未筛分碎石、水泥稳定石屑、水泥稳定矿渣等
	工业废渣稳定类	石灰粉煤灰类	石灰粉煤灰（二灰）、石灰粉煤灰土（二灰土）、二灰砂、二灰砂砾、二灰碎石等
		石灰煤渣类	石灰煤渣、石灰煤渣土、石灰煤渣碎石、石灰煤渣矿渣、石灰煤渣砂砾
粒料类	嵌锁型		泥结碎石、泥灰结碎石、水结碎石等
	级配型		级配碎石、级配砾石、级配砂砾等

面层、基层和垫层是路面的基本结构层，实际上并不是所有路面都具有三个层次，路面结构层也不是一成不变的。

四、路面的等级与分类

1. 路面的等级

路面的等级是按技术条件进行划分的，它与公路的技术等级相对应，与设计交通量的大小有关。

路面的等级按技术特性及面层材料划分为高级路面、次高级路面、中级路面和低级路面四个等级，见表 4—1—2。

表 4—1—2　　公路路面等级划分及特征

路面等级	技术特性	面层类型	适用的公路等级
高级路面	强度高，稳定性好，平整无尘，通行能力大，使用年限长，能保证高速行车，而且养护费用少，运输成本低，但造价高	沥青混凝土 水泥混凝土	高速公路 一级公路 二级公路
次高级路面	与高级路面相比，强度较低，平整度较差，使用年限较短，行车速度较慢，造价也较低，但养护费用和运输成本较高	热拌沥青碎石 沥青贯入式 沥青表面处治	二级公路 三级公路

续表

路面等级	技术特性	面层类型	适用的公路等级
中级路面	强度低，水稳性差，平整度差，易扬尘，使用年限短，行车速度慢，通行能力小，造价低，但养护费用和运输成本较高	水结碎石 泥结碎（砾）石 级配碎（砾）石 半整齐石块	三级公路 四级公路
低级路面	强度最低，水稳性和平整度最差，极易扬尘，使用年限最短，行车速度最慢，通行能力最小，雨季有时不能通车，造价最低，但养护费用和运输成本最高	粒料改善土（如砾石土、炉渣土和砂砾土等）	四级公路

2．路面的分类

路面的分类方法有多种，常见的有以下两种。

（1）按路面的力学特性划分

按路面的力学特性划分有刚性路面和柔性路面两类。

1）刚性路面。刚性路面指水泥混凝土路面，俗称为白色路面。它的强度高，刚性大，板体性能好，有较强的扩散应力的能力，对路基的强度和稳定性要求较低。

2）柔性路面。柔性路面主要指各类沥青路面，俗称为黑色路面。它的刚度较小，抗弯拉强度较低，主要靠抗压、抗剪强度来承受车辆荷载作用，扩散应力的能力较差，传递到路基中的压应力较大，对路基的强度和稳定性要求较高。但此类路面有弹性，柔性较好，路面无接缝，有较好的行车舒适度。因此，我国绝大多数路面为柔性路面。

此外，还有一类路面，采用二灰或水泥稳定土、水泥稳定砂砾等材料，此类材料前期强度较低，后期强度和刚度虽不断增长，但远低于刚性路面的强度。这类路面称为半刚性路面。

（2）按路面的面层材料划分

按路面的面层材料划分，路面可分为碎（砾）石类、沥青类、块料类和水泥混凝土类，各类路面的常见形式及特点见表4—1—3。常见的是沥青类、水泥混凝土类。

表4—1—3　　路面类型及特点

路面类型	常见形式	特点
碎（砾）石类	水结碎石	将大小不同的轧制碎石从大到小分层铺筑，并洒水碾压形成的路面，其水稳性较好
	泥结碎石	以碎石为集料，黏土做结合料，碎石经碾压后灌泥浆形成的路面，其水稳性较差，只用于干燥路段
	泥灰结碎石	以碎石为集料，用一定数量的石灰和土作为填充结合料形成的路面，其水稳性较好
	级配碎（砾）石	将未筛分的轧制碎石和石屑按一定级配混合后，掺入一定数量的结合料，经摊铺、碾压所形成的路面。其平整度较好，不易透水，造价较低。但耐磨性差，易起波浪和变形，晴天易扬尘，雨天易泥泞，使用年限较短，水稳性差

续表

路面类型	常见形式	特点
沥青类	沥青表面处治	在石料表面分层洒布沥青和矿料并压实而成的厚度不超过 3 cm 的沥青路面。路面处治后，可增强抗磨耗能力，提高平整度，改善行车条件和延长使用年限
	沥青贯入式	在初步压实的碎（砾）石上，分层浇洒沥青、撒布嵌缝料，或再在上部铺筑热拌沥青混合料封层，再经压实而成的路面
	沥青碎石	它是由沥青和一定级配的矿料组成的沥青混合料。其高温稳定性好，路面不易产生波浪，冬季不易产生冻缩裂缝，行车荷载作用下裂缝少，有利于高速行车；对石料级配和沥青规格要求较宽，沥青用量少，且不用矿粉，造价低。采用厂拌法的热拌热铺法施工
	沥青混凝土	它是由几种不同尺寸的矿料（碎石、石屑、砂和矿粉）按最佳级配与适量的沥青材料拌和而成的沥青混合料经碾压所形成的路面。其高温稳定性好，路面不易产生波浪，冬季不易产生冻缩裂缝，行车荷载作用下裂缝少，有利于高速行车，对石料级配和沥青规格要求较宽，沥青用量少，且不用矿粉，造价低
块料类	条石和整齐石块	用各种不同形状和尺寸的块状材料铺成的路面结构。其稳定性较好，平整度较差，造价低，可就地取材
	半整齐石块	
水泥混凝土类	水泥混凝土	它是以水泥为胶凝材料，以砂、石料为骨料，加水拌制后，经一定时间硬化而形成的路面。其强度高、使用年限长、养护费用少；但有接缝，水泥和水的用量大，维修困难

根据上面所学知识可知，路面类型有以下几种：块料类路面、碎石类路面、沥青类路面和水泥混凝土路面。

课题二　沥青路面

- 了解沥青路面的特点、分类及原材料；
- 熟悉常见沥青路面的特点及适用范围；
- 了解沥青路面的常见病害；

◆ 能够掌握常见沥青路面的材料及适用范围。

学习引导

沥青路面，俗称黑色路面，是用沥青材料作结合料黏结矿料修筑面层与各类基层和垫层所组成的路面结构。为了保证路面的质量，使车辆正常行驶，沥青路面必须具有足够的稳定性和耐久性。稳定性是指高温稳定性、低温抗裂性和水稳定性；耐久性是指耐疲劳性能和抗老化性能。近年来，由于沥青路面的质量不断提高，沥青路面已成为我国公路的主要形式，特别是在高速公路中应用更加广泛。

随着沥青路面技术的发展，出现了彩色沥青路面，这种沥青路面在国外应用较早、也较多，我国起步较晚，应用也较少，我国第一条较长的彩色沥青路面为厦门环岛路 3.4 km 的铁红色路面。彩色沥青路面的彩色主要来自石料自身的颜色，与黑色沥青路面相比，彩色沥青路面能很好地与周围环境相协调，具有良好的路用性能，大大改善了行车条件，提高了行车安全性。

黑色沥青路面和彩色沥青路面如图 4—2—1 所示。

想一想

如图 4—2—1 所示，沥青路面都使用了哪些原材料？常见的沥青路面的类型及施工方法是什么？

a）

b）

图 4—2—1　沥青路面

a）黑色沥青路面　b）彩色沥青路面

相关理论

一、沥青路面的特点及分类

1. 沥青路面的特点

沥青路面属柔性路面，与水泥混凝土路面相比，沥青路面有以下特点。

（1）沥青路面的优点

沥青路面具有表面平整、无接缝、行车舒适、耐磨、振动小、噪声低、施工期短、养护维修简便、适宜分期修建等优点，其使用年限一般为5～15年。

（2）沥青路面的缺点

沥青路面的抗弯强度较低、温度稳定性差，低温及雨季不能施工。

2. 沥青路面的分类

常见的沥青路面有沥青混凝土、热拌沥青碎石、乳化沥青碎石、沥青贯入式和沥青表面处治等类型。

二、沥青路面的原材料

沥青路面的原材料主要包括沥青、集料和矿粉。

1. 沥青

（1）石油沥青

沥青有多种类型，沥青路面一般使用石油沥青。反映沥青性能的指标有针入度、延度、软化点等。针入度用来表示沥青的黏性，针入度越小，黏性越大。延度表示沥青的变形能力，延度越大，变形能力越强。软化点表示沥青的温度稳定性，软化点越高，温度稳定性越好。沥青的针入度、延度和软化点均可通过实验来测定。

（2）乳化石油沥青

乳化石油沥青是在热熔状的沥青中加入含有乳化剂水溶液后形成的乳状液，其主要优点是可在常温条件下施工、节约能源、储运方便、保护环境、简化施工等。

（3）改性沥青

对于气候条件恶劣，交通特别繁重的路段，使用普通石油沥青不能满足要求时，可以使用改性沥青。它通常对改善沥青路面高温及低温稳定性有明显效果。改性沥青一般采用聚合物、天然沥青或其他改性剂对石油沥青进行改性。1994年，在首都机场高速公路建设中我国首次使用了改性沥青。

2. 集料

集料是指沥青路面所用的石料，分为粗集料和细集料两类。

粗集料指粒径大于2.36 mm的碎（砾）石和矿渣等。一般选用与沥青黏附性能好的碱性集料，因粗集料在沥青路面中起骨架作用，因此，要求其坚硬耐磨和抗冲击性好。

细集料指粒径小于2.36 mm的碎（砾）石。沥青面层的细集料可采用机制砂、天然砂和石屑。

3. 填料

矿粉是指粒径小于0.06 mm的矿料，即沥青路面所用的填料，通常采用石灰石等憎水性石料磨细后的矿粉，也可使用消石灰或水泥作为填充料，矿料能促进沥青与集料的化学黏结作用，从而提高沥青混合料的强度。

三、沥青路面的类型

沥青路面有多种分类方法，常见的有以下三种。

1. 按强度构成原理分类

沥青路面按强度构成原理分为密实类和嵌挤类两类。

（1）密实类沥青路面

密实类沥青路面中矿料的级配按最大密实原则设计，其强度和稳定性主要取决于混合料的黏聚力和内摩阻力。其特点是热稳定性较差，不易渗水，耐久性较好。

（2）嵌挤类沥青路面

嵌挤类沥青路面中采用颗粒尺寸较为均一的矿料，其强度和稳定性主要取决于颗粒之间相互嵌挤所产生的内摩阻力，黏聚力起次要作用。其特点是热稳定性较好，但易渗水，耐久性较差。

2. 按施工工艺分类

沥青路面按施工工艺不同可分为层铺法、路拌法和厂拌法三类。

（1）层铺法

层铺法是集料与结合料分层摊铺、撒布、压实的沥青路面施工方法。其主要特点是工艺和设备简便、功效较高、施工进度快、造价较低；但路面成型期长。适用于沥青表面处治和沥青贯入式两种路面。

（2）路拌法

路拌法是用机械将矿料和沥青材料在路上或沿线就地拌和碾压密实而成的沥青路面施工方法。其特点是沥青混合料较均匀，路面成型期较短，但沥青材料的黏稠度较低，所以沥青混合料的强度较低。

（3）厂拌法

厂拌法是将规定级配的矿料和沥青材料（较黏稠）在工厂用专用设备加热拌和，然后运送到工地摊铺碾压而成沥青路面。

厂拌法按矿料配制可分为厂拌沥青碎石和厂拌沥青混凝土两种。矿料中若细颗粒含量少，不含或含少量矿粉，混合料为开级配时，称为厂拌沥青碎石；矿料中若含有矿粉，混合料是按最佳密实级配配制时，称为厂拌沥青混凝土。厂拌法按铺筑时的温度不同又分为热拌热铺和热拌冷铺两种。

厂拌法的特点是在拌和时使用较黏稠的沥青材料，矿料经过精选，因此混合料质量高，使用寿命长，但造价较高。

3. 按沥青路面的技术性质分类

沥青路面有多种类型，常见的类型有沥青表面处治、沥青贯入式、沥青混凝土、沥青碎石等。

（1）沥青表面处治

沥青表面处治是用沥青和集料按层铺法或拌和法铺筑而成的沥青路面。处治的厚度一般为1.5～3 cm。由于处置层很薄，一般不能提高路面强度，其主要作用是增加抗磨耗能力，增强防水性，提高平整度，改善路面的行车条件及延长使用年限。

沥青表面处治宜在干燥和温度较高的季节施工，通过开放交通压实，成型稳定。施工时，根据情况可分一至三层。适用于三级、四级公路的面层及旧沥青路面上加铺罩面等。

沥青表面处治的施工工序为：清理基层→撒布沥青→铺撒矿料→碾压→初期养护。

（2）沥青贯入式

沥青贯入式路面是指用沥青贯入碎（砾）石作面层的路面。路面的厚度一般为4～8 cm。其特点是强度较高、温度稳定性好，但易透水。适用于二级及二级以下的公路的面层或作为沥青路面的联结层。

路面施工时需要先在初步压实的碎（砾）石上，分层浇撒沥青、撒布嵌缝料，最后在上部铺筑热拌沥青混合料封层，再压实、养护，才能行车。

（3）沥青碎石

沥青碎石路面是由沥青和一定级配的矿料组成的沥青混合料经拌和、压实而成的路面。其特点是温度稳定性好，施工相对容易，路面不易产生波浪、裂缝，有利于高速行车；沥青用量少，且不用矿粉，造价低，但易透水。适用于高速公路、一级公路的下面层、联结层及整平层。一般采用厂拌法的热拌热铺法施工。

（4）沥青混凝土

沥青混凝土路面是由几种不同尺寸的矿料（碎石、石屑、砂和矿粉）按最佳级配选配与适量的沥青材料拌和而成的沥青混合料经拌和、压实所形成的路面。其特点是强度高，可以承受繁重交通，耐久性好，使用寿命长，但不易透水。适用于高速公路、一级公路的上面层及下面层。一般采用厂拌法的热拌热铺法施工。

（5）乳化沥青碎石

乳化沥青碎石路面是指用乳化沥青碎石，均匀摊铺在旧沥青路面上所形成的路面。其主要优点是在常温下可与冷的石料、表面潮湿的石料进行拌和施工，另外还具有耐磨性、抗滑性、水稳性和防水性等特点。适用于三级、四级公路的面层，二级公路养护罩面及各级公路的调平层。

（6）沥青玛蹄脂碎石

沥青玛蹄脂碎石路面是用沥青玛蹄脂碎石混合料作面层或抗滑层的路面。沥青玛蹄脂（由改性沥青、矿粉及木质素纤维素组成）碎石混合料（简称SMA）是以间断级配碎石为骨架，沥青玛蹄脂为结合料，经拌和、摊铺、压实而形成的构造深度较大的抗滑面层。

沥青玛蹄脂碎石混合料中具有高含量粗集料、高含量矿粉、较大沥青用量、低含量中间粒径颗粒。高含量的粗骨料与混合料中的颗粒面与面直接接触、相互嵌锁构成的骨架直接承受荷载作用，且骨架对温度敏感性小。含量较高的矿粉与沥青形成黏聚力很高的胶凝状物——玛蹄脂，使得混合料的整体力学性能提高。

沥青玛蹄脂碎石路面的特点是抗滑耐磨、孔隙率小、抗疲劳、高温抗车辙、低温抗开裂，使用年限长，但造价高。适用于高速公路、一级公路和其他重要公路的上面层、中面层或加铺磨耗层。

沥青玛蹄脂碎石路面是一种高质量的路面。在这种路面上行驶时，汽车胎噪特别小，行驶起来很舒服，号称“80°不软，-30°不脆”。所以，近年来，沥青玛蹄脂碎石路面在我国高速公路中的应用越来越广泛。图4—2—2所示就是采用了沥青玛蹄脂碎石路面。

图4—2—2 沥青玛蹄脂碎石路面

四、沥青路面的常见病害及防治

沥青路面的破坏（病害）都是由于行车荷载和自然因素的作用造成的。沥青路面的常见病害分为裂缝类、松散类、变形类及其他四类。这些病害不一定同时发生，但都是逐渐积累起来的。各种病害的常见形式及防治措施等见表4—2—1。

表4—2—1 沥青路面的常见病害

病害类型		主要原因	采取措施
裂缝类	纵向裂缝	填土未压实，路基产生不均匀沉降或冻胀	灌入热沥青材料封闭处理
	横向裂缝	冬季气温下降，路基干缩或冻缩	灌入热沥青材料封闭处理
	龟裂	路面整体强度不足，沥青面层老化	加铺封层或沥青表面处治，严重的路段要彻底翻修
松散类	坑槽	面层的网裂、龟裂、松散等未及时养护	将坑槽范围挖成矩形，在四周涂刷热沥青后，再用相同的材料填补
	啃边	路面过窄，边缘强度不足，路肩太高或太低	设置路缘石、加宽路面、调整路肩高度及加固路肩
	松散	沥青稠度偏低，黏结力差，用量偏少	清除松散的沥青面层，重新铺设，并压实

续表

病害类型		主要原因	采取措施
变形类	波浪	沥青撒布不均	轻微的可在夏季强行压平，严重的采用热拌沥青混合料填平
	壅	面层较薄，基层强度不足，或沥青稠度偏低，用量偏多，或矿料级配不好，细料偏多	应将基层挖除，重新铺筑基层，然后再做面层
	车辙	沥青面层材料的高温稳定性较差，在温度较高的季节，沥青面层在车辆的反复碾压下产生永久变形和塑性流动而逐渐形成	在沥青中加入一些改性剂，提高沥青面层材料的高温稳定性
其他	泛油	沥青混合料中沥青用量过多，稠度过低	可根据泛油的轻重，铺撒较大粒径的矿料
	冻胀	路基填土中冰夹层较多，在冬季气温下降时产生冻胀	保证路基土质符合要求，有效切断外来水源或降低地下水位
	翻浆	路基填土中冰夹层较多，冬季产生冻胀，到夏季时，气温升高路基填土中含水量过大，在行车荷载作用下会产生翻浆	保证路基土质符合要求，有效切断外来水源或降低地下水位

沥青路面常见病害示例如图 4—2—3 所示。

a）　b）　c）

b）　e）　f）

图 4—2—3　沥青路面的常见病害

a）龟裂　b）坑槽　c）泛油　d）车辙　e）松散　f）网裂

问题解答

根据以上所学知识可知，沥青路面使用了沥青（石油沥青、乳化石油沥青、改性沥青）、集料（石料）和填料（矿粉）。高等级公路一般为沥青混凝土路面，采用热拌法施工。

小资料

广深高速公路是联系广州、深圳特区、香港的重要通道，也是国道主干线同江至三亚公路在广东省的重要路段。总投资 10.56 亿美元，即 70.72 亿元人民币。1987 年 5 月动工，1994 年 7 月 18 日全线试通车。1997 年 7 月 1 日正式通车营运：全长 122.8 km，双向六车道的沥青混凝土路面。路面结构层及厚度分别为：4 cm 沥青混凝土磨耗层，8 cm 沥青混凝土上面层，10 cm 沥青碎石下面层，23 cm 水泥碎石上基层，25 cm 级配碎石底基层。

广深高速公路

课题三　水泥混凝土路面

学习目标

- 了解水泥混凝土路面的特点、分类及原材料；
- 了解水泥混凝土路面的常见病害；
- 能够认识水泥混凝土路面构造。

学习引导

水泥混凝土路面，俗称白色路面，是以水泥混凝土面板做面层和各种基（垫）层所组成的路面。水泥混凝土路面是一种高级路面，在 20 世纪 30 年代才开始在公路上使用。随着我国公路的迅速发展，特别是水泥工业的进一步发展，水泥混凝土路面有了相当数量的里程。截至2007年底，全国水泥混凝土路面总里程已达84.88万km。

水泥混凝土路面示例如图4—3—1所示。

图4—3—1　水泥混凝土路面

想一想

如图4—3—1所示，水泥混凝土路面使用了哪些原材料？水泥混凝土路面的接缝有哪些类型？

相关理论

一、水泥混凝土路面的分类及特点

1. 水泥混凝土路面的分类

水泥混凝土路面有多种类型，主要包括普通混凝土路面、钢筋混凝土路面、连续配筋混凝土路面、预应力混凝土路面、钢纤维混凝土路面等类型。目前使用最广泛的是普通混凝土路面，简称混凝土路面。

普通混凝土路面是除接缝区和局部范围（边缘或角隅）外均不配置钢筋的水泥混凝土路面。它是我国最广泛采用的一种水泥混凝土路面。

2. 水泥混凝土路面的特点

水泥混凝土路面，属刚性路面，与沥青路面相比，水泥混凝土路面有以下特点：

（1）水泥混凝土路面的优点

1）强度高。混凝土路面具有很高的抗压强度、抗弯拉强度及抗磨耗能力。

2）稳定性好。混凝土路面的水稳性、热稳性均较好，且强度随时间的延长而逐渐增强，不存在沥青路面的“老化”现象。

3）耐久性好。由于混凝土路面的强度和稳定性好，所以它经久耐用，一般使用年限20~40年。

4）养护费用少。与沥青路面相比，混凝土路面的养护工作量和养护费用均较少。

5）有利于夜间行车。色泽鲜明，能见度好，对夜间行车有利。

（2）水泥混凝土路面的缺点

1）对水泥和水的需要量大。

2）有接缝。一般混凝土路面都有接缝，接缝会增加施工和养护的复杂性，且容易引起跳车，行车舒适性差；若处理不当，还易渗水导致板角和板边破坏。

3）开放交通迟。一般混凝土路面完工后，要经过28 d的湿法养生，才能开放交通，如需提前开放交通，需采取特殊措施。

4）修复困难。混凝土路面损坏后，开挖很困难。修补工作量大，且影响交通。

二、水泥混凝土路面的原材料

水泥混凝土路面的面层是水泥混凝土，面层在行车荷载作用下，既要承受冲击、磨耗和反复弯曲作用，还要受到大气温度、湿度反复变化的影响。因此，面层混合料原材料的质量是混凝土路面工程质量的重要保障，必须按要求选用。

1. 水泥

水泥是混凝土最重要的成分，是混凝土的胶结料，在混凝土面层中一般采用42.5级以上的普通硅酸盐水泥。具体使用时，应根据路面等级和交通量选用。

2. 粗集料

混凝土混合料中的粗集料（粒径>4.75 mm）宜选用碎石、碎卵石和卵石，要求质地坚硬、耐久、洁净，有严格的颗粒级配，并符合粗集料各项技术指标的规定。

3. 细集料

混凝土混合料中的细集料（粒径<4.75 mm）宜选用坚硬、耐久、洁净的天然砂、机制砂或混合砂，并符合细集料各项技术指标的规定。

4. 水

混凝土搅拌和养护用水可以直接使用饮用水。

5. 外加剂

外加剂已成为水泥混凝土混合料的重要成分，外加剂的种类很多，主要包括减水剂、塑化剂、早强剂等。为了施工的需要，要求混凝土提早硬化，达到规定的强度，可以掺加早强剂；为了保证混凝土具有足够的强度和密实度及施工和易性与混合料的均匀性，可以掺加塑化剂或减水剂。

除以上几种材料外，混凝土路面的原材料还有钢筋、接缝材料等。

三、水泥混凝土路面的构造

1. 路基

水泥混凝土路面属刚性路面，通过刚性面层和基层传到土基上的压力很小。因此，混凝土路面面层板对土基强度和稳定性要求较低。但如果土基强度和稳定性不足，在水温变化的影响下会产生较大的变形，尤其是会产生不均匀沉陷，则会导致混凝土面板破坏。因此，混凝土路面的路基必须稳定、密实、均质，对路面结构提供均匀的支承。

路基产生不均匀支承的影响因素有很多，主要有如下几个方面：

(1) 软弱地基的不均匀沉降。

(2) 填挖交替或新老填土交替。

(3) 季节性冰冻地区的不均匀冻胀。

(4) 填土因压实不足而引起的压密变形，受湿度变化影响而产生的膨胀收缩变形等。

防止路基产生不均匀支承的措施主要有以下几个方面：

(1) 把不均匀土掺配成均匀土。

(2) 压实时的含水率控制在接近于最佳含水率。

(3) 加强路基排水；对湿软地基采取加固措施。

(4) 加设垫层，以缓解可能产生的不均匀变形对面层的不利影响。

2. 基层

基层在路基以上，对混凝土路面的正常使用起着很重要的作用。所以要求基层应具有足够的抗冲刷能力和较大的刚度，即抗变形能力强，坚实、平整、整体性好。

基层的主要作用包括以下几个方面：

(1) 防唧泥。混凝土面层如直接放在路基上，会由于某种原因路基土塑性变形量大，细料含量多，而降低抗冲刷能力产生唧泥现象。铺设基层后，可减轻以至消除唧泥的产生。

(2) 防冰冻。在季节性冰冻地区，用对冰冻不敏感的粒状多孔材料铺筑基层，可以减少路基的冰冻深度，减少或消除路基不均匀冻胀对混凝土面层产生的不利影响；为混凝土面层施工提供稳定而坚实的工作面。

(3) 防水。在湿软路基上，铺筑开级配粒料基层，可以排除由地表渗入面层板下的水分，隔断地下毛细水上升。

(4) 提高路面结构的承载能力，延长路面的使用年限。

水泥混凝土路面的基层可根据不同的交通量及路基情况选用，最好选用半刚性基层（无机结合料稳定类），如水泥稳定碎石、石灰粉煤灰稳定碎石，另外，还有沥青稳定碎石或砾石等。基层的厚度为 20 cm 左右，宽度比混凝土面板每侧至少宽出 25 ~ 35 cm（小型机具或轨道式摊铺机施工）或 50 ~ 60 cm（滑模摊铺机施工）。

3. 垫层

垫层是在温度和湿度状况不良的公路上设置的，目的是为了改善路面结构的使用性能。

设置垫层的条件如下：

（1）在季节性冰冻地区，其冰冻深度大于0.5 m时，应设置防冻垫层，以防止路基可能产生的不均匀冻胀对混凝土面层的不利影响。

（2）水文地质条件不良的土质路堑，路基土湿度较大时，宜设置排水垫层。

（3）路基可能产生不均匀沉降或不均匀变形时，可加设半刚性垫层。

4. 面层（混凝土面板）

混凝土面板直接承受自然因素和行车荷载作用，应具有较高的强度、稳定性、平整、耐磨和抗滑。轮载作用在混凝土面板上的位置不同，产生的应力也不同。当轮载作用于混凝土面板的中部时所产生最大应力约为板边缘时的2/3。因此，早期混凝土面板的横断面采用了中间薄两边厚的形式，以适应荷载变化的需要。但这种断面不利于路基与基层的施工，且在厚度变化处，易引起板的折裂。所以，目前常使用等厚度的矩形面板。为了提高混凝土板的抗滑性及行车的安全性，板表面要采用刻槽、压槽、拉槽或拉毛等措施。

混凝土面板的平面尺寸不能太大，板与板之间都有横向和纵向接缝，横向接缝的间距一般为4 ~6 m，长宽比不宜超过1.3∶1，平面尺寸不宜大于25 m^2；纵向接缝的间距一般为3.0 ~4.5 m。

5. 排水要求

混凝土路面的排水应根据公路等级、地形、地质、气候、降雨量和地下水等条件，结合路基排水进行布置，使之形成良好的排水系统，确保排水畅通、路基路面稳定和行车安全。

高速公路、一级公路的路面排水一般由路肩排水、中央分隔带排水和路表渗入水排水等组成，路肩位置必须设置暗沟，以利于排出路面板接缝处的渗水。

混凝土板路面部分应设置双向或单向横坡，坡度为1% ~2%。路肩部分的横向坡度宜比路面的横坡大1% ~2%。

6. 接缝的设置及分类

（1）接缝设置原因

混凝土面板是由一定厚度的混凝土板所组成，它具有热胀冷缩的性质。由于气温的变化，整个混凝土板及板的不同位置会产生不同程度的膨胀和收缩，使板产生不同程度的变形，即翘曲变形，主要表现在板顶和板底；若再伴有土基的不均匀沉陷，使板内应力过大，就会造成板的拱胀或断裂等破坏。为了减轻或避免这些破坏，需在板纵横两方向设置许多接缝，把整个路面分割成许多板块。

（2）接缝的分类

混凝土面板的接缝有纵缝和横缝两类，两缝垂直正交，如图4—3—2所示。纵缝是平行于混凝土板行车方向的接缝；横缝是垂直于混凝土板行车方向的接缝。纵缝和横缝的构造见表4—3—1。

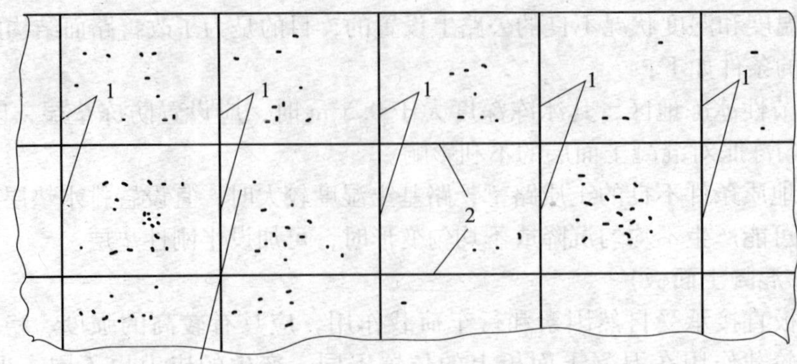

图4—3—2　混凝土面板的接缝

1—横缝　2—纵缝

表4—3—1　**接缝的分类及构造**

接缝类型		接缝构造
横向接缝	横向缩缝	横向缩缝一般采用假缝形式，不设传力杆，可等间距或变间距布置。缝隙内浇灌填缝料，但在特重和重交通路段的公路、收费广场以及邻近胀缝或自由端部位置的3条缩缝，应采用设传力杆假缝形式
	横向胀缝	横向胀缝做成真缝，重交通路段还要在胀缝板厚中央设置传力杆，传力杆采用光圆钢筋，传力杆的直径，一般为20～38 mm，传力杆的间距为30 mm，1/2以上涂沥青，缝宽约20 mm，缝隙上部3～4 cm深度内灌入填缝料，下部则设置有弹性的嵌缝板（由油浸或沥青浸制的软木板）
	横向施工缝	每天摊铺结束或中断时间超过30 min时设置横向施工缝，其上部应设置深为3～4 cm，宽为5～10 mm沟槽，内浇灌填缝料。板厚中央设置传力杆
纵向接缝	纵向缩缝	双车道路面按全幅宽度施工时，纵向缩缝做成假缝加拉杆形式，板厚中央设拉杆。拉杆采用螺纹钢，拉杆直径小于传力杆的直径，一般为12～16 mm，中部10 cm涂防锈涂料，拉杆间距为1 m左右，锚固在混凝土内，防止两侧板被拉开而缝隙扩大
	纵向胀缝	纵向胀缝在实际中很少设置。设置时多车道路面，应每隔3～4个车道设一条纵向胀缝，其构造与横向胀缝相同。当路旁有路缘石时，缘石与路面板之间也应设胀缝，但不必设置传力杆
	纵向施工缝	由于施工条件等原因，当一次铺筑宽度小于路面宽度需分两次以上浇筑时，则应设置纵向施工缝。纵向施工缝做成真缝加拉杆形式

四、水泥混凝土路面的常见病害

水泥混凝土路面的使用性能在行车因素的不断作用下逐渐下降，以至出现各种类型的病害（损坏），大致可分为接缝破坏和混凝土板损坏两种类型。

水泥混凝土路面的常见病害（损坏）的类型及产生原因见表4—3—1。

表4—3—1　　水泥混凝土路面的常见病害及产生原因

病害类型		产生原因
接缝破坏	挤碎	挤碎破坏常出现在横向胀缝处，破坏原因如下： 1. 主要由于接缝施工不当引起，包括胀缝内的滑动传力杆位置不正确、滑动端的滑动功能失效、施工时胀缝内局部有混凝土搭连，或胀缝内落入坚硬的杂物等 2. 板边混凝土振捣不密实，使强度降低，在行车荷载反复作用下，导致接缝出现碎裂 3. 接缝中渗水后，造成沿接缝边缘处板底小范围的脱落，在行车荷载反复作用下，导致接缝出现碎裂
	拱起	拱起破坏是由于热胀冷缩使混凝土面板膨胀时受阻产生，破坏原因如下： 1. 混凝土板胀缝间距较长 2. 接缝填缝料失效 3. 板缝内掉进土或石子等杂物
	唧泥	唧泥指当汽车行经接缝时，由缝内喷溅出稀泥的现象。在排水不畅的前提下，积水下渗并积聚在板底空隙内，形成唧泥。唧泥产生的主要原因如下： 1. 接缝填缝料失效 2. 路基土压实不均匀 3. 基层材料局部松散或抗冲刷能力低
	错台	错台指的是在水泥混凝土路面的接缝或裂缝处，两板体产生相对竖向位移的现象。破坏原因如下： 1. 胀缝下部接缝板与上部缝隙未能对齐 2. 胀缝不垂直 3. 水渗入胀缝 4. 传力杆放置不合理 5. 交通量或基层承载力在横向各幅上分布不均匀，各幅的沉降不一致 6. 路基填料土质不均匀、地下水位高、碾压不密实

续表

病害类型		产生原因
混凝土板破坏	裂缝	裂缝是在混凝土板所受应力超过了混凝土的强度时产生的，应力超出值较小时混凝土板就会产生轻微裂缝，主要原因如下： 1. 板太薄或轮载太重 2. 板的平面尺寸太大，导致温度翘曲应力过大 3. 基层过量的塑性变形，使板底脱空失去支承 4. 材料或施工质量不良，混凝土强度不够 5. 养护期间收缩应力过大 6. 车辆荷载的渠化作用
	断裂	当混凝土面板产生裂缝后，所受应力破坏了板的结构整体性，在行车荷载的反复作用下，裂缝逐渐展开，最后产生断裂，使板丧失应有的承载力

五、水泥混凝土路面的施工

1．水泥混凝土路面的施工流程

安装模板→设置传力杆→混凝土的制备与运送→混凝土的摊铺和振捣→接缝的设置→表面整修→混凝土的养生与填缝。

2．水泥混凝土路面的施工方法

（1）安装模板

混凝土路面的模板应采用刚度足够的钢模板，模板应安装稳固、顺直、平整、无扭曲，相邻模板连接应紧密平顺、底部不得漏浆，不得有前后错位、高低错台等现象。

（2）设置传力杆

在完成模板安装之后，紧接着设置各种接缝的传力装置，包括拉杆、胀缝板、传力杆等，通常采用传力杆钢筋架安装固定。

（3）混凝土的制备与运送

混凝土的制备与运送是混合料质量保证的重要方面。混凝土的制备可采用两种方式：一是在工地使用拌和机拌制；二是在工厂集中制备，而后用运料车运送到工地。混凝土制备时，要求拌和物应均匀一致，有生料、干料等现象的非均质拌和料应废弃，不得用于摊铺路面。混凝土运送时，使用手推车、翻斗车或自卸车，要求保证混合料中水分不蒸发。运送过程中不得漏浆、撒料，车厢底板应平滑。远距离运送时应选配混凝土罐车。

（4）混凝土的摊铺和振捣

运送混合料的车辆到达摊铺地点后，一般直接倒向安装好侧模的路槽内，并用人工找补均匀。摊铺时要考虑混凝土振捣后的沉降量。

（5）接缝的设置

1）胀缝。先浇筑胀缝一侧混凝土，取去胀缝模板后，再浇筑另一侧混凝土，钢筋支架浇在混凝土中不取出。缝隙下部是嵌缝板，上部是压缝板，压缝板在混凝土终凝前抽出。

2）缩缝。缩缝是假缝，可采用切缝法和锯缝法筑做。锯缝法效果较好。

3）施工缝。

4）表面整修。混凝土终凝前必须用人工或机械（电动抹面机）抹平其表面。

5）混凝土的养生与填缝。

混凝土养生有三种方法：一是湿法养生；二是塑料薄膜养生；三是喷洒塑料溶液。

混凝土填缝时常用的填缝料有聚氯乙烯、氯丁橡胶条、沥青玛蹄脂等。

六、其他类型混凝土路面简介

1. 钢筋混凝土路面

钢筋混凝土路面是在混凝土路面结构中配置了一定数量的钢筋，增加了混凝土板的抗弯拉强度而减小了面板的厚度，主要起到了控制混凝土路面产生裂缝之后裂缝宽度不会扩张的作用。

2. 连续配筋混凝土路面

连续配筋混凝土路面在路面纵向配有足够数量的不间断连续钢筋，以抵抗混凝土路面板因纵向收缩而产生的横向裂缝。因此，这种路面不设胀缝和缩缝，形成一个完整和平坦的行车表面，改善了行车平稳性，同时增加了路面板的整体强度。适用于高速公路及一级公路和交通量特别大的重载道路。

3. 预应力混凝土路面

预应力混凝土路面与所受到的预应力能抵消一部分车轮荷载和温度变化所引起的拉应力，具有较大的柔性和弹性，能承受多次重复荷载作用而不破坏，对基础的不均匀变形有较大的适应性。

另外，还有钢纤维混凝土路面、碾压混凝土路面等类型。

根据以上所学知识可知，如图4—3—1所示，水泥混凝土路面使用了水泥、粗集料（碎石、碎卵石和卵石）、细集料（天然砂、机制砂或混合砂）、水、外加剂。水泥混凝土路面的接缝有胀缝、缩缝、施工缝。

思考与练习

1. 路面的结构层包括哪几层？

2. 什么是路拱？

3. 路面面层、基层、垫层的作用分别是什么？

4. 路面可分为哪几个等级？
5. 路面按力学性质可分为哪几类？
6. 什么是沥青路面？
7. 沥青路面的材料主要包括哪几种？
8. 沥青路面按施工工艺可分为哪几类？
9. 什么是沥青表面处治？其作用是什么？
10. 沥青路面的常见病害包括哪几类？
11. 简述沥青路面的施工流程？
12. 什么是水泥混凝土路面？
13. 水泥混凝土路面接缝设置原因是什么？
14. 水泥混凝土路面的常见病害分为哪两类？
15. 简述水泥混凝土路面的施工流程。
16. 写出沥青路面与水泥混凝土路面的区别？

模块五

桥 涵 工 程

桥梁是公路工程中的重要组成部分，在公路工程中的数量较多，工程最复杂，是交通运输网络的重要组成。在人类社会的发展过程中，桥梁与人类的生产和生活息息相关，同时对发展国民经济，促进文化交流、国防、军事、科技及公路事业的迅猛发展等方面起着至关重要的作用，是公路全线竣工通车的关键，桥梁的发展及技术水平直接关系到一个国家的科学技术水平，对国内外的影响是很大的。

涵洞是一种小型的排水结构物，在公路工程中数量也较多，且工程量较大，也是公路通行不可缺少的关键部分。

隧道是一种地下工程建筑物，用于地形条件复杂的山岭地区及江河湖海，由于其工程的复杂性，隧道数量要比桥梁数量少得多。

课题一 桥 梁

- 了解桥梁的相关概念、桥梁的发展历程；
- 熟悉桥梁各组成部分及主要分类；
- 能够认识桥梁各组成部分、区分桥梁类型。

桥梁是交通运输的咽喉，是公路结构中不可缺少的最美丽、最壮观的建筑物，我国幅员辽阔，人口众多，物产丰富，有纵横全国的大小山脉和很多江河湖泊，还有四通八达的公路、铁路，为跨越公路、铁路、山川、江河等各种障碍，促进政治、经济、文化等各方面的发展，建立了四通八达的交通网络，而桥梁在交通网络中起着最关键的作用。

如图5—1—1a～f所示的桥梁图片是不是很漂亮？你知道这些桥梁使用的材料是什么吗？这些桥梁是由哪些部分组成的？桥梁的类型又是什么呢？

a）

b）

c）

d）

e）

f）

图5—1—1　不同类型的桥梁

a）武汉长江大桥　b）广州丫髻沙大桥　c）赵州桥　d）马宁特大桥　e）南京长江大桥　f）杭州湾跨海大桥

相关理论

一、桥梁简介

1. 古代桥梁

我国建造桥梁已有4 000多年的历史，在世界桥梁史上写下了光辉灿烂的篇章。数千年来，劳动人民因地制宜，就地取材，用木、石、砖、藤、铁等建筑材料建造了数以百万计、类型众多、构造独特的桥梁，为祖国的江山湖泊增添了壮丽的色彩。

我国最早发现的桥梁是在公元4 000年前新石器时代金工族村落遗址发现的。早在周秦时期，梁、索、拱三种桥型已经在我国形成。

我国建造浮桥的历史十分悠久，根据史料记载，在距今约3 000年前周文王为娶妻在渭水河上建起了浮桥，这是我国建桥史上最早的浮桥。后来，又相继在黄河和长江上架设了二十多座大型浮桥，但大部分都属军用浮桥。公元541年前架设在黄河上的第一座浮桥是在山西省临晋附近的黄河上，公元35年架设在长江上的第一座浮桥位于湖北宜都县荆门与宜昌县虎牙之间。

梁桥是我国出现最早的桥，早在原始社会，我国就有了独木桥和数根圆木拼成的木梁桥，战国时期，单跨和多跨的木、石梁桥已普遍在黄河流域及其他地区建造。闻名中外的渭水桥，座落在咸阳故城附近的渭河上，是一座多跨石墩木梁桥。西安的灞桥位于西安东北二十里的灞水上，是一座石墩木梁桥，两千年来一直是长安与潼关以东的交通咽喉。始建于1053年在福建泉州建成的洛阳桥，是我国第一座濒临海湾的石梁桥，有“天下第一桥”的美誉。

我国是世界上最早有索桥的国家，距今已有3 000多年的历史，它主要是用藤、竹制成的绳索以及铁链等架设而成，又称吊桥、悬索桥。保留比较完整的索桥是1706年建成的四川泸定县大渡河铁索桥（又名泸定桥，见图5—1—2）和1803建成的四川灌县安澜竹索桥。在我国云贵川的怒江、大渡河、乌江及秦岭山区等地，常常可以看到各类索桥。

我国的拱桥始建于东汉中期，距今已有1 800多年的历史。在世界上独具一格，形式之多，造型之美，世界少有。按建拱的材料分类有石拱、木拱、砖拱等类型。举世闻名的河北赵县的赵州桥（又名安济桥）（见图5—1—1c）始建于隋代（公元581—618年）大业年间（公元605—618年），由著名匠师李春设计和建造，距今已有约1 400年的历史，横跨于赵县洨河之上，是一座敞肩单孔石拱桥，其建筑结构之奇特，自古有“奇巧固护，甲于天下”的美称。1991年，赵州桥被美国土木工程师学会选定为世界第十二处“国际土木工程历史古迹”。另外还有北京永定河上的卢沟桥（始建于1189年）、北京颐和园的玉带桥（建于公元1736—1795年），都是我国古代著名的石拱桥。

图5—1—2　泸定桥

回顾旧中国的桥梁，绝大多数为小跨径的木桥和石桥，年久失修，破烂不堪，虽然当时我国自己也建造过一些公路钢桁架桥、吊桥和钢筋混凝土拱桥等，但与当时世界上桥梁建筑的技术水平相比，仍处于很落后的状况。

2．近、现代桥梁

中国的古代桥梁建筑，在其造型艺术、施工技巧、历史积淀、文化蕴涵及人文景观等方面，都为世界桥梁建筑史谱写了光辉的篇章。但绝大多数桥梁都是由洋商承建的，比如郑州铁路桥和济南铁路桥。我国人民唯一能引以为自豪的是1937年由茅以升先生主持兴建的最大跨度（跨径37.02 m）桥梁——杭州钱塘江公铁两用桥是梁桥史上的一个里程碑。

解放后梁桥在我国得到了迅速的发展。1956年在公路上建成了第一座跨径为20 m的预应力混凝土简支梁桥京周公路桥（见图5—1—3）。1988年建成的最大跨度（跨径为62 m）的预应力混凝土简支梁桥——浙江省瑞安飞云江桥（见图5—1—4）。1957年第一座长江大桥——武汉长江大桥（见图5—1—5）建成，是中国在长江上修建的第一座公铁两用钢桁架梁桥，被称为“万里长江第一桥”，真是“一桥飞架南北，天堑变通途”，从此结束了我国万里长江无桥的历史，标志着我国的现代化桥梁技术水平提高到了新的起点。1969年，我国又成功建成了南京长江大桥（见图5—1—6），这是我国自行设计、制造、施工，并使用国产高强钢材的现代大型桥梁。该桥是我国完全自主建设长江大桥的一个里程碑，显示出我国钢桥建设已接近世界先进水平。1997年建成的九江长江大桥（见图5—1—7），坐落在江西省九江市和湖北省黄梅县宽阔的长江江面上，是我国铁路南北通道京九线和公路干线105国道跨越长江的重要桥梁，也是20世纪90年代中期长江上规模最大的公铁两用钢梁桥，该桥是继武汉长江大桥和南京长江大桥之后我国建桥史上又一个新的里程碑。2001年建成的南京长江二桥北汊大桥（见图5—1—8）是目前我国跨度（主跨跨径675 m）最大的预应力混凝土连续梁桥。

图 5—1—3　京周公路桥

图 5—1—4　浙江飞云江桥

图 5—1—5　武汉长江大桥

图 5—1—6　南京长江大桥

图 5—1—7　九江长江大桥

图 5—1—8　南京长江二桥北汊大桥

新中国建立后又修建了大量经济美观的拱桥，在技术和施工上有了很大的发展。1962 年建成了洛阳龙门桥，1972 年在四川建成了世界上跨径最大（跨径 146 m）的石拱桥——九溪沟大桥（见图 5—1—9）。1969 年成功建成了中国最大跨径（主跨 150 m）的钢筋混凝土双曲拱桥——河南前河大桥（见图 5—1—10）。1989 年建成的主跨 200 m 的重庆市涪陵乌江大桥（见图 5—1—11），是一座用中国独创的转体施工建成的特大跨钢筋混凝土箱型拱桥。1997 年建成的重庆市万县长江大桥（见图 5—1—12）是当时世界上跨径（主跨 420 m）最大的钢筋混凝土拱桥。

图 5—1—9　四川九溪沟大桥

图 5—1—10　河南前河大桥

图 5—1—11　重庆涪陵乌江大桥

图 5—1—12　重庆万县长江大桥

20 世纪 70 年代中期，我国开始修建混凝土斜拉桥，斜拉桥是我国大跨径桥梁最流行的桥型之一。目前我国建成各种类型的斜拉桥有 100 余座，而大跨径混凝土斜拉桥的数量已居世界第一。近几年我国开始修建的混合式斜拉桥，1991 年建成了钢混凝土斜拉桥——上海南浦大桥，开创了我国修建 400 m 以上大跨度斜拉桥的先河，2008 年 5 月 1 日建成双塔钢箱梁钢筋混凝土斜拉桥——杭州湾跨海大桥（见图 5—1—11f）全长 36 km，是世界上最长、工程量最大的世界第一跨海大桥。2008 年 6 月 30 日又建成了驰名中外的江苏苏通长江大桥（见图 5—1—13），创四项世界之最，斜拉桥主跨 1 088 m，列世界第一；主塔高 306 m，列世界第一；斜拉索的长度580 m，列世界第一；群桩基础平面尺寸 113.75 m × 48.1 m，列世界第一。

图 5—1—13　江苏苏通长江大桥

二、桥梁的基本组成和分类

道路路线常会遇到各种障碍（如公路、铁路、江河湖泊、山谷深沟等），为了保持路线的连续性，应需要建造人工构造物——桥梁来跨越各种障碍，因此桥梁是陆路交通中的重要组成部分。

1．桥梁的基本组成

下面以常见桥梁——梁桥为例来说明桥梁的组成，如图5—1—14所示。桥梁结构分为上部结构和下部结构两大部分，各部分的组成及作用见表5—1—1。

（1）上部结构

上部结构即桥跨结构，是路线中断时跨越各种障碍的主要承重结构。包括桥面、主梁等。它的作用是承受车辆荷载，并通过支座传递给墩台。

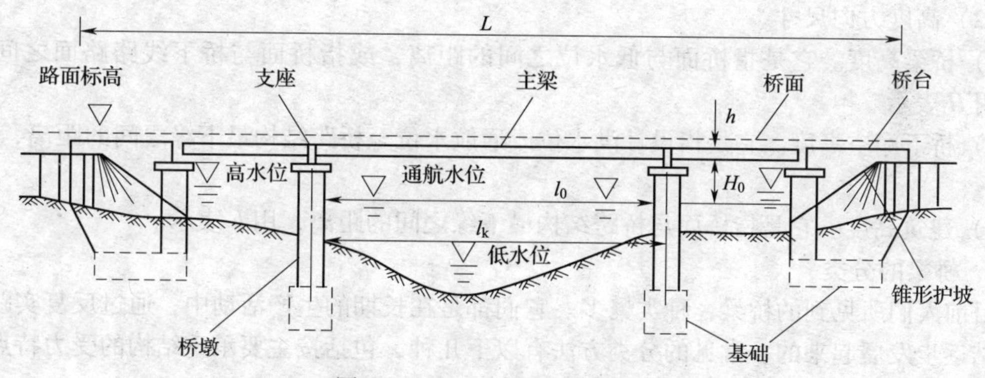

图5—1—14 桥梁的基本组成

表5—1—1 桥梁的基本组成及各部分的作用

桥梁基本组成		各部分的作用
上部结构	桥面	位于主梁之上，供车辆和行人行走
	主梁	支承桥梁并将主梁及以上荷载传给支座
下部结构	桥墩	设于两桥台之间，支承桥梁上部结构并将恒载和车辆等活载传给地基的建筑物
	桥台	设于桥梁的两端，支承桥梁上部结构并将恒载和车辆等活载传给地基的建筑物，另外，还与路堤相衔接，防止路堤填土滑坡和坍落

（2）下部结构

下部结构直接作用于岩石或地基上，是用于支撑上部结构并将恒载和车辆等荷载传给地基的建筑物，主要包括桥墩和桥台两部分。桥墩基础是上承桥墩，并将全部桥梁荷载传至地基，位于桥梁最下部的结构，是桥梁建筑中比较复杂的一部分，也是确保桥梁使用安全的关键部分。

上部结构和下部结构是桥梁的基本结构，桥梁除基本结构外，还有一些附属结构，包括桥梁支座、桥台两侧的翼墙、锥体护坡及在桥的上下游设置的导流堤等。这些附属结构是为保护桥墩、桥台、桥头路基等所修建的。

2. 桥梁的基本尺寸

(1) 长度方向尺寸

1) 净跨径。对于梁桥，设计洪水位（即高水位）线上相邻两桥墩（或桥台）间的净距称为净跨径，用 l_0 表示。

2) 总跨径。它是指多孔桥梁中各孔净跨径的总和，即 $\sum l_0$。它反映桥下渲泄洪水的能力。

3) 计算跨径。对于具有支座的梁桥，是指桥跨结构相邻两个支座中心之间的距离，用 l 表示。

4) 标准跨径。对于梁桥，它是指相邻两桥墩中心线之间的距离，或桥墩中心线至桥台台背前缘之间的距离，用 l_k 表示。

5) 桥梁全长。它简称桥长，有桥台的桥梁是指两个桥台侧墙或八字墙后端点间的距离；无桥台的桥梁为桥面系行车道长度，用 L 表示。

(2) 高度方向尺寸

1) 桥梁高度。它是指桥面与低水位之间的距离，或指桥面与桥下线路路面之间的距离，用 H 表示。

2) 桥下净空高度。它是指设计洪水位或通航水位至桥跨结构最下缘之间的距离，用 H_0 表示。

3) 建筑高度。它是指桥面与桥跨结构最下缘之间的距离，用 h 表示。

3. 桥梁的分类

目前人们所见到的桥梁，种类繁多。它们都是在长期的生产活动中，通过反复实践和不断总结逐步发展起来的。常见的分类方法有以下几种，包括按主要承重结构的受力特点、桥梁跨径、桥面位置及主要承重结构所用材料等进行的分类。

(1) 按主要承重结构的受力特点分类

桥梁按主要承重结构的受力特点可分为梁桥、拱桥、刚架桥、斜拉桥和悬索桥五大类。

1) 梁桥。梁桥的主要承重结构是梁（板），其受力特点是在竖向荷载作用下无水平反力，梁（板）主要承受弯矩，墩台只承受竖向压力，自重大，跨越能力较小，多用于中小跨径桥梁。所用材料主要是钢筋混凝土和预应力钢筋混凝土，如图 5—1—15 所示。

a)

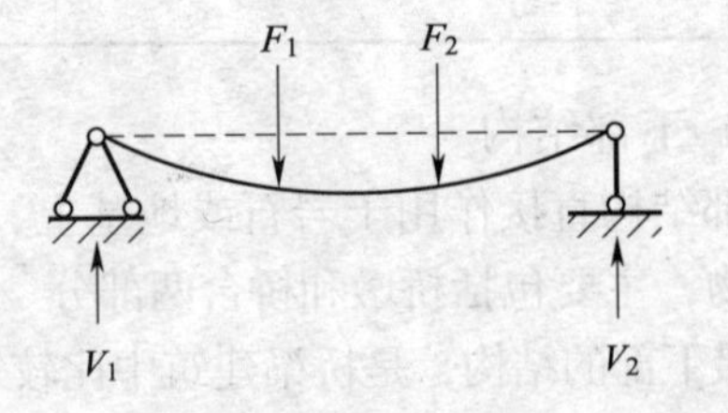

b)

图 5—1—15 梁桥

2）拱桥。拱桥的主要承重结构是拱圈（或拱肋），其受力特点是在竖向荷载作用下拱圈（肋）主要承受压力，但也承受弯矩。墩台除承受竖向压力和弯矩外，拱脚处还有水平推力，跨越能力较大，适用于几十米到几百米的大中小跨径的桥梁。所用材料主要是圬工（砖、石、混凝土）和钢筋混凝土，如图 5—1—16 所示。

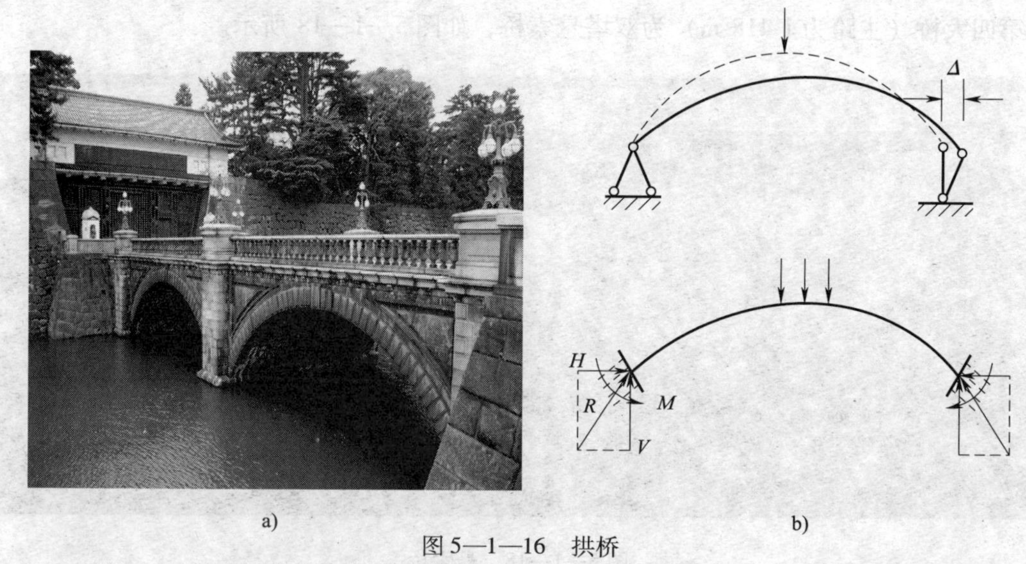

图 5—1—16　拱桥

3）刚架桥。刚架桥是一种主梁和墩台结构刚性连接的桥梁，主梁与墩台共同受力，是刚架桥的主要承重结构（即上部结构）。其受力特点是在竖向荷载作用下主梁主要承受弯矩，而柱脚处不仅承受竖向力还承受水平反力，其受力状态介于梁桥与拱桥之间，适宜于中小跨径桥梁。所用材料主要是钢筋混凝土，如图 5—1—17 所示。

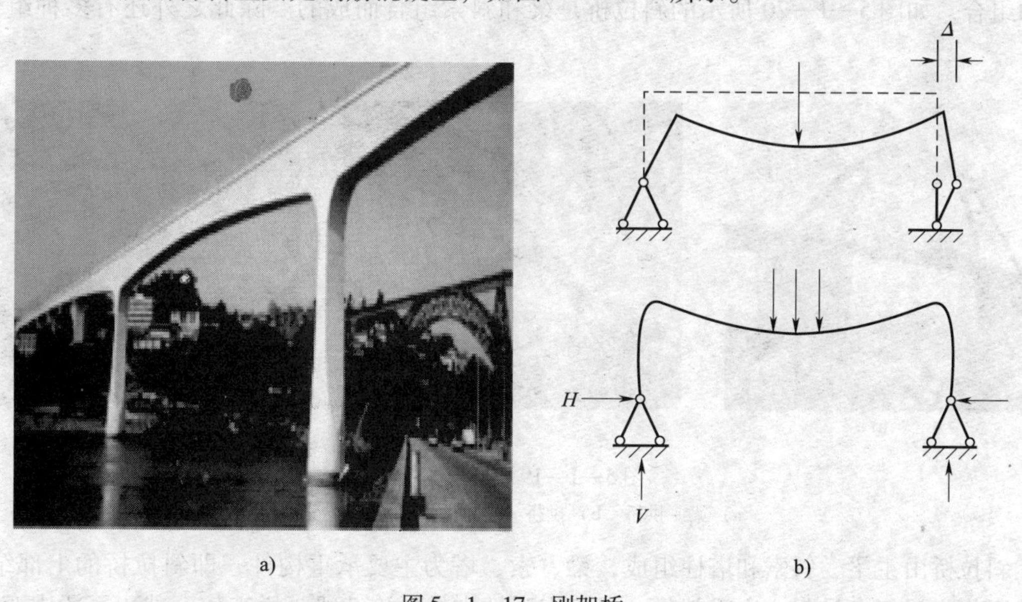

图 5—1—17　刚架桥

4）悬索桥。悬索桥，也称吊桥，悬挂在两边塔架上的强大缆索是主要承重构件。其受力特点是在竖向荷载作用下，竖向荷载由梁经过吊杆传递到缆索，再到两端锚锭，缆索承受很大的拉力，是具有水平反力（拉力）的结构，具有很大的跨越能力，适宜于大型及超大型桥梁。主要材料为预应力钢索、混凝土、钢材。2008 年奠基开工，目前正在修建的南京长江第四大桥（主跨为 1 418 m）为双塔悬索桥，如图 5—1—18 所示。

图 5—1—18　悬索桥

5）组合体系桥。组合体系桥由两种独立结构体系组合而成，两种独立结构体系均为主要承重构件。其受力特点是两种结构相互配合共同受力。图 5—1—19a 所示为一种梁和拱的组合体系桥，图 5—1—19b 所示为一种拱桥和斜拉的组合，图 5—1—19c 所示为一种悬索和梁的组合，如图 5—1—20 所示的斜拉桥是梁和斜索组合而成的。除此之外还有多种组合体系桥。

a）

b）

c）

图 5—1—19　组合体系桥

a）梁 + 拱桥　b）拱桥 + 斜拉桥　c）梁 + 悬索桥

斜拉桥由主梁、斜索和塔柱组成，梁、索、塔为主要承重构件，即斜拉桥的上部结构。斜拉索将主梁多点吊起，主梁就像一根多点弹性支承的连续梁一样工作，减小了梁内弯矩而增大了跨径。其受力特点是竖向荷载从主梁传至斜索，由斜索传至塔柱，再通过塔柱基础传至地基，索中只承受拉力，适宜于中等或大跨径桥梁。主要材料为预应力钢索、混凝土和钢材。

图 5—1—20 斜拉桥

（2）按桥长和跨径大小分类

桥梁按桥长和跨径大小可分为特大桥、大桥、中桥和小桥。《公路桥涵设计通用规范》规定的划分标准见表 5—1—2。

表 5—1—2 **桥梁分类**

桥梁分类	多孔跨径总长 L	单孔跨径（l_k）
特大桥	$L \geqslant 1\,000$ m	$l_k \geqslant 150$ m
大桥	100 m $\leqslant L <$ 1 000 m	40 m $\leqslant l_k <$ 150 m
中桥	30 m $< L <$ 100 m	20 m $\leqslant l_k <$ 40 m
小桥	8 m $\leqslant L \leqslant$ 30 m	5 m $\leqslant l_k <$ 20 m

（3）按桥面位置分类

按桥面位置不同，可分为上承式桥、中承式桥和下承式桥。桥面布置在主要承重结构之上的桥称为上承式桥，如图 5—1—21a 所示；桥面布置在主要承重结构之下的桥称为下承式桥，如图 5—1—21b 所示。桥面布置在主要承重结构中间的桥称为中承式桥，如图 5—1—21c 所示；由于上承式桥的构造简单，施工方便，因此，公路桥梁一般采用上承式桥。

（4）按主要承重结构所用的材料划分

按主要承重结构所用的材料来划分，有木桥、钢桥、圬工桥（包括砖、石、混凝土桥）、钢筋混凝土桥和预应力钢筋混凝土桥等。木桥易腐蚀，易引起火灾，而且资源有限，因此，除了少数临时性桥梁外，一般不采用。

除了以上四种分类方法外，还有很多分类方法：如按桥梁跨越的障碍物、施工方法及用途划分等。

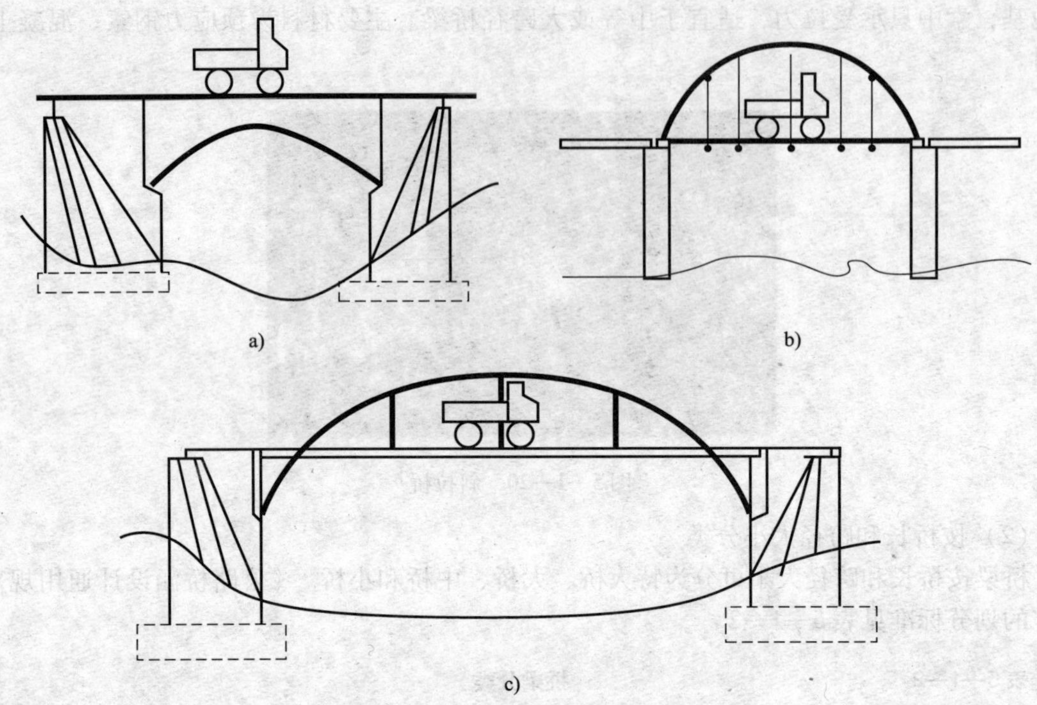

图 5—1—21 桥梁按桥面位置分类
a) 上承式 b) 下承式 c) 中承式

如图 5—1—1 所示，图 a 武汉长江大桥是上承式钢桁架公铁两用梁桥，图 b 广州丫髻沙大桥是中承式钢管混凝土拱桥，图 c 赵州桥是上承式单孔石拱桥，图 d 马宁特大桥是上承式连续刚构桥，图 e 南京长江大桥是上承式钢桁架公铁两用梁桥，图 f 杭州湾跨海大桥是下承式双塔钢箱梁钢筋混凝土斜拉桥。

三、梁桥

梁桥是以受弯为主的主梁作为主要承重结构的桥梁。其特点是构造简单、施工方便、工期短、造价低、且维修容易，在设计理论及施工技术上都发展得比较成熟，应用很广泛。但结构本身的自重大，跨越能力较小。

1. 梁桥的分类

梁桥按上部结构的不同可有多种分类方法，但它们又是相辅相成的。但主要按承重结构的静力体系、梁的横截面形式和有无预应力三种方法来划分。

（1）按承重结构的静力体系划分

按承重结构的静力体系，梁桥可分为简支梁桥（见图 5—1—22a）、悬臂梁桥（见图 5—1—22b）和连续梁桥（见图 5—1—22c）三类。

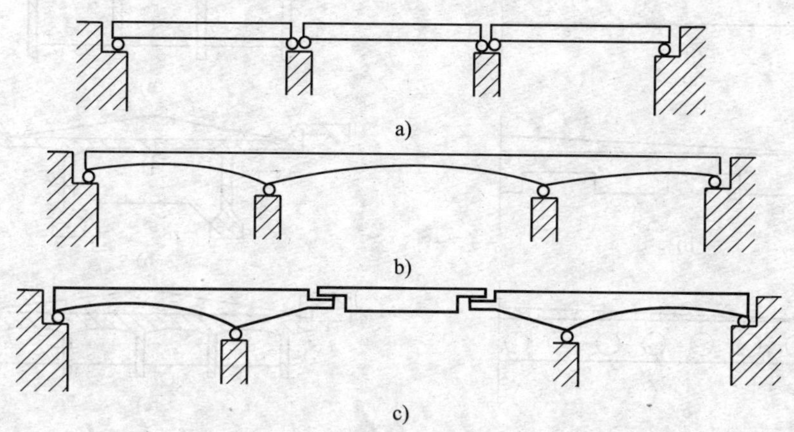

图 5—1—22 桥梁按静力体系分类

a）简支梁 b）连续梁 c）悬臂梁

各类梁桥的特点及适用范围见表 5—1—3。

表 5—1—3 按承重结构的静力体系分类

分类	特点	适用范围
简支梁桥	简支梁桥属于静定结构，使用十分广泛，它具有构造简单，施工方便的特点，且相邻各孔各自单独受力，但结构本身的自重大，其跨越能力小	合理最大跨径约 20 m
悬臂梁桥	悬臂梁桥属于静定结构，指的是一端或两端向外自由悬出的简支梁桥。悬臂梁桥有单悬臂梁和双悬臂梁两种。其特点是构造比较复杂、支点处截面产生负弯矩，易产生裂缝，行车舒适性不如连续梁桥，目前已较少采用。其跨越能力比简支梁桥大	合理最大跨径约 40 ~ 50 m
连续梁桥	连续梁桥属于超静定结构，其主梁是连续支承在两个或多个桥墩上。其特点是在荷载作用下，主梁的支点处截面产生负弯矩，可大大减小跨中的正弯矩，跨越能力大，可节省主梁材料用量。连续梁桥通常是将 3 ~ 5 孔做成一联，在一联内没有桥面接缝，行车较为顺适，适用于桥基良好的场合	合理最大跨径约 60 ~ 70 m

（2）按梁的横截面形式划分

按承重结构中主梁的横截面形式，梁桥可分为板梁桥（见图 5—1—23a ~ c）、肋板式梁桥（见图 5—1—24a ~ c）和箱形梁桥（见图 5—1—25a ~ c）三类。

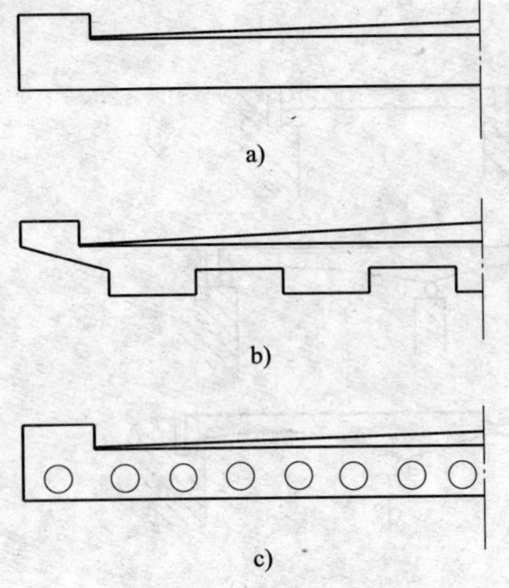

图5—1—23　板桥横截面

a）实心矩形板截面　b）矮肋板截面

c）空心矩形板截面

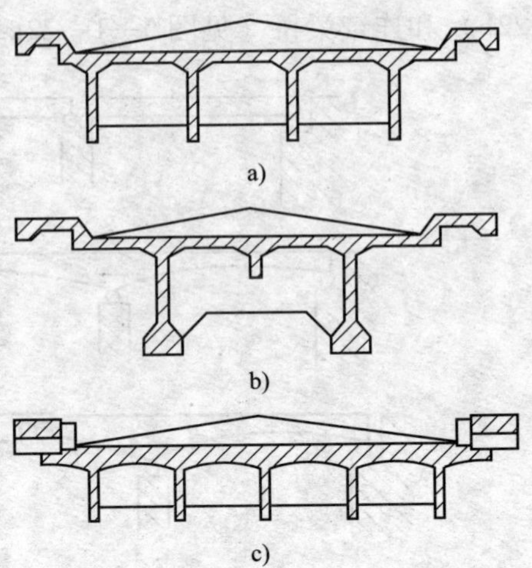

图5—1—24　肋板式梁（T形梁）桥横截面

a）整体式　b）整体式　c）装配式

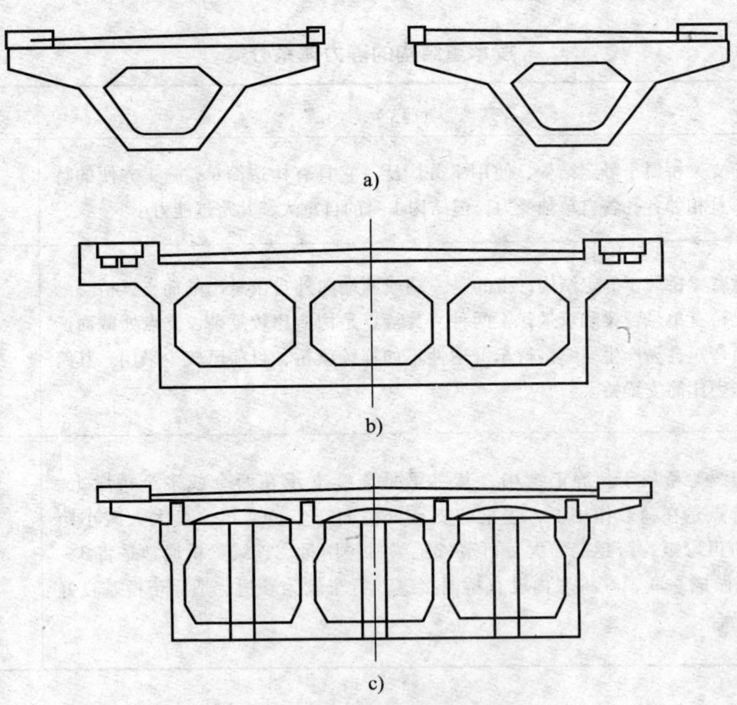

图5—1—25　箱形梁桥横截面

a）装配式　b）整体式　c）带立柱整体式

各类梁桥的特点及适用范围见表 5—1—4。

表 5—1—4 **按梁的横截面形式分类**

分类	特点	适用范围
板梁桥	板梁桥，又称板桥，主要承重结构是矩形截面的钢筋混凝土板或预应力混凝土板。其主要特点是结构简单，建筑高度小，施工方便，但跨越能力小	适用于 10 m 左右的小跨径梁桥
肋板式梁桥	肋板式梁桥，又称肋梁桥，是在横截面内形成明显肋状结构的梁桥。主要承重结构是肋板（腹板）和翼板（顶部钢筋混凝土桥面板）结合在一起的部分。肋梁桥的横截面又分为 T 形和 Π 形两种类型，常用的类型为 T 形梁桥。其主要特点是受拉区混凝土得到很大程度的挖空，减轻了自重，所以跨越能力增大	适用于 20 ~ 40m 的中等跨径梁桥
箱形梁桥	箱形梁桥，又称箱梁桥，主要承重结构是一个或多个封闭箱形截面梁。其受力特点是提供了能承受正、负弯矩的足够的混凝土受压区，所以，抗弯抗扭能力特别大，结构刚度大，变形小，经济，耐久	适用于 30 m 以上较大跨径的悬臂梁桥、连续梁桥和预应力混凝土简支梁桥，不适于普通钢筋混凝土简支梁桥

（3）按承重结构中有无预应力划分

按承重结构中有无预应力可分为钢筋混凝土梁桥和预应力钢筋混凝土梁桥两类。

钢筋混凝土梁桥，又称普通钢筋混凝土梁桥。桥跨结构是采用钢筋混凝土建造的桥梁。这种桥梁的特点是砂石骨料可以就地取材，维修简便，行车噪声小，使用寿命长，并可采用工业化和机械化施工，与钢桥相比，钢材用量与养护费用均较少，但自重大，跨径较小（跨径超过 20 m 时就会出现裂缝），耐久性差，使用寿命短，不能充分利用钢材。

预应力钢筋混凝土梁桥，又称预应力混凝土梁桥。桥跨结构利用高强钢筋或钢丝预张力的反力，使混凝土在受载前预先受压，在运营阶段不出现拉应力（称全预应力混凝土），或有拉应力而不出现裂缝或控制裂缝在容许宽度范围内（称部分预应力混凝土）。其特点是能合理利用高强混凝土和高强的钢材，从而可节约钢材，减轻结构自重，增大桥梁的跨越能力，提高结构的承载能力、抗裂性、结构的刚度和耐久性，但施工工艺较复杂、质量要求较高，且需要专门的预应力张拉设备。

自 20 世纪 50 年代开始，我国就开始修建大量的小跨径预应力混凝土桥梁，1956 年建成了第一座跨径为 20 m 的预应力混凝土简支梁桥，之后，这种桥梁得到广泛推广。1976 年建成的洛阳黄河公路大桥，跨径达到 50 m。目前我国已建成的跨径最大的预应力混凝土简支梁桥是浙江飞云江桥（1985 年），跨径达到 62 m。2001 年建成的南京长江二桥北汊大桥是目前我国跨度最大的预应力混凝土连续梁桥，主跨跨径达到了 675 m。目前正在修建的南京长江第四大桥（主跨为 1 418 m）为预应力混凝土悬索桥，预计 2013 年建成通车。

除以上三种分类方法外，还可按承重结构所用材料划分为木梁桥、石梁桥、钢梁桥、钢筋混凝土梁桥和预应力钢筋混凝土梁桥；按主梁是实心还是空心分为实腹梁和桁架梁（空腹梁）；按承重结构的施工方法分为整体式梁桥、装配式梁桥和组合式梁桥等。

2. 梁桥的构造

梁桥主梁横截面形式有多种，下面以钢筋混凝土简支 T 梁桥为例说明梁桥的上部结构构造。钢筋混凝土简 T 梁桥按施工方法分为整体式和装配式两种。整体式梁桥施工进度慢，工业化程度低，又要耗费大量的支架和模板材料，因此使用较少。下面以装配式简支 T 梁桥为例说明梁桥的上部构造，如图 5—1—26 所示。由图中可以看出，简支梁桥上部结构由主梁、横隔梁、桥面板、桥面系以及支座等部分组成。

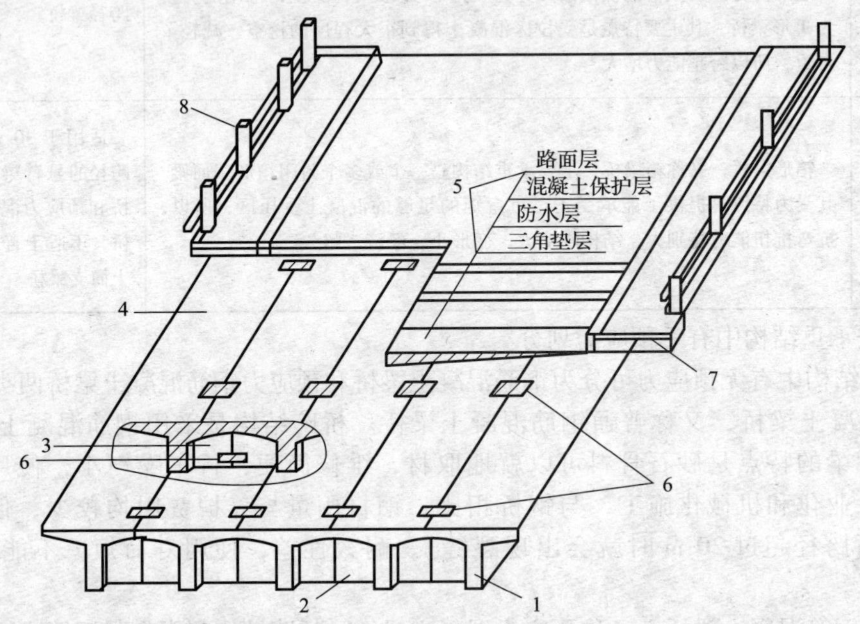

图 5—1—26　装配式简支 T 梁桥

1—主梁　2—端横隔梁　3—中横隔梁　4—桥面板　5—桥面铺装　6—钢板连接　7—人行道　8—栏杆

（1）主梁

主梁是上部结构的主要承重构件。装配式简支 T 梁桥是由几片主梁通过一定的联结方法组合而成的，每片主梁都是预制的独立构件，主梁的翼板通常做成变厚度，它既是主梁的一部分，又联合构成桥面板，起到承受车辆和人群荷载的作用。主梁的两端分别用固定支座和活动支座支撑于桥梁墩台上。主梁间常用的联结方法是钢板连接，如图 5—1—26 所示的连接构造就属于钢板连接。

（2）横隔梁

横隔梁在装配式 T 形梁中起着保证各根主梁相互连成整体，共同承受荷载作用。它的刚度愈大，桥梁的整体性愈好，在荷载作用下各主梁就能更好地共同受力。装配式简支 T 形梁应设跨端和跨间横隔梁，即端横隔梁和中横隔梁，一般在梁跨中和四分之一的支点处各设一道横隔梁就可满足要求。装配式简支 T 形梁桥的端横隔梁是必须设置的，它不但有利于制造、运输和安装阶段构件的稳定性，而且能加强全桥的整体性，端横隔梁根据需要进行设置。

（3）桥面系

桥面系是桥梁直接与车辆、行人等荷载相接触直接使用的部分，对桥梁的主要结构起保护作用，桥面系通常包括桥面铺装、防水和排水设施、伸缩缝、人行道、缘石、栏杆和灯柱等构造，如图 5—1—27 所示。

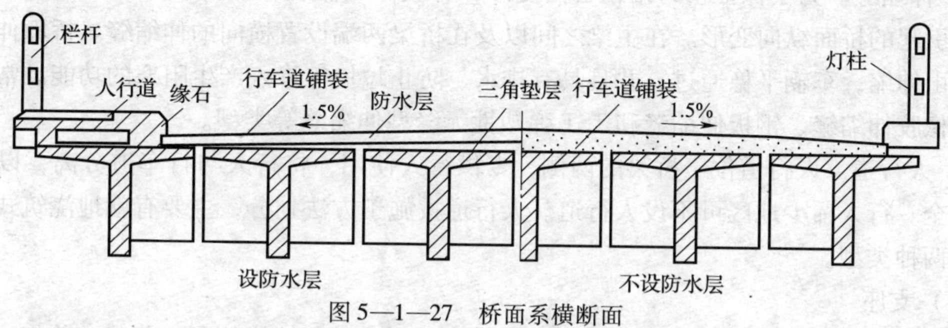

图 5—1—27 桥面系横断面

1）桥面铺装。桥面铺装又称行车道铺装，位于桥面板之上，是车轮直接作用的部分，其作用是保护桥面板不受轮胎（或履带）的直接磨耗，防止主梁受雨水侵蚀，分布车辆的集中荷载。

常用的桥面铺装有沥青混凝土和水泥混凝土两种铺装形式。沥青混凝土铺装的质量较小，维修养护较方便，开放交通只需几个小时，因此，它是应用最广泛的一种铺装形式。

桥面铺装可根据情况确定是否设置防水层。通常桥面内可不设置防水层的桥梁有以下两种情形，一是在非严寒地区的小跨径桥梁上，桥面板上直接铺筑 5 ~ 8 cm 的普通水泥混凝土或沥青混凝土铺装层。二是位于非冰冻地区的桥梁需作适当的防水时，桥面板上直接铺筑 8 ~ 10 cm 厚的防水混凝土作为铺装层，在其上面再铺筑 2 cm 厚的沥青表面处治作为可修补的磨耗层，延长桥面的使用年限，如图 5—1—28 所示。其他桥梁桥面铺装时通常都应设置防水层，桥面铺装由三角垫层、防水层、混凝土保护层和路面层组成，如图 5—1—27 所示。

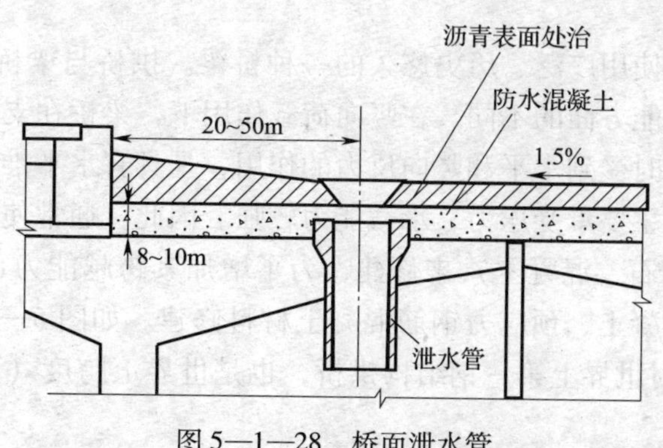

图 5—1—28 桥面泄水管

2）排水设施。钢筋混凝土结构长期受水的影响会产生裂缝，钢筋也会产生锈蚀。因此，为防止雨水滞积于桥面而渗入梁体影响桥梁的耐久性，除在桥面铺装时设置防水层以外，应使桥上的雨水迅速引导排出桥外。通常当桥面纵坡大于2%，桥长大于50 m时，宜在桥上设置泄水管（见图5—1—28），泄水管的材料为金属（铸铁）、钢筋混凝土和塑料等。对于一些小跨径桥梁，可以直接在行车道两侧安全带或缘石上预留横向孔，并用管将水排出桥外。

3）伸缩缝。为了保证桥跨结构自由变形，释放因气温变化、活载作用、混凝土收缩与徐变等引起的桥面纵向变形。在主梁之间以及在桥梁两端设置横向的伸缩缝。桥面伸缩缝应具有自由伸缩，车辆平稳通过，并且具有排水、防止垃圾等渗入产生阻塞的功能。常用的伸缩缝有橡胶伸缩缝、钢板伸缩缝和TST弹塑性无缝型伸缩缝等类型。

4）人行道。人行道位于桥梁的两侧，专供行人使用，将行人与行车道分离，以保证行人的安全。行人稀少地区可不设人行道。人行道按施工方法划分，主要有就地浇筑式和预制装配式两种类型。

（4）支座

支座设置于墩台与主梁之间，支撑上部结构，承受上部结构的所有荷载，并将这些荷载传递给桥梁墩台。同时还保证上部结构有一定的位移。

梁桥的支座根据其作用分为固定支座和活动支座两种。简支梁的支座布置在每跨的两端，一端为固定支座，另一端为活动支座。悬臂梁桥的锚固跨在一端设置固定支座，另一端设置活动支座。连续梁桥应在每联中的一个桥墩（或桥台）上设置固定支座，其余墩台上设置活动支座。

梁桥的支座通常用橡胶、钢或钢筋混凝土等材料来制作。从简易的油毛毡垫层至结构复杂的铸钢辊轴支座，结构类型较多。常用类型有板式橡胶支座、盆式橡胶支座、球形钢支座和抗震支座等，每种类型都有不同的适用要求，所以，使用时应根据需要来选用。

四、拱桥

拱桥是我国公路上使用广泛、历史悠久的一种桥梁。拱桥与梁桥相比，不仅外形不同，更重要的是两者受力性能方面的不同。在竖向荷载作用下，梁桥在支撑处仅受到竖向反力作用，而拱桥在支撑处同时受到水平和竖向反力的作用，是具有水平推力的结构。主拱圈中拱横截面上弯矩也较小，主要承受压力，承载能力较强。因此，通常使用适于承压而抗拉性能较差的圬工材料（砖、石、混凝土）来修建，为了增加其跨越能力也可使用抗拉和抗压性能都较好的钢、钢筋混凝土、预应力钢筋混凝土材料修建。如图5—1—29所示上海卢浦大桥是2007年建成的当时世界上第一钢结构拱桥，也是世界上跨度（主跨跨径550 m）最大的拱桥。

图5—1—29　上海卢浦大桥

拱桥与梁桥相比，具有以下特点：

拱桥的主要优点：跨越能力较大，可以节省大量钢材和水泥；耐久性好，且养护、维修费用少；外形美观；构造较简单。

拱桥的主要缺点：自重大，水平推力较大，下部结构工程量增加，对地基要求较高；对多孔连续拱桥，需设置单向推力墩，工程造价高；在平原区修拱桥，由于建筑高度较大，使两岸的接线工程和桥面纵坡增大，对行车极为不利。

1．拱桥的组成及主要尺寸

（1）拱桥的组成

拱桥与其他桥梁一样，也是由上部结构和下部结构两大部分组成。上部结构由拱圈（又称主拱圈）及其上面的拱上建筑构成，下部结构由桥墩、桥台和基础组成。拱桥的主要组成如图5—1—30所示。

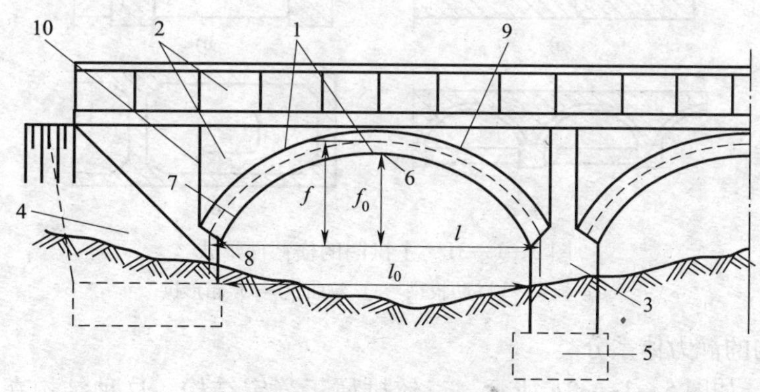

图5—1—30　拱桥的组成

1—拱圈　2—拱上建筑　3—桥墩　4—桥台　5—基础
6—拱顶　7—拱腹　8—拱脚　9—拱背　10—伸缩缝

（2）拱桥的主要尺寸

1）净跨径。是指每孔拱跨两个拱脚截面最低点之间的水平距离，用 l_0 表示，也是拱桥的标准跨径。

2）计算跨径。是指两相邻拱脚截面形心之间的水平距离，用 l 表示。

3）净矢高。是指从拱顶截面下缘至相邻两拱脚截面下缘最低点之连线的垂直距离，用 f_0表示。

4）计算矢高。是指从拱顶形心至相邻两拱脚截面形心连线的垂直距离，用 f 表示。

2. 拱桥的分类

拱桥的发展历史悠久，使用广泛，构造形式多种多样。为了便于研究，按照拱桥不同的构造形式主要分为如下几类。

（1）按主拱圈的横截面形式分类

1）板拱。如图 5—1—31a 所示。板拱主拱圈采用矩形实体截面，其构造简单、施工方便，但结构自重大、用料多，横截面抗弯惯矩小。因此，通常在地基条件较好的中、小跨径圬工拱桥中采用。

2）肋板拱。如图 5—1—31b 所示。肋板拱的拱圈由两条或多条分离的拱肋组成，肋与肋之间用横系梁相连，减小了截面尺寸，减轻了自重，提高了拱圈的抗弯惯矩，因此大大节省了材料用量，提高了承载能力，多用于较大跨径的各类拱桥。

3）双曲拱。如图 5—1—31c 所示。双曲拱主拱圈横截面由一个或多个小拱组成，在纵向及横向均呈曲线形，因此称为双曲拱。双曲拱截面抗弯惯性矩比板拱大，节省材料、自重小。但主拱圈整体性差，拱肋在长期荷载作用下容易失稳，会诱发拱桥上部结构突然垮塌。因此，双曲拱仅在低等级公路中采用。

4）箱形拱。如图 5—1—31d 所示。箱形拱截面的外形与板拱相似，由于箱形拱截面抗弯惯性矩和抗扭刚度均比板拱大很多，所以材料省、自重轻，横向整体性和结构稳定性好，但施工制作较复杂，因此，只在大跨径拱桥中采用。

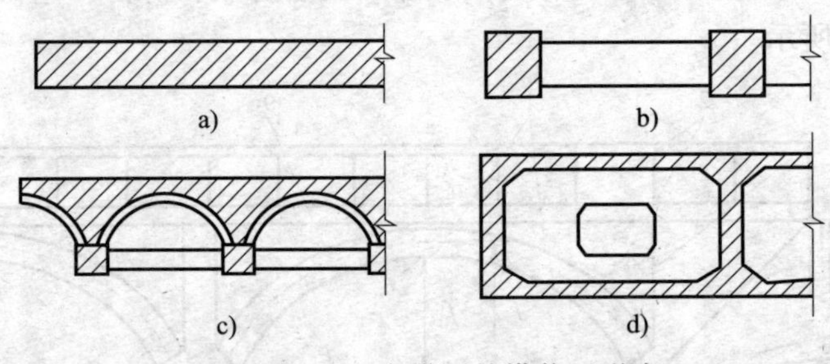

图 5—1—31 主拱圈的横截面形式

a）板拱 b）肋板拱 c）双曲拱 d）箱形拱

（2）按结构的静力体系分类

1）三铰拱。如图 5—1—32a 所示。三铰拱属于静定结构。这种结构在出现温度变化、支座沉陷等情况时，引起结构的变形不会在拱内产生附加内力。所以，通常在地基条件不良或寒冷地区采用。但由于铰的存在，使其构造复杂，施工困难，维护费用大，而且降低了结构的整体刚度和抗震能力，因此，主拱圈一般不采用三铰拱，而常用作空腹式拱上建筑的腹拱。

2）无铰拱。如图 5—1—32b 所示。无铰拱属于三次超静定结构。这种结构在出现温度变化、材料收缩，墩台基础位移时，引起的结构变形会在拱内产生较大的附加内力。所以，无铰拱适合在地基条件良好的地区修建。而且，无铰拱在自重及外荷载作用下，拱的内力分布比三铰拱均匀，可节省材料。另外，由于拱圈没有设铰，使结构的整体刚度增大，且构造简单、施工方便，使得无铰拱在实际中应用广泛。

3）两铰拱。如图 5—1—32c 所示。两铰拱属于一次超静定结构。这种结构在出现地基沉降时拱内不会产生附加内力。因此，在地基条件不良、墩台基础有可能出现位移、又不宜修建无铰拱时采用。两铰拱的特点介于三铰拱与无铰拱之间，因结构中取消了跨中铰，结构整体刚度较三铰拱大。

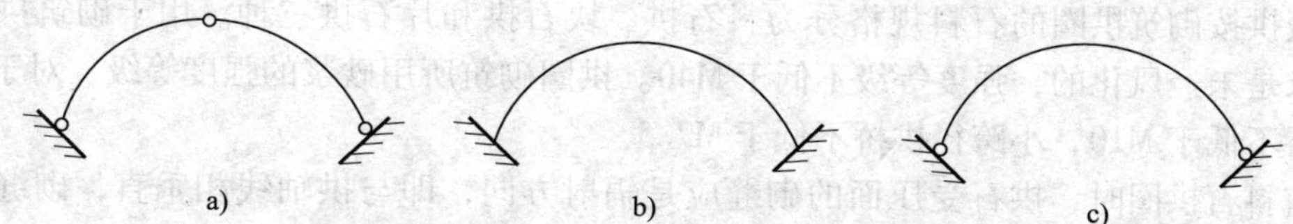

图 5—1—32　拱桥按结构的静力体系分类
a）三铰拱　b）无铰拱　c）两铰拱

（3）按桥面位置分类

根据拱桥桥面的位置不同，可分为上承式、中承式和下承式三类。

上承式拱桥的桥面系位于拱圈之上，桥面系与拱圈之间由拱上建筑或立柱（传力构件或填充物）过渡以形成平顺的桥道，如图 5—1—33a 所示。

中承式拱桥的桥面系位于拱圈中部，拱圈是由分离的拱肋组成，如图 5—1—33b 所示。

下承式拱桥的桥面系位于拱圈之下，拱圈是由分离的拱肋组成，如图 5—1—33c 所示。

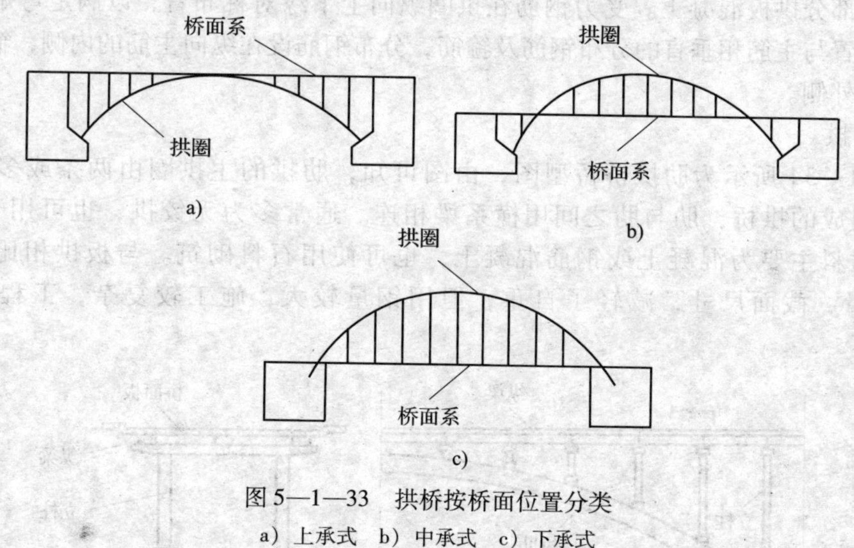

图 5—1—33　拱桥按桥面位置分类
a）上承式　b）中承式　c）下承式

上承式拱桥是使用最广的一种拱桥，其构造简单、受力明确、施工方便，因此，公路桥梁一般采用上承式拱桥。

除以上分类方法外，（上承式）拱桥按拱上建筑的形式可分为实腹拱桥和空腹拱桥。按建筑材料又分为圬工拱桥、钢筋混凝土拱桥、钢管混凝土拱桥和钢拱桥等。

3. 主拱圈的构造

主拱圈又称主拱，是拱桥的主要承重结构，用于承受桥面上的全部荷载，并传递给墩台和基础。

(1) 板拱

板拱是指主拱圈采用矩形实体截面的拱。常用的板拱形式有等截面圆弧拱、等截面或变截面悬链线拱。根据主拱圈所用材料，板拱主要分为石板拱、混凝土板拱和钢筋混凝土板拱三种。板拱结构多为无铰拱，也可使用两铰拱和三铰拱。

石板拱按砌筑拱圈的石料规格分为料石拱、块石拱和片石拱三种。用于砌筑拱圈的石料，要求是未经风化的，强度等级不低于 M40。拱圈砌筑所用砂浆的强度等级，对于大、中跨径拱桥不低于 M10，小跨径拱桥不低于 M7.5。

砌筑料石拱圈时，拱石受压面的砌缝应是辐射方向，即与拱轴线相垂直，砌缝做成通缝。拱圈可根据其厚度采用单层或多层拱石砌筑。

当用块石或片石砌筑拱圈时，应选择较大的平整面与拱轴线垂直，并使石块的大头向上、小头向下。石块间的砌缝必须相互交错，较大的缝隙应用小石块嵌紧。同时还要求砌缝用砂浆或小石子混凝土灌满。

混凝土建造板拱多用于缺乏合格天然料石的地区。通常使用先预制混凝土砌块，然后再砌筑的施工方法。

钢筋混凝土板拱具有外形美观、表面整齐、构造简单、板薄轻巧的特点。根据需要可做成整体拱圈或分离式拱圈。可反复使用一套较窄的拱架与模板来完成或施工，既节省木材，也可节省一部分拱板混凝土。受力钢筋在拱圈纵向上下缘对称布置，以满足弯矩变化的要求，横向布置与主筋相垂直的分布钢筋及箍筋，分布钢筋设在纵向主筋的内侧，箍筋布置在纵向钢筋的外侧。

(2) 肋拱

图 5—1—34 所示为肋拱桥桥型图，由图可知，肋拱的主拱圈由两条或多条分离或平行拱肋组成的拱桥，肋与肋之间用横系梁相连。通常多为无铰拱，也可用于二铰拱。拱圈所用材料主要为混凝土或钢筋混凝土，也可使用石料砌筑。与板拱相比，减小了混凝土用量、截面尺寸，减轻了自重，但用钢量较大，施工较复杂，工程量也相应增大。

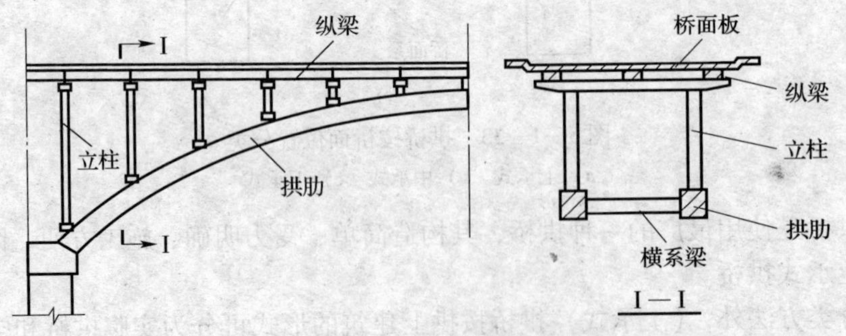

图 5—1—34　肋拱桥桥型图

拱肋是肋拱桥的主要承重结构，拱肋的数量和间距及横截面形式与其使用要求（跨径、桥宽等）有关，为了简化构造，在保证肋拱桥的横向稳定性的同时，尽量选用较少的拱肋数量。肋拱桥的横截面形式主要有矩形、工字形和箱形。小跨径拱桥中大多采用矩形截面，较大跨径拱桥中采用工字形截面，大跨径拱桥、桥面宽时采用箱形截面。

如图 5—1—35 所示的拱桥（广东的流溪桥，主跨为 90 m），就是钢筋混凝土箱肋中承式拱桥。

图 5—1—35　流溪桥

（3）双曲拱

图 5—1—36 所示为双曲拱桥。双曲拱桥的主拱圈横截面由一个或多个小拱组成，由于主拱圈在纵向及横向均呈曲线形，因此称之为双曲拱桥。

图 5—1—36　双曲拱桥

双曲拱桥的主拱圈通常由拱肋、拱波、拱板和横向联系等部分组成，如图 5—1—37 所示。双曲拱桥的主拱截面可以为多肋多波或双肋单波形式，多肋多波形式是目前双曲拱桥中常用的主拱截面形式，双肋单波形式主要用在跨径和荷载较小的单车道拱桥中。

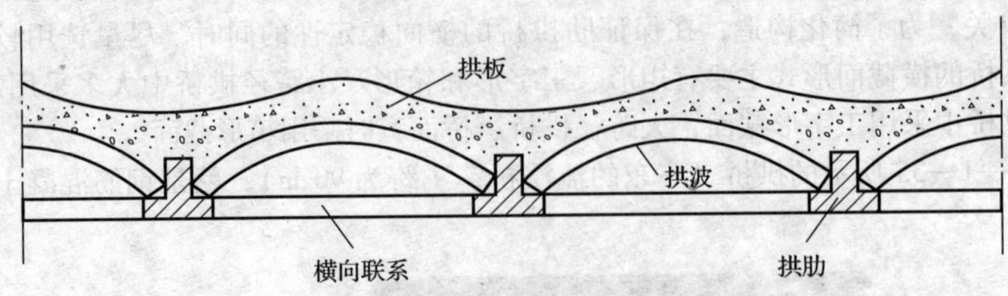

图 5—1—37　双曲拱圈的组成

拱肋截面形式有倒 T 形、工字形、槽形和开口箱形等，常用的拱肋形式为 T 形。拱波一般都用混凝土预制，常做成圆弧形，它不仅是参与拱圈共同受力的组成部分，而且也是浇筑拱板混凝土的模板。

拱板在拱圈截面中占有较大尺寸，采用混凝土现浇，拱板将拱肋、拱波连成整体。因此，拱板在加强拱圈整体性方面起着非常重要的作用。

横向联系用于保证拱桥结构的整体性，同时使拱圈受力均匀，避免拱波顶可能出现纵向裂缝。

双曲拱采用了多次截面组合的施工成型方式，截面受力复杂、整体性差，容易出现较严重的裂缝，因此目前较少采用。

（4）箱形拱

箱形拱主拱圈的横截面由一个（单箱室）或多个（多箱室）空心薄壁闭合箱组成，单箱室可以采用矩形（见图 5—1—38a）或工字箱形（见图 5—1—38b）仅用于窄桥。多箱室拱圈的每个闭合箱都由腹板（箱壁）、顶板（盖板）、底板及箱内设置的横隔板组成（见图 5—1—38c），其构造如图 5—1—39 所示。箱形拱主拱圈横截面挖空率大，材料省、自重轻、造价低，横向整体性和结构稳定性好，抗弯惯性矩和抗扭刚度大，能较好地满足结构各种状态的受力要求。因此，特别适用于 50 m 以上的大跨径钢筋混凝土拱桥。

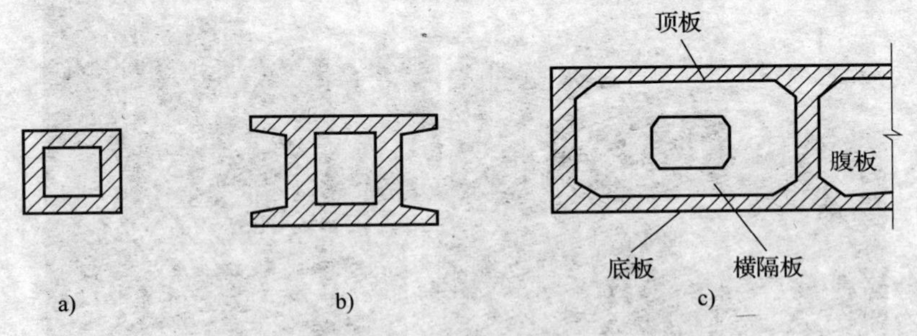

图 5—1—38　箱形拱主拱圈形式

a）矩形　b）工字箱形　c）多室箱形

4．拱上建筑的构造

拱上建筑位于主拱圈以上，是上承式拱桥的桥面系与主拱圈之间的传力（或填充）构造物。按拱上建筑的构造方式，可将其分为实腹式拱桥和空腹式拱桥两种。实腹式拱桥构造简单、施工方便，但填料数量较多，恒载较大，承载力较小，一般在小跨径圬工拱桥中采用；空腹式拱桥恒载较小，轻巧美观，承载力较大，大多在大、中跨径桥梁中采用。

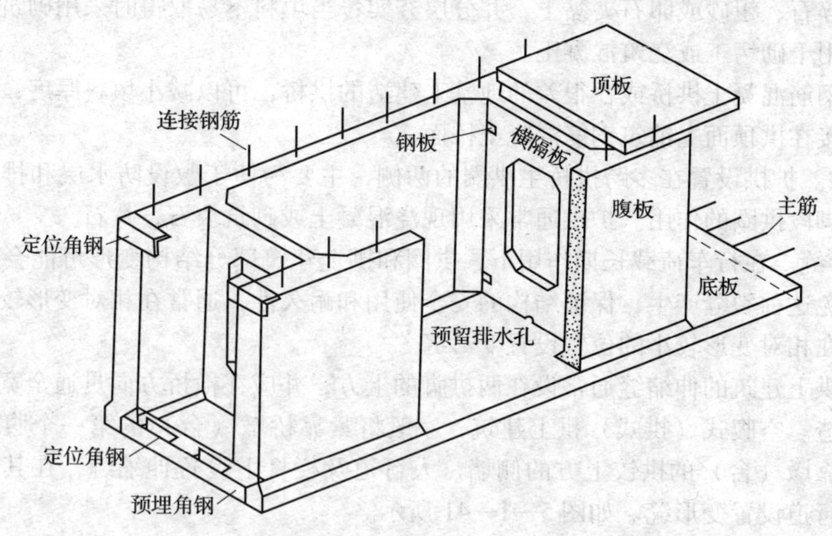

图 5—1—39 箱形拱闭合箱构造

(1) 实腹式拱上建筑

实腹式拱上建筑主要有侧墙、拱腹填料、护拱、变形缝、泄水管、防水层、桥面等部分组成，如图 5—1—40 所示。

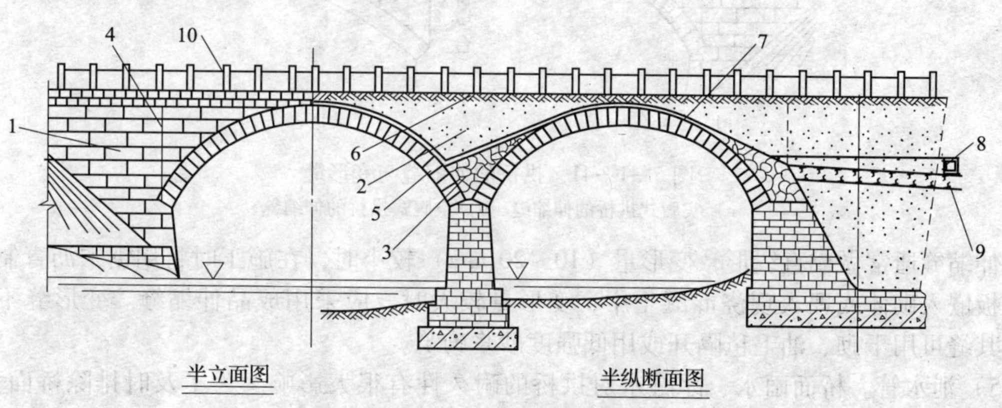

图 5—1—40 实腹式拱上建筑

1—侧墙 2—拱腹填料 3—护拱 4—变形缝 5—泄水管
6—桥面 7—防水层 8—盲沟 9—黏土层 10—栏杆

1）侧墙。侧墙砌筑在拱圈两侧，一是为了围护拱腹上的散粒填料，二是主要承受车辆荷载和拱腹填料所产生的侧压力。侧墙一般采用块石或片石砌筑，当为混凝土和钢筋混凝土板拱时，也可采用混凝土或轻型钢筋混凝土浇筑。为了美观需要，可用粗料石或细料石镶面。

2）拱腹填料。对于实腹式和空腹式拱桥，拱腹填料均主要起填空、传力作用。主拱圈及腹拱圈的拱顶处，填料厚度（包括路面厚度）均不小于300 mm。填料方式分为填充和砌筑两种。填充式使用的材料尽量做到就地取材，采用透水性好，成本较低，对侧墙的侧压力小的砾石、碎石、粗砂或卵石夹黏土，并分层夯实；当填料不易取得时采用砌筑方式，砌筑材料通常采用干砌圬工或浇筑混凝土。

大跨径钢筋混凝土拱桥或在很差的地基上建造的拱桥，可以减小填料厚度，甚至可以不用填料，直接在拱顶面上铺筑钢筋混凝土桥面。

3）护拱。护拱设置在多跨拱桥主拱圈的两侧，主要为便于敷设防水层和排出积水，还起着加强拱脚段拱圈的作用。护拱通常采用现浇混凝土或砌筑块石、片石。

4）变形缝。在行车荷载长期作用下，拱圈和拱上建筑部分结构变形可能会产生不规则裂缝，为避免这种裂缝产生，保证结构的安全使用和耐久性，通常在相对变形较大的位置设置伸缩缝，在相对变形较小的位置设置变形缝。

实腹式拱上建筑的伸缩缝通常设在两拱脚的上方，并应在横桥方向贯通全宽、侧墙全高至人行道构造。空腹式（拱式）拱上建筑，一般将紧靠桥墩（台）的第一个腹拱圈做成三铰拱，并在靠墩（台）的拱铰上方的侧墙、人行道及栏杆上设置伸缩缝，在其余两铰上方的侧墙、人行道设置变形缝。如图5—1—41所示。

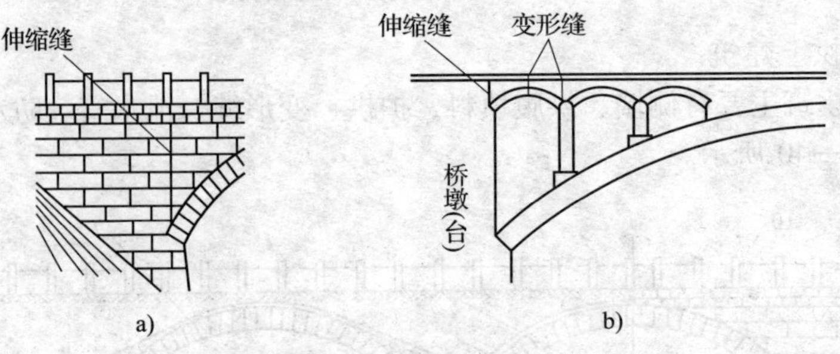

图5—1—41　拱桥的伸缩缝与变形缝

a）实腹式拱桥的伸缩缝　b）空腹式拱桥的伸缩缝

伸缩缝通常做成直线形，变形量（10 ~ 20 mm）较小时，在施工时将用锯末沥青制成的预制板嵌入砌体或埋入现浇混凝土中；变形量较大时，应采用成品伸缩缝。变形缝不留缝宽，其缝可用干砌、油毛毡隔开或用低强度砂浆砌筑。

5）泄水管。桥面雨水、冰融水对拱桥的耐久性有很大影响。为了及时排除桥面积水，除在桥面设置纵坡和横坡外，一般还沿桥面两侧缘石边缘设置泄水管。

实腹式单孔桥可不设泄水管，积水沿防水层流至桥台后面的暗沟，然后排出路堤。空腹式多孔桥可在1/4跨径处设置泄水管。泄水管常用铸铁管、（钢筋）混凝土管、陶瓷（瓦）管及塑料管制作，内径一般为60 ~ 100 mm。泄水管应伸出结构表面50 ~ 100 mm，尽量采用直管。

6）防水层。桥面积水对拱桥使用的耐久性有很大影响，如不能及时排除，将通过桥面铺装渗入到拱腹内，降低主拱圈的承载能力，从而影响主梁和桥面铺装；积水甚至还会沿结构中的缝隙渗透到整个结构，冬季冰冻时使结构产生冻胀破坏。除采取在桥面上设置纵坡和横坡及泄水管措施外，还应合理布设防水层。

实腹拱中防水层应沿拱背护拱、侧墙铺设；对于空腹拱，防水层应沿腹拱上方与主拱圈跨中实腹段的拱背设置，防水层在全桥范围内不宜断开。

防水层分为粘贴式和涂抹式两种，粘贴式是由 2～3 层油毛毡与沥青胶交替贴铺而成，效果好，造价高；涂抹式采用沥青或柏油涂抹于砌体表面，施工简便，造价低，效果差。

7）桥面。桥面是桥梁最先承受荷载的部分，主要作用是保护主梁、分布荷载以及提供更好的行车条件。拱桥的桥面与梁桥相同，行车道、人行道及两侧栏杆等的要求基本相同。

（2）空腹式拱上建筑

空腹式拱上建筑除具有与实腹式拱上建筑相同的构造外，还包括腹孔和腹孔墩。空腹式拱上建筑质量小、结构轻巧，适合于大、中跨径拱桥，特别是矢高较大的拱桥。

1）腹孔。腹孔是一种建在拱圈之上的多跨结构，通常对称布置在拱圈两侧。腹孔有梁式和拱式两种形式，如图 5—1—42 所示。一般在大跨径拱桥中，为使结构轻巧美观，采用梁式腹孔；而在圬工拱桥中，为了节省钢材，采用拱式腹孔。

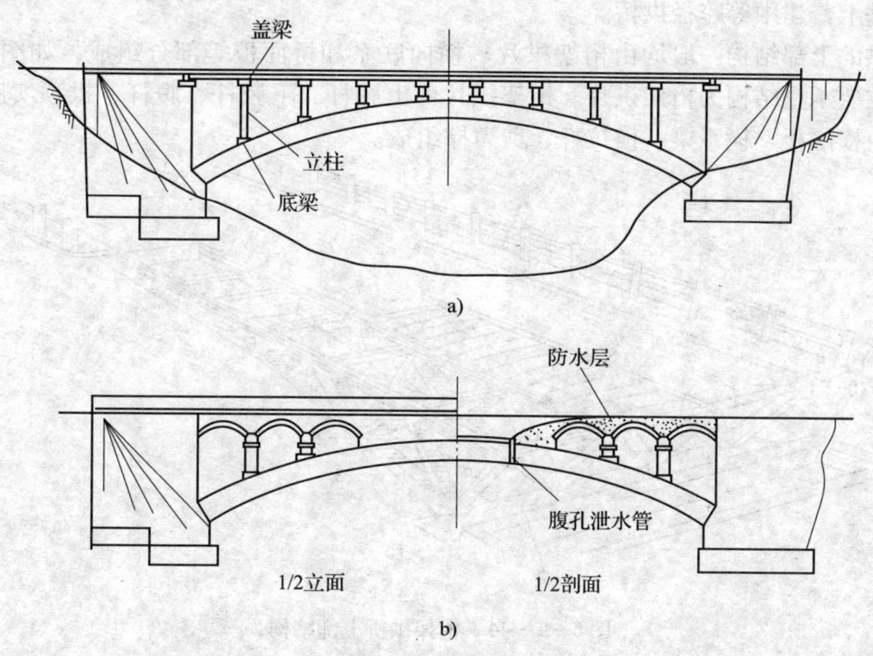

图 5—1—42　空腹式拱桥的构造

a）梁式腹孔　b）拱式腹孔

2）腹孔墩。腹孔墩是腹孔的支撑结构，可分为横墙式和立柱（排架）式两种。

横墙式腹孔墩通常用石料、混凝土预制块砌筑或现浇混凝土做成实体墙。这种腹孔墩采用全圬工、自重大，为了节省圬工、减轻自重，便于检修人员的通行，可在横墙上挖孔，如图 5—1—43a 所示。立柱式腹孔墩如图 5—1—43b 所示。

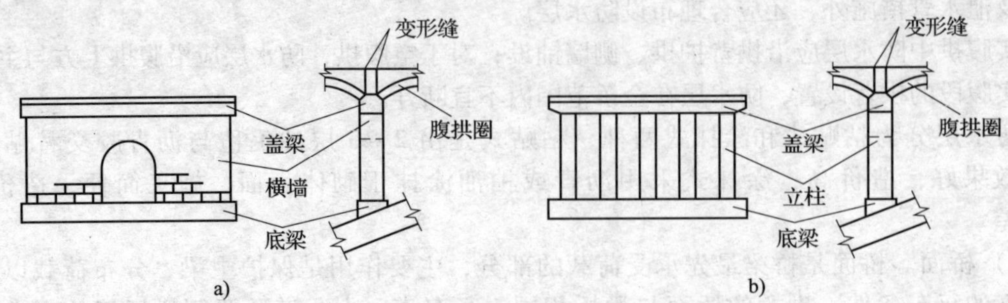

图 5—1—43　腹孔墩的构造形式

a）横墙式　b）立柱式

5. 组合体系拱桥

除以上介绍的几种拱桥外，还有桁架拱桥、刚架拱桥和钢管混凝土拱桥等类型。

（1）桁架拱桥

桁架拱桥又称拱形桁架桥，是由拱和桁架两种结构体系组合而成，主要类型有钢拱、钢筋混凝土桁架拱及预应力混凝土拱桥。桁架拱的特点是用料省、自重轻、整体性强，适用于在软土地基上修建中等跨径拱桥。

桁架拱的上部结构一般均由桁架拱片、横向联系和桥面板等部分组成，如图 5—1—44 所示。其主要承重结构为桁架拱片。桁架拱片由上弦杆、下弦杆、腹杆、拱顶实腹段组成。横向联系由横隔板、横系梁、横拉杆、剪刀撑组成。

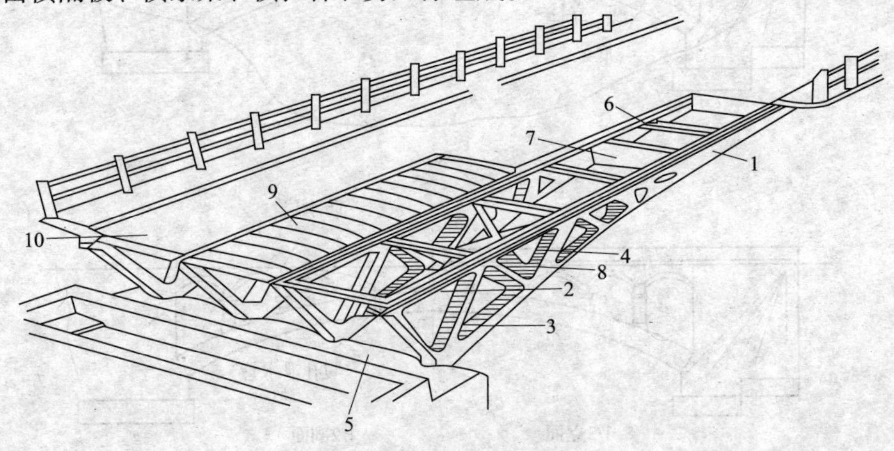

图 5—1—44　桁架拱桥上部结构

1—实腹段　2—上弦杆　3—下弦杆　4—腹杆　5—横系梁　6—横拉杆

7—横隔板　8—剪刀撑　9—微弯板　10—桥面板

（2）刚架拱桥

刚架拱桥是在桁架拱桥的基础上发展起来的一种新桥型，它具有构件少、自重轻、整体性好、刚度大、施工简便、节省材料、造型美观等优点。它兼有刚架和拱式结构的受力特点，能充分利用钢筋混凝土材料的受力性能，广泛用于 25 ~ 70 m 跨径的桥梁中。

刚架拱桥的上部结构主要由刚架拱片、横向联系和桥面板等部分组成，如图 5—1—45 所示。刚架拱片是刚架拱桥的主要承重结构，一般由纵梁、横系梁、斜撑（拱腿）等部分组成。

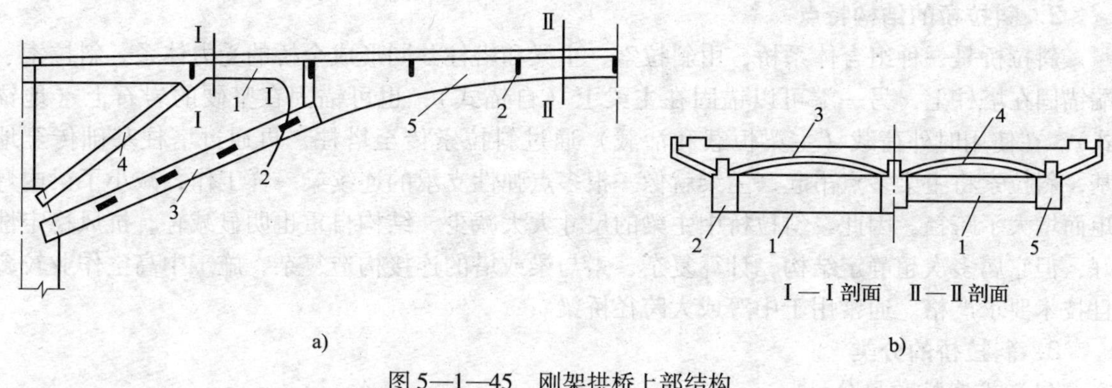

图 5—1—45　刚架拱桥上部结构

a）1—次梁　2—横系梁　3—主拱腿　4—次拱腿　5—主梁

b）1—横系梁　2—次梁　3—桥面板　4—微弯板　5—主梁

（3）钢管混凝土拱桥

钢管混凝土是属于钢 - 混凝土组合结构，其特点是承载能力和变形能力都很大，它主要用于以受压为主的结构。

钢管混凝土拱桥是将钢管内填充混凝土，由于钢管的径向约束而限制受压混凝土的膨胀，使混凝土处于三向受压状态，从而能显著提高混凝土的抗压强度。同时钢管兼有纵向主筋和横向套箍的作用，同时可作为施工模板，方便混凝土浇筑，施工过程中，钢管可作为刚性承重骨架，其焊接工作简单，吊装质量轻，从而能简化施工工艺，缩短施工工期。

钢管混凝土拱桥的结构形式丰富多样。以拱肋的横截面形式划分，可分为单圆管（见图 5—1—46a）、哑铃形（见图 5—1—46b）和多管桁式（见图 5—1—46c）三类。

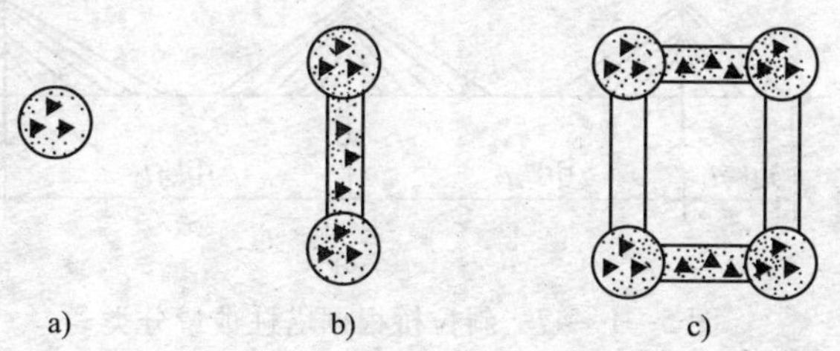

图 5—1—46　钢管混凝土的主要横截面形式

a）单圆管　b）哑铃形　c）多管桁式

五、斜拉桥

1. 斜拉桥的组成

斜拉桥又名斜张桥，由主梁、斜拉索和塔柱组成，如图 5—1—47a 所示。它是一种用斜拉索直接将主梁悬吊在塔柱上的组合体系桥梁，较小跨径的斜拉桥多采用混凝土主梁，大跨径斜拉桥一般采用钢－混凝土组合结构或钢结构主梁，塔柱通常采用混凝土结构，斜拉索一般用高强材料（高强钢丝或钢绞线）制成。

2．斜拉桥的结构特点

斜拉桥是一种组合体系桥，由斜拉索、主梁和塔柱共同形成全桥的受力体系，斜拉索一端锚固在塔柱上，另一端可以锚固在主梁上（自锚式），也可锚固在坚硬的岩石上（地锚式）。在使用时外荷载（主梁恒载和活载）通过斜拉索传至塔柱，再通过塔柱基础传至地基，斜拉索将主梁多点吊起，主梁就像一根多点弹性支承的连续梁一样工作，减小了梁内弯矩而增大了跨径。因此，斜拉桥中主梁的尺寸大大减少，结构自重也明显减轻，抗风稳定性好，但它属多次超静定结构，计算复杂，索与梁或塔的连接构造复杂，施工中高空作业较多且技术要求严格。通常用于中等或大跨径桥梁。

3．斜拉桥的分类

（1）按塔柱数量分

斜拉桥至少具有一个塔柱，按塔柱数量可分为独塔、双塔和多塔斜拉桥三种，如图 5—1—47 所示。

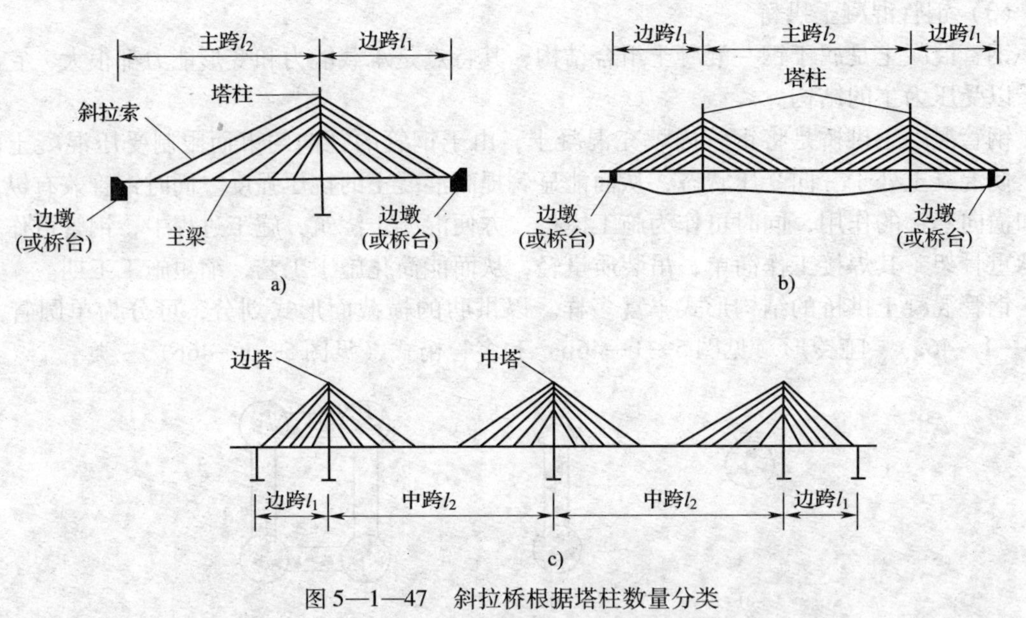

图 5—1—47　斜拉桥根据塔柱数量分类

a）独塔斜拉桥　b）双塔斜拉桥　c）多塔斜拉桥

（2）按塔柱的横向形式分

斜拉桥按塔柱的横向形式可分为单柱式、双柱式、门式、斜腿门式、倒 V 式、宝石式和倒 Y 式等多种形式，如图 5—1—48 所示。

（3）按斜拉索在索平面的布置形式分

斜拉桥按斜拉索在索平面的布置形式可分为竖琴式、辐射式和扇式三种，如图 5—1—49 所示。

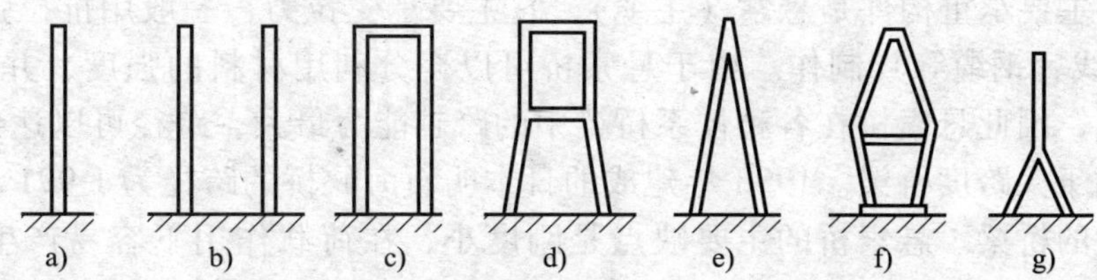

图 5—1—48 斜拉桥根据塔柱的横向形式分类

a）单柱式 b）双柱式 c）门式 d）斜腿门式 e）倒 V 式 f）宝石式 g）倒 Y 式

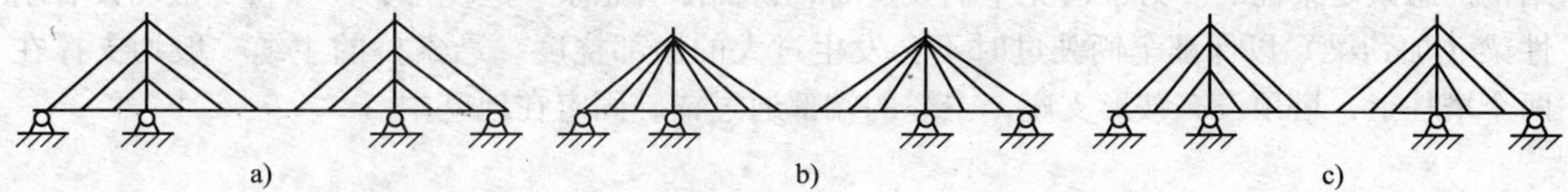

图 5—1—49 斜拉桥根据斜拉索在索平面的布置形式分类

a）竖琴式 b）辐射式 c）扇式

竖琴式斜拉桥的斜索与塔柱的连接点分散，斜索倾角相同，连接构造易于处理，塔柱受力合理，景观效果好，但斜索的倾角较小，工作效率差，索的总拉力大，钢索用量较多，适用于中等跨径的桥梁。

辐射式斜拉桥的斜索倾角大（平均角度接近 45°），发挥效力好，钢索用量少，但塔柱受力情况不好，塔顶因斜索集中而使锚固困难。此外，斜索倾角不一，也使锚具垫座的制作与安装稍显复杂。

扇式斜拉桥的斜索与塔柱的连接点分散，斜索倾角不同，兼有辐射式斜拉桥与竖琴式斜拉桥的大部分优点，索力传递最合理，构造也能满足施工要求，是大跨径斜拉桥主要采用的一种形式。

六、悬索桥

1. 悬索桥的概念及组成

悬索桥也叫吊桥，它是以承受拉力的缆索或链索作为主要承重构件的桥梁，由悬索、索塔、锚碇、吊索及加劲梁等部分组成，如图 5—1—50 所示。

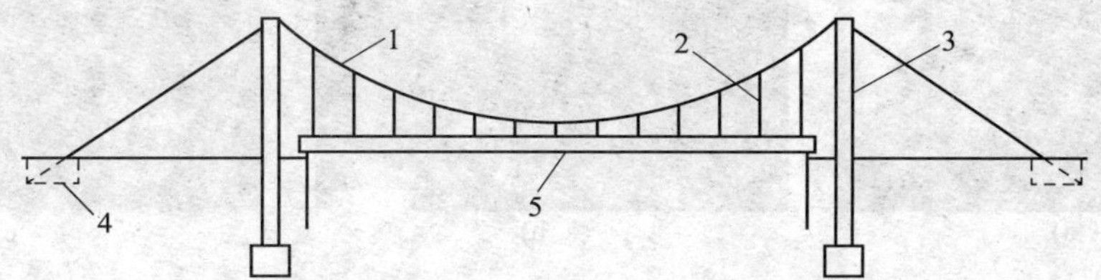

图 5—1—50 悬索桥的组成

1—悬索 2—吊索 3—索塔 4—锚碇 5—加劲梁

2. 悬索桥的结构特点

悬索桥的主要承重构件是悬索（主缆），它主要承受拉力，一般用抗拉强度高的钢材（钢丝、钢绞线、钢缆等）制作。由于悬索桥可以充分利用材料的强度，并具有用料省、自重轻的特点，因此悬索桥在各种体系桥梁中的跨越能力最大，跨径可以达到1 000 m以上，通常适用于大跨度桥梁。1998年建成的日本明石海峡桥的跨径为1 991 m，是目前世界上跨径最大的桥梁。悬索桥的主要缺点是刚度小，在荷载作用下容易产生较大的挠度和振动。

悬索桥的桥面通过长短不同的吊索悬吊在悬索上，使桥面具有一定的平直度。作为承重结构的悬索是柔性的。为了避免车辆驶过时，桥面随着悬索一起变形，悬索桥一般均设有刚性梁（加劲梁）以保证车辆驶过时不会发生过大的局部挠度。悬索桥的主缆一般均支撑在两个塔柱上，塔顶设有鞍形支座，主缆的端部通过锚碇固定在地基中。

七、高架桥简介

改革开放以来，我国城市经济贸易和社会活动日益繁忙，城市建筑物密集程度越来越高，汽车拥有量增长迅速，使城市交通发生了前所未有的迅速增长，城市原有街道又难于拓宽，传统的道路交通设施已经不能适应现代社会的需要。如果城市交通拥堵现象不能得到有效解决和根本治理，必将对我国经济的持续、快速、健康发展构成严重威胁。因此，为了疏散交通密度，提高运输效率，很好地解决现代城市交通问题，很多城市引入了高架桥。

高架桥即跨线桥，是跨越山谷、河流、道路或其他低处障碍物，高度较大的桥，其主要特点为桥墩高度较高。高架桥实际是梁桥、拱桥及斜拉桥等各种桥梁加上高支撑建成的，如图5—1—51所示。城市高架线路桥的桥墩布置形式的好坏，直接影响着交通和美观。因此，高架线路桥的桥墩布置一般采用钢筋混凝土柱式、桩式、刚架式和薄壁式桥墩；上部结构一般多采用简支梁或连续梁（或刚架），悬臂梁较为少见。施工时一般采用整体性好、抗扭刚度大，就地浇筑的连续箱梁桥比较有利。

a)

b)

c)

图5—1—51　高架桥

a）梁式高架桥　b）拱式高架桥　c）斜拉式高架桥

高架桥因受既有建筑物限制和线路要求，大多为弯桥和坡桥。在设计时，除满足使用要求及本身的美观外，还要考虑到与周围景观的协调。除广泛应用于城市道路外，在城市间的高速公路或铁路，为避免和其他线路平面交叉、节省用地、减少路基沉陷，也可采用高架桥。

八、桥梁墩台与基础

1. 桥梁墩台

桥梁主要由上部结构和下部结构组成，桥梁墩台是桥墩和桥台的合称，是整个桥梁的重要组成部分。

桥墩是多跨桥梁中的中间支撑结构物，承受着桥梁上部结构的所有荷载，并将所承受的所有荷载有效地传给地基，同时还要承受风力、流水力压力、冰压力及可能出现的船只和漂流物的撞击力。如图5—1—52a所示，桥墩由墩帽 、墩身和基础三部分组成，墩身是桥墩的主体。

桥台是连接两岸公路的构造物，位于桥梁的两端。它除了支撑上结构外，还承受着挡土护岸的作用，主要由台帽、台身和基础三部分组成，另外还有翼墙和锥坡。如图5—1—52b所示。

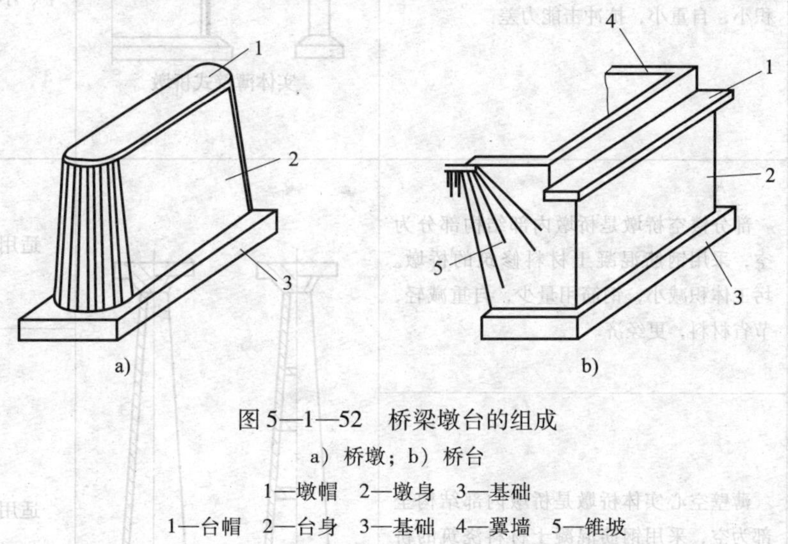

图5—1—52　桥梁墩台的组成

a）桥墩；b）桥台

1—墩帽　2—墩身　3—基础

1—台帽　2—台身　3—基础　4—翼墙　5—锥坡

桥梁墩台基础位于墩台的下部，将基础以上桥梁的所有荷载传至地基，而地基是整个桥梁的立足点。因此，桥梁墩台必须具有足够的强度、刚度和稳定性。

（1）梁桥墩台

1）梁桥桥墩的类型及结构特点。目前我国公路桥梁常用的桥墩按其结构形式主要有实体桥墩、空心桥墩、柱式桥墩、柔性排架桥墩和框架式桥墩五种类型。各类桥墩的结构特点及适用条件见表5—1—5。

表 5—1—5　　梁桥桥墩的分类、结构特点及适用条件

分类		结构特点		适用条件
实体桥墩	实体重力式桥墩	实体重力式桥墩是一种实体结构，通常用片石混凝土、浆砌块石和料石、混凝土预制块砌筑。它主要靠自身的重力来平衡外力，从而保证桥墩的稳定。其自重大，刚度大，防撞能力强，阻水面积大 桥墩的平面形状有圆端形、尖端形、矩形和圆形四种	实体重力式桥墩 (圆端形)	适用于地基良好、荷载较大的大、中跨径桥梁，或流冰、漂浮物较多的河流中
	实体薄壁式桥墩	实体薄壁式桥墩通常用混凝土、浆砌块石和钢筋混凝土材料修筑。其圬工体积小，自重小，抗冲击能力差	实体薄壁式桥墩	适用于地基良好的中、小跨径桥梁
空心桥墩	部分镂空桥墩	部分镂空桥墩是桥墩内部结构部分为空，采用钢筋混凝土材料修筑的桥墩。圬工体积减小，钢筋用量少，自重减轻，节省材料，更经济	部分镂空桥墩	适用于高桥
	薄壁空心桥墩	薄壁空心实体桥墩是桥墩内部结构全部为空，采用钢筋混凝土材料浇筑的桥墩。其强度和刚度较高，墩身壁较薄，截面积小，自重轻，能节省大量圬工材料（40% ~60%） 它常用的截面形式是圆形空心截面，可不设隔板，施工最方便	薄壁空心桥墩	适用于高桥

续表

分类	结构特点		适用条件
桩（柱）式桥墩	桩（柱）式桥墩是由分离的两根或多根桩（立柱）及柱顶盖梁组成，常配合钻孔，灌注桩基础采用钢筋混凝土材料修筑。其外形美观，节省圬工材料，自重较轻，施工方便，应用广泛 柱式桥墩有独柱、双柱、哑铃和混合多柱四种形式，常用的是双柱式桥墩。当墩身较高时，柱间应设置横系梁，以提高墩身的刚度和稳定性	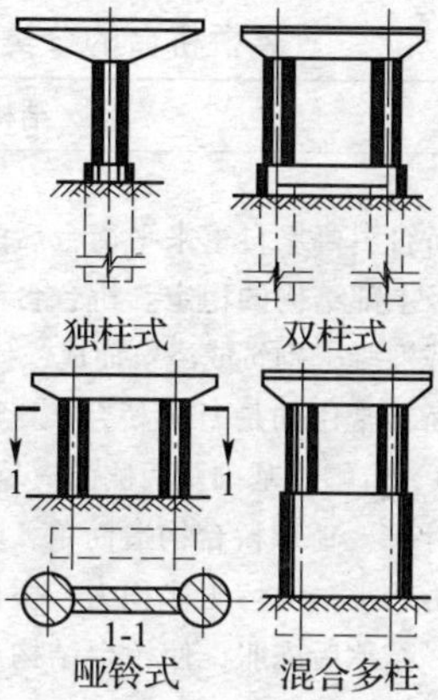 1-1 独柱式 双柱式 哑铃式 混合多柱	适用于跨径小于30 m、墩高小于20 m，较宽的城市桥梁和立交桥
柔性排架桥墩	柔性排架桥墩由成排打入的钢筋混凝土桩，顶端连以钢筋混凝土盖梁而成。一般采用预制的混凝土方桩，盖梁采用矩形截面 根据墩高尺寸可选用单排架墩（墩高不超过4～5 m）或双排架墩（墩高5～7 m）。此类桥墩节省材料，能机械化施工，工期短，但其用钢量较大，使用高度和承载能力受到限制，目前使用较少	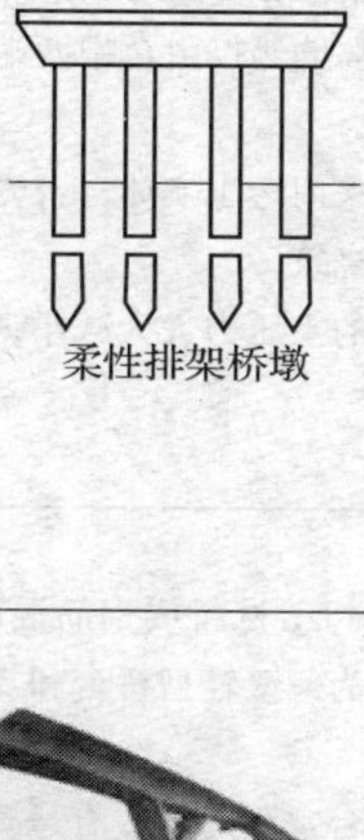 柔性排架桥墩	适用于墩高小于5～7 m，跨径小于13 m的桥梁
框架式桥墩	框架式桥墩采用钢筋混凝土或预应力混凝土等构件构成平面框架代替墩身，支承上部结构。使用时根据需要可做成双层或多层框架。这种桥墩轻巧美观，跨越能力高，可缩短主梁跨径，降低梁高，景观效果很好，但其用钢量较大，结构构造较复杂，应用广泛 常见框架形式包括V形墩、X形墩和Y形墩	 V形墩  X形墩  Y形墩	适用于跨径较大、较宽的城市桥梁和立交桥

2）梁桥桥台的类型及结构特点。梁桥常用桥台类型主要有实体重力式桥台、埋置式桥台和轻型桥台三类。除此之外还有桩（柱）式桥台和组合式桥台等类型。各类桥台的结构特点及适用条件见表5—1—6。

表5—1—6　　梁桥桥台的分类、结构特点及适用条件

分类	结构特点		适用条件
实体重力式桥台	实体重力式桥台主要靠自重来平衡台后的土压力，保证自身及上部结构的稳定。桥台台身大多采用石砌圬工或混凝土砌筑或浇筑而成 实体重力式桥台常用的是U形桥台。U形桥台由台身（前墙）、台帽、基础及两侧的翼墙组成，在平面上呈U字形。U形桥台构造简单，基础底承压面大，应力较小，但圬工体积大，桥台内的填土容易积水，结冰后冻胀，使桥台结构产生裂缝	重力式U形桥台	适用于填土高度8～10 m的中等以上跨径的桥梁
埋置式桥台	埋置式桥台台身大部分埋置于台前锥形护坡（溜坡）内，利用台前溜坡填土抵消部分台后填土压力，不需另设翼墙，仅由台帽两端的耳墙与路堤衔接 埋置式桥台台身采用圬工实体，台帽及耳墙采用钢筋混凝土材料浇筑 埋置式桥台所受的土压力大大减小，桥台体积也相应减少	耳墙 埋置式桥台	适用于桥头为浅滩，溜坡受冲刷较小，填土高度在10 m以下的中等跨径的多跨桥
轻型桥台	轻型桥台通常用圬工材料或钢筋混凝土砌筑。根据其结构形式分为薄壁轻型桥台和支承梁轻型桥台两种 圬工薄壁轻型桥台常用的形式有悬臂式、扶壁式、撑墙式及箱式四种。其结构简单、不用或少用钢材、施工方便。钢筋混凝土薄壁轻型桥台圬工体积减小很多，自重较轻，但用钢量较大 支承梁轻型桥台是在轻型桥台之间或台与墩之间设置3～5根支撑梁形成的桥台，提高了桥台台身的稳定性	悬臂式　扶壁式 撑墙式　箱式	适用于单跨或少跨（不超过三孔），跨径在13 m以下，桥长不大于20 m的小跨径桥梁

（2）拱桥墩台

拱桥桥墩（台）与梁桥桥墩（台）的区别为拱桥是一种有推力的结构，桥墩（台）不仅要承受主拱圈（肋）的竖向压力，还要承受较大的水平推力。因此，拱桥桥墩（台）的

尺寸比梁桥大，且必须具有足够的强度、刚度和稳定性。

1）拱桥桥墩的类型及结构特点。拱桥桥墩按抵御恒载水平力的能力分为普通墩和单向推力墩两种。

普通墩与梁桥桥墩类似，承受相邻两跨结构传来的垂直反力，但一般不承受恒载水平推力。单向推力墩是在普通墩的墩柱上，从两侧对称地增设钢筋混凝土斜撑和水平拉杆。

在多于4~5孔的拱桥中，为了使拱桥承受恒载作用引起的单向推力，以防止一孔因某种原因导致破坏时使整个拱桥倾塌，一般应每隔3~5孔设置一个单向推力墩，其余桥墩设置为普通墩。

为了满足结构强度和稳定性的要求，普通墩的墩身可以做得薄一些，单向推力墩的墩身则要做得厚实一些。单向推力墩有斜撑墩和悬臂墩两种，如图5—1—53所示。它除承受不平衡推力外，还可用于拱桥的不对称施工中。

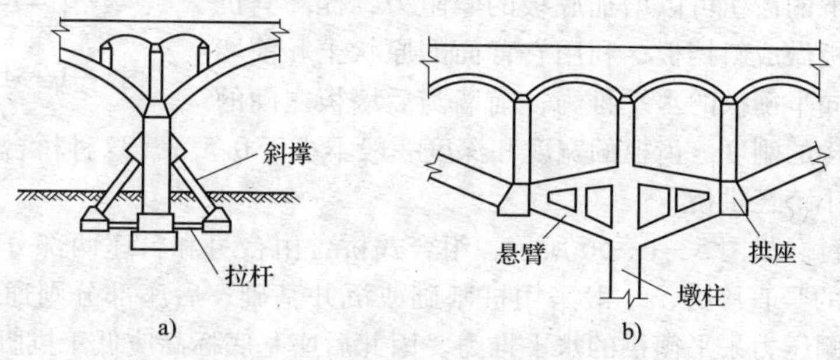

图5—1—53 单向推力墩

a）斜撑墩 b）悬臂墩

拱桥桥墩按结构形式分为实体重力式桥墩和轻型桥墩。

①实体重力式桥墩。实体重力式桥墩顶部要设置拱座，相当于梁桥桥墩的墩帽，是直接支撑拱圈的部分，相邻桥跨的拱推力相互抵消后，将不平衡推力传至墩身。它承受着较大的拱圈压力，故一般采用C20以上整体混凝土、混凝土预制块或MU40以上的块石砌筑。

②轻型桥墩。拱桥桥墩上所用的轻型桥墩，一般为配合钻孔灌注桩基础的桩（柱）式桥墩。它与梁桥的桩（柱）式桥墩的主要区别是在梁桥墩帽上设置支座，而在拱桥墩顶部分则设置拱座。桩（柱）式桥墩墩身由一根或数根桩（柱）组成，柱身直径一般为0.6~2.0 m，柱的顶端设置拱座，柱的下端支撑于桩或承台上。当桩与柱直接相连时，应在结合处设置横系梁；当桩（柱）较高大于6~8 m时，应在墩柱的中部设置横系梁，以增强桩（柱）墩的刚性，并根据计算要求在梁、柱及横系梁内配置钢筋。

2）拱桥桥台的类型及结构特点。拱桥桥台与梁桥桥台在构造上基本相同，但由于拱桥桥台要承受较大的单向拱推力，过去国内外普遍采用圬工结构实体桥台，其尺寸较大、拱座位置较台帽低。20世纪60年代，随着我国交通事业的发展，拱桥建造数量较多，修建了很多刚度大、自重轻、能适用于各种不同地基的新颖结构的拱桥桥台。

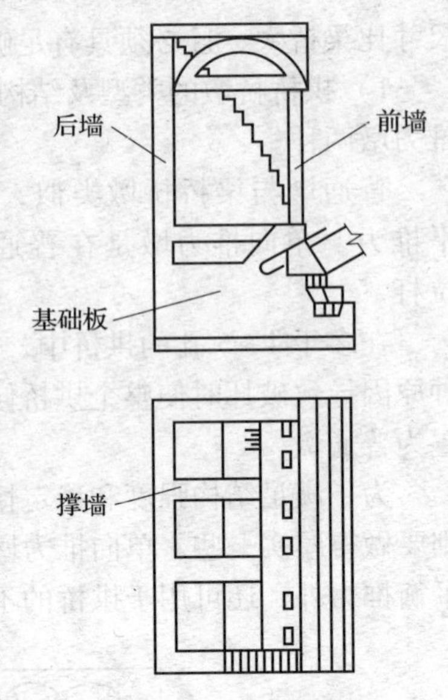

图 5—1—54 空腹式桥台

①空腹式桥台。如图 5—1—54 所示，空腹式桥台主要由前墙、后墙、基础板和撑墙组成。前墙承受拱圈传来的荷载，后墙支撑台后的土压力。在前后墙之间设置 3～4道撑墙作为传力构件，还对后墙起到护壁和对基础板起到加劲作用。最外边的撑墙可以做成阶梯踏步，供人们上下河岸。空腹可以是敞口的，也可以是封闭的。如果地基承载力允许，也可在腹内填土。这种桥台适用于软土地基、河床无冲刷或冲刷轻微、水位变化小的河道上的中等跨径拱桥。

②齿槛式桥台。如图 5—1—55 所示，齿槛式桥台主要由前墙、侧墙、后墙板、底板和撑墙组成。其结构特点是基础底板面积较大，当地基承载力较低时，仍可以支撑一定的竖直压力；底板下的齿槛可以增加底板的摩阻力，提高其抗滑稳定性；后墙板做成斜挡板，利用它背面的原状土和前墙背面的新填土共同平衡拱的水平推力；前墙与后墙板之间的撑墙可以提高结构的刚度。齿槛的宽度和深度一般不小于 0.5 m。这种桥台适用于软弱地基和路堤较低的中小跨径拱桥。

③组合式桥台。如图 5—1—56 所示，组合式桥台由台身和台座两部分组成。台身（包括基础）承受拱的竖直压力，一般采用桩基础或沉井基础；后座部分则通过后座底板的摩阻力及台后土的侧压力来平衡拱的水平推力。因此后座基底标高应低于拱脚下缘标高。台身与后座间应密切贴合，并设置沉降缝，以适应两部分的不均匀沉降。在地基土质较差时，后座基础应适当处理，防止后座向后倾斜，导致台身与拱圈变位。

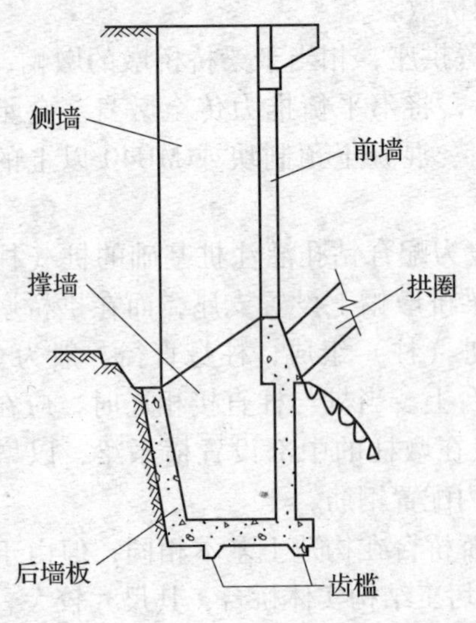

图 5—1—55 齿槛式桥台

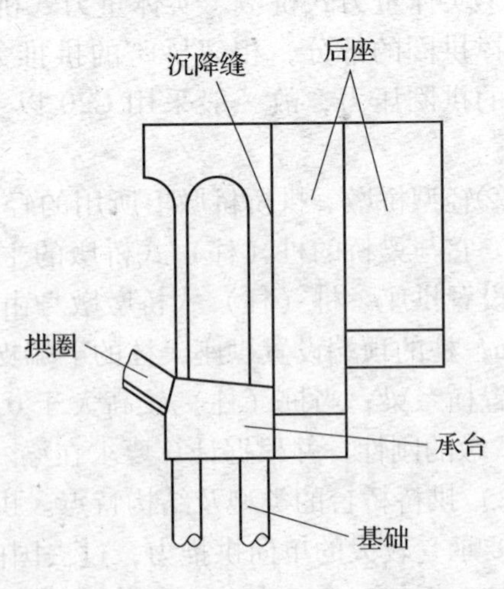

图 5—1—56 组合式桥台

2. 地基与基础

(1) 地基和基础的概念

任何建筑物都建造在一定的地层上，建筑物的全部荷载都由它下面的地层来承担。位于基础下方，用来承受由基础传来的荷载的那部分地层称为地基；位于地基和桥梁墩（台）或其他构造物之间，直接与地层相接触的部分称为基础，它直接承受桥梁结构物的全部荷载，并把它传递给地基，如图 5—1—57 所示。

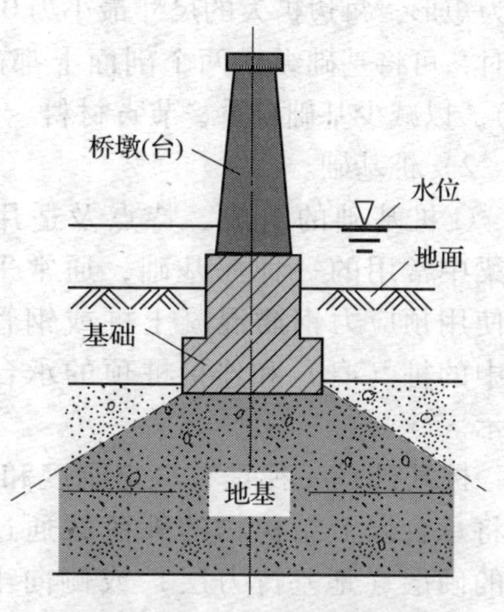

图 5—1—57 地基与基础

地基和基础在各种荷载作用下将产生附加应力和变形。为了保证桥梁或其他结构物的正常使用与安全，地基和基础必须具有足够的强度、刚度和稳定性。

(2) 地基和基础的分类

地基可分为天然地基和人工地基。未经人工处理就可以满足建筑物承载要求的地基称为天然地基。如果天然地基的承载力不够时，需要经过人工加固或处理后才能使用的地基称为人工地基。

基础根据埋置深度（用 h 表示）不同可分为浅基础和深基础。通常将埋置深度较浅（在 5 m 以内）且施工简单的基础称为浅基础；若浅层土质不良，需将基础置于较深（在 5 m 以上）的持力层中且施工较复杂的基础称为深基础。桥梁及各种构造物常采用天然地基上的浅基础。当需要使用深基础时常采用桩基础和沉井基础，我国公路桥梁中使用最多的是桩基础。

1）天然地基上的浅基础。根据受力条件的不同，天然地基上的浅基础可分为刚性基础和柔性基础。如图 5—1—58 所示。受力后不发生挠曲变形的基础称为刚性基础，刚性基础最常用的材料是水泥混凝土，也可使用浆砌片石、片石混凝土等，刚性基础内不需配置受力钢筋。其特点是抗压强度大、稳定性好、施工简便、能承受较大的荷载，但其自重大。受力后容许发生较大挠曲变形的基础称为柔性基础，柔性基础通常采用钢筋混凝土浇筑，其特点是整体性能较好，抗弯刚度较大。

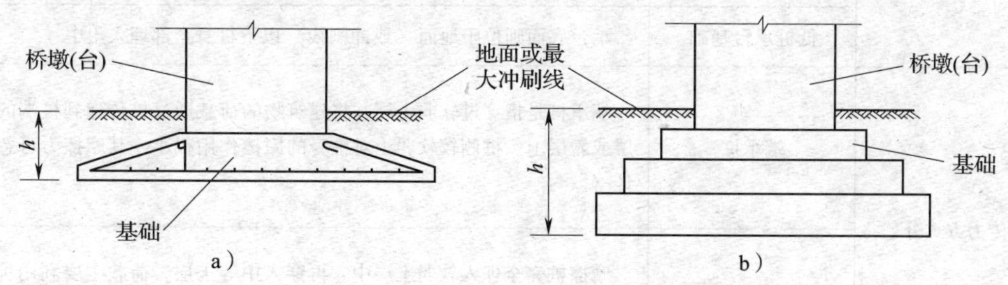

图 5—1—58 浅基础分类

a）柔性基础 b）刚性基础

为了满足地基强度要求，桥梁工程中，一般将刚性基础的平面尺寸做得比墩（台）底面的尺寸大一些，这种刚性基础称为刚性扩大基础（见图5—1—58b）。基础的平面形状通常为矩形，每边扩大的尺寸最小为0.2～0.5 m。基础的厚度一般为1.0～2.0 m，当基础较厚时，可将基础纵横两个剖面上都砌筑成台阶形（在一般情况下各层台阶宜采用相同厚度），以减少基础自重，节省材料。

2）桩基础。

①桩基础的组成、特点及适用条件。桩基础是公路桥梁中常用的一种深基础，通常采用钢筋混凝土桩，也可使用预应力钢筋混凝土桩或钢管桩。它由若干根沉入土中的桩（身）和连接桩顶的承台组成，如图5—1—59所示。

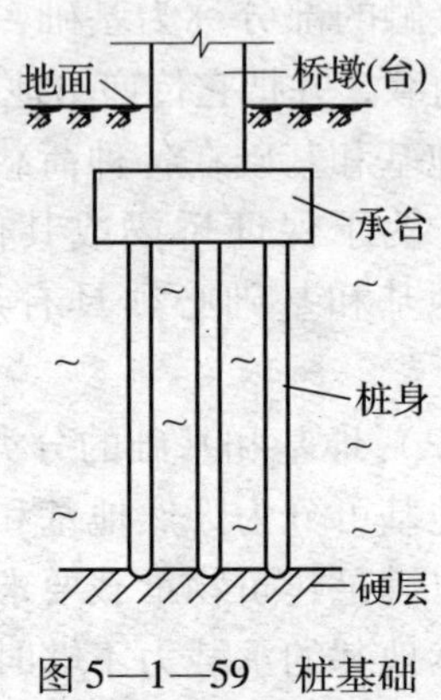

图5—1—59　桩基础

桩基础是一种具有一定刚度和抗弯能力的传力构件，可将承台以上结构物的外荷载通过承台，由桩身传给较深的硬层（地基持力层）或侧向土体。因此，桩基础具有承载能力大、稳定性好、沉降量小而均匀、施工简单、节省材料等特点。

桩基础一般适用于荷载较大，地基土层中的软弱层较厚、承载力较高的土层埋置较深；河道不稳定，河床冲刷深度较大；结构物对不均匀沉降敏感或需要较小沉降；施工水位或地下水位较高的情况。

②桩基础的分类。随着桥梁建设的发展和工程技术的进步，桩基础在工程实际中的应用越来越广泛。桩基础根据构造和使用性能主要有以下三种分类方法，见表5—1—7，最常用的是按施工方法进行分类。

表5—1—7　　桩基础的分类

分类方法	分类	特点
按承台位置分	高桩承台基础	承台底面位于地面（或冲刷线）以上，桩身一部分埋入土中，另一部分外露于地面以上
	低桩承台基础	承台底面则位于地面（或冲刷线）以下桩身全部埋入土中
按传力方式分	端承桩	端承桩是指穿过软弱土层并将建筑物的荷载通过桩传递到桩端的硬土层或岩层上。桩侧较软弱土对桩身的摩擦作用很小，其摩擦力可忽略不计
	摩擦桩	摩擦桩完全埋入软弱土层中，再穿入中等土层，荷载主要利用桩侧与土之间的摩擦作用将上部荷载传递扩散于桩周围土中，桩端土也起一定的支承作用，桩端支承的土不甚密实

续表

分类方法	分类	特点
按施工方法分	沉桩	沉桩是用汽锤（或柴油机锤）、振动打桩机等机械将各种预先制好的桩通过锤击（可辅以高压射水）沉入地基中一定的深度所形成的桩。沉桩桩身通常为实心，也可为空心。桩径（0.6～1.5 m）较小，具有施工工艺简单，施工速度快等特点
	灌注桩	灌注桩又称为现浇桩，是直接在设计桩位的地基上成孔，在孔内放置钢筋笼或不放钢筋，然后在孔内灌注混凝土而形成的 灌注桩主要有钻（挖）孔灌注桩、沉管灌注桩和爆扩桩三种。它适用于各种类型的地基，可根据需要做成较大直径以提高桩的承载力
	管柱基础	管柱基础是一种大直径桩基础，包括实心的圆桩、方桩和空心管桩。它是将预制的大直径（直径1.5～5.8 m）钢筋混凝土或预应力钢筋混凝土或钢管柱，用大型的振动沉桩锤沿导向结构振动下沉到基岩（一般以高压射水和吸泥机辅助下沉），然后再在管柱内钻岩成孔，下放钢筋骨架，并灌注混凝土，将管柱与岩层牢固连接起来 管柱基础可以在深水及各种覆盖层条件下进行施工，没有水下作业，不受季节限制，但施工时需要动力性能较高的大型机具，一般在大跨径桥梁的深水基础上/中采用

③桩基础的施工。桩基础的施工方法较多，概括起来可分为两大类。一是挤入法，即把预制桩直接挤入土中，或者先把闭口钢管打至设计高程，然后拔出套管放入钢筋骨架，再灌注混凝土；另一类是就地成孔法，即先在桩孔位置钻、挖成孔，然后放置钢筋骨架，再灌注混凝土。我国公路桥梁的桩基础大多采用成孔法施工。

3）沉井基础。

①沉井的特点及适用条件。沉井是井筒状的结构物，通常用混凝土或钢筋混凝土制成。它是用井筒作为围水结构，一边在井内挖土，一边依靠自重克服井壁摩阻力而不断下沉至设计标高处的坚硬土层中，并经过混凝土封底、填心（有时填充混凝土）后，再浇筑沉井顶盖而成的桥梁墩台或其他结构物的基础。

沉井基础的特点是埋置深度很大、整体性和稳定性好、有较大的承载面积、能承受较大的垂直荷载和水平荷载；施工中机械设备和技术较简单，但施工工期较长，在桥梁工程中应用较为广泛。2008 年 9 月 1 日，中交二航局承建的泰州长江大桥中塔沉井是体积最大、埋置最深的世界第一水中沉井基础。

沉井基础一般适用于上部荷载较大而表层地基的承载力较小，持力层较深（距地面 8～30 m）；或山区河流中，土质较好但冲刷大或河中有较大卵石不便桩基础施工；岩层表面较平坦且覆盖层较薄，河水较深的情况。

②沉井的分类及特点。桥梁中使用的沉井有多种类型，主要有以下三种分类方法，见表5—1—8。

表 5—1—8　　沉井的分类

分类方法	分类	特点
按使用材料分	混凝土沉井	抗压强度高，抗拉能力低，通常为圆形
	钢筋混凝土沉井	它是桥梁中最常用的沉井，其抗拉抗压能力较好，下沉深度很大
	钢沉井	强度高，自重较小，易于拼装，但用钢量大，国内较少采用
按平面形状分	圆形沉井	受力均匀，便于在井内挖土、下沉，但其适应性较差，使用较少
	矩形沉井	能较好地适应墩（台）的平面形状，模板制作、安装均较简单，但受力性能较差，四角处的土不易挖除，河流水流不顺，使用较多
	圆端形沉井	能更好地适应桥墩（台）的平面形状，受力均匀性较矩形好，可充分利用基础材料，但施工较复杂，使用最广泛
按立面形状分	柱形沉井	井壁呈竖直形式，在下沉过程中不易倾斜，井壁接长较简单，模板可重复使用，当土质较松软，沉井下沉深度不大时使用
	锥形沉井	井壁呈倾斜式，可以减小土与井壁之间的摩阻力，但施工较复杂，消耗模板多，下沉过程中容易发生倾斜，当土质较密实，沉井下沉深度大，又不太增加沉井自重时使用
	阶梯式沉井	与锥形沉井的特点基本相同，所不同的是井壁呈阶梯式

沉井需要根据不同的情况采用不同的制造位置和下沉方式，主要有以下两种：就地制造下沉的沉井和浮运沉井。

就地制造下沉的沉井是指在陆地上，直接在沉井基础设计的位置上制造，然后挖土靠沉井自重下沉。若基础位置在浅水中，需先做围堰，填土筑岛出水面，再就地制造，称为就地制造下沉的沉井。

若沉井基础位置在深水（水深超过 10 m）处，筑岛有困难或不经济、有碍交通、河流流速大时，一般均采用在岸边陆地制造完成后，浮运就位下沉，称为浮运沉井。

③沉井的构造。沉井的形式虽然有所不同，但其构造基本相同，一般主要由井壁、刃脚、隔墙、井孔、凹槽、射水管、封底和盖板等部分组成，如图 5—1—60 所示。

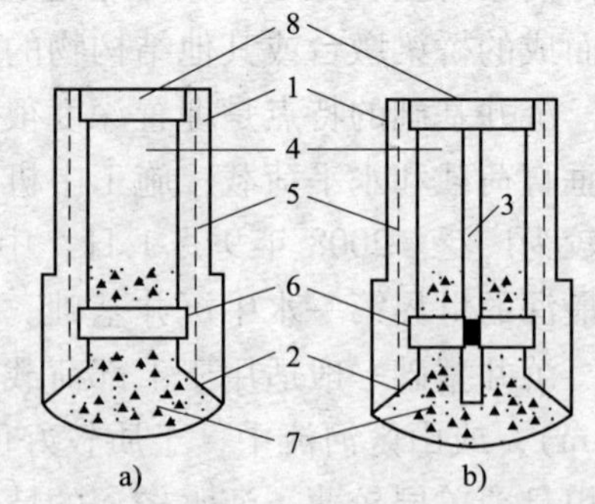

图 5—1—60　沉井构造示意图

1—井壁　2—刃脚　3—隔墙　4—井孔　5—射水管　6—凹槽　7—封底　8—盖板

九、桥梁的施工

公路桥梁的类型多种多样，但简支梁桥构造简单，施工方便。目前，简支梁桥中预应力混凝土梁桥的使用性能良好，应用广泛。下面仅以预应力混凝土简支梁桥为例来说明桥梁的施工过程。

简支梁桥由上部结构和下部结构组成，上部结构主要包括主梁和桥面系部分，下部结构主要包括桥墩、桥台和基础。

简支梁桥的施工方法主要有整体式（现浇法）和装配式（预制安装法）两种。

整体式施工无需预制场地，并且不需要大型吊运设备，但需要搭设支架。工期长，施工质量不如预制法容易控制，而且对于预应力混凝土梁由于收缩和徐变引起的应力损失也较大。

装配式施工一般上、下部结构可平行施工，工期短；混凝土收缩和徐变的影响小，质量容易控制；有利于大规模工业化制造。但需要设置预制场地和拥有必要的吊运设备。

简支梁桥的施工主要包括基础、桥墩、桥台、主梁预制、主梁安装、桥面及附属工程的施工。以下是装配式预应力混凝土简支梁桥的施工流程。

1．墩台基础

墩台基础常用的是扩大基础和桩基础，按地基条件进行选用。

2．扩大基础

扩大基础属于浅基础，首先要进行基坑的开挖，当基础底面达到设计标高和设计要求的有效持力层后，对基础底面的土层进行有效的夯实，按照设计图样进行基础砌筑。

3．桩基础

桩基础属于深基础，施工前先按照设计的桩基位置在桥位处将桩基位置准确放样出来，然后使用成孔法进行桩基础施工。

当基础施工完毕并达到设计强度后，凿除桩头多余部分、露出钢筋，开始进行桥墩、桥台的施工。

4．桥墩施工

桥墩的形式很多，目前被广泛采用的是桩（柱）式桥墩，这种桥墩自重小、施工方便、外形又较美观，并能有效节约施工材料。

墩柱施工时，先绑扎钢筋、架设模板，再进行墩身混凝土的浇筑。当墩柱达到设计强度后，就可在柱顶施工盖梁。首先要制作盖梁钢筋骨架片，然后进行模板拼装，最后浇筑混凝土。

5．桥台施工

重力式U型桥台是简支梁桥中最常用的一种桥台形式，它构造简单，采用扩大基础。先进行台身的施工，台身坐落在扩大基础上，分为前墙和侧墙，通常采用混凝土或浆砌块石。台身施工完毕后，再进行台帽的钢筋绑扎和混凝土浇筑。当台身形成一定强度后要进行台后回填，填土应分层夯实。

6．主梁预制和安装

主梁可在桥位附近选择场地按规范进行预制，也可在专门的预制场预制好后运送至桥位处。主梁的横截面主要有空心板梁和T梁，空心板梁是一种较为成熟的主梁结构形式，比同跨径的实心板梁自重小，运输安装方便，而建筑高度又比同路径的T梁小，因此，使用较广泛。

桥墩、桥台施工结束后，当主梁混凝土强度达到要求时，就可进行主梁的安装。

7. 桥面及附属工程施工

主梁全部架设就位后，就可进行桥面构造的施工。桥面施工通常包括桥面铺装、防水和排水设备、伸缩缝、人行道及栏杆、护栏等。

桥面铺装先进行钢筋网的绑扎，然后进行混凝土的浇筑与振捣。桥面铺装完成后需安装桥面伸缩缝，并根据设计需要设置人行道，进行护坡、护岸等桥梁附属工程的施工。

位于北京颐和园内的十七孔桥是一座长150 m，宽8 m的17孔联拱大石桥，飞架于南湖岛和廓如亭之间。乾隆时仿著名的卢沟桥所建。桥上石雕极其精美，每个桥栏的望柱上都雕有神态各异的狮子，大小共计544只，两桥头还有石雕异兽，十分生动。为何桥洞要建成17孔呢？因为桥正中的大孔，从桥两端数来正好是"九"数。而"九"称为极阳数，是过去封建帝王最喜欢的吉利数字，所以将桥建成17孔。

十七孔桥

课题二　涵　　洞

- 了解涵洞的构造；
- 掌握涵洞组成及分类；
- 能够认识涵洞各组成部分、区分涵洞类型。

涵洞在公路工程中占较大比例，是公路构造物的重要组成部分，主要表现在工程数量和

工程造价上。据统计涵洞工程数量约占桥涵总数量的60% ~70%，平原地区，每千米有1 ~3座；山岭重丘区，每千米平均有4 ~6座，涵洞工程的造价约占桥涵总额的40%左右。公路工程中，在水渠通过公路的地方，为了不妨碍交通，常常需要修建涵洞，以保证公路的延伸和连续性。

如图5—2—1所示，图a ~d中的涵洞是由哪两部分组成的?分别属于哪种类型?

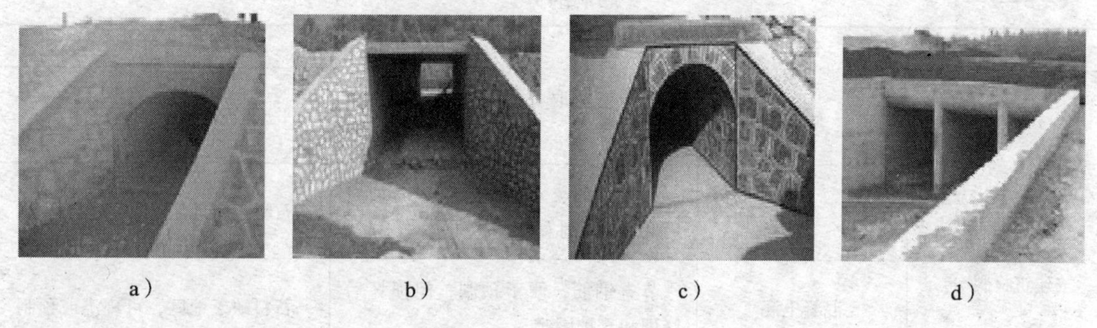

图5—2—1　涵洞

一、涵洞的组成与分类

涵洞主要是为宣泄地面水流（包括小河沟）而设置的横穿路基的小型排水构造物。少数涵洞也用做交通，供行人或车辆通行。按《公路工程技术标准》（JTG B01—2003）规定：凡单孔标准跨径 l_k <5 m（圆管涵和箱涵不论管径或跨径大小、孔数多少）的构造物均称为涵洞。

1. 涵洞的组成

涵洞是由洞身及洞口建筑两部分组成的，如图5—2—2所示。

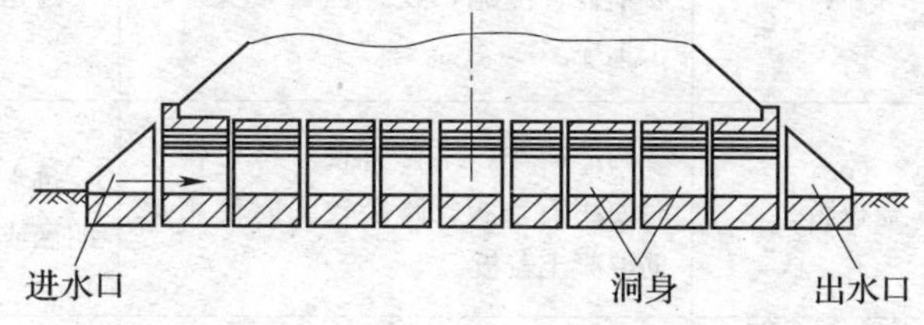

图5—2—2　涵洞组成示意图

洞身是涵洞的主要组成部分，承受着活载压力和土压力，并将压力通过基础传给地基，它应具有保证水流安全宣泄的必要孔径，同时本身要坚固而稳定。

洞口建筑连接着洞身及路基边坡，应与洞身较好地衔接并具有良好的泄水条件。洞口建筑分为进水口和出水口两部分。

2. 涵洞的分类

涵洞在公路中的类型有多种，主要有以下三种分类方法：按建筑材料、洞顶填土和构造形式划分，见表5—2—1。

表5—2—1　　涵洞的分类

分类方法	分类	特点	适用条件
按建筑材料分	砖涵	便于就地取材，但强度较低，易损坏	平原或石料缺乏地区
	石涵	节省钢筋、水泥，造价、养护费用低，耐久性好	石料丰富地区
	混凝土涵	节省钢筋，便于预制，但损坏后修理和养护困难	石料缺乏地区，可现浇或预制
	钢筋混凝土涵	强度高，耐久性好，养护费用少，但用钢量较大，工序多，造价较高	石料缺乏地区或软土地基上
按洞顶填土分	明涵	洞顶无填土	低路堤及浅沟渠
	暗涵	洞顶有填土，且填土厚度大于50 cm的涵洞	高路堤及深沟渠
按构造形式分	圆管涵	受力性能和对基础的适应性较好，两端仅需设置端墙，不需设置墩台，圬工数量少，构造简单，造价低	填土高度较大的小跨径暗涵
	拱涵	跨径和承载能力较大，砌筑技术易掌握，应用广泛，但自重大，施工工序多	跨越深沟或高路堤时采用
	盖板涵	构造简单，维修方便。跨径较小时使用石盖板，跨径较大时使用钢筋混凝土盖板	过水面积较大时，低路堤上的明涵或一般路堤的暗涵
	箱涵	整体性强，但用钢量大，施工困难，造价较高，一般不常采用	软土地基采用

二、涵洞的构造

1．洞身

涵洞是由洞身及洞口建筑组成的小型排水构造物。洞身是涵洞的主要部分，在不均匀荷载作用下及基底土层性质不同时会引起涵洞的不均匀沉降，导致涵洞断裂，因此将涵洞洞身沿纵向分为若干段，每段之间设置沉降缝（缝间填塞沥青麻絮或沥青木板），其基础也同时分开。

为有利于涵洞排水，涵洞的洞底应有适当的纵坡（一般为0.4%～5%），特别是圆涵的纵坡不宜过大，以免管壁受急流冲刷而产生断裂。若洞底纵坡大于5%，其基础底部宜每隔3～5 m设置防滑横墙或将基础做成阶梯形；若洞底纵坡大于10%，涵洞洞身及基础应分段做成阶梯形。

一般情况下同一涵洞的洞身为等截面，但有时为充分发挥洞身截面的泄水能力，在涵洞进水口处采用提高节。圆管涵不采用提高节。

（1）圆管涵

圆管涵的横截面为圆形，其洞身主要由各分段圆管节和支撑管节的基础（或基础垫层）组成，如图5—2—3所示。

圆管涵可分为刚性管涵和四铰式管涵两种。当整节圆管涵无铰时，称为刚性管涵；当圆管涵横截面左右两侧和顶部及底部设有4个铰时，称为四铰式管涵。

圆管涵常用材料为钢筋混凝土或混凝土管涵，大多采用钢筋混凝土管涵。管径有50 cm、75 cm、100 cm、125 cm和150 cm，对应的管壁厚度为6 cm、8 cm、10 cm、12 cm和14 cm。一般在工厂预制成长1 m的管节，运到现场安装。

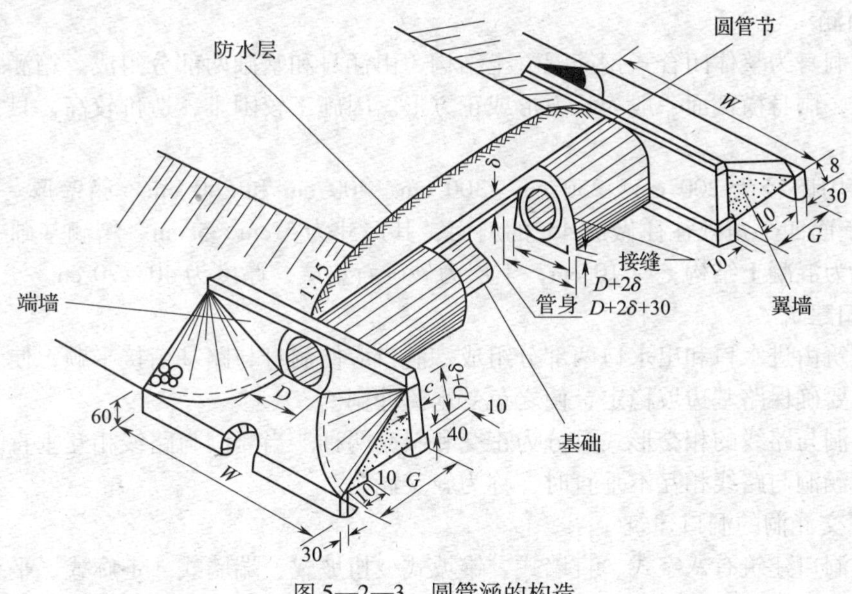

图5—2—3　圆管涵的构造

圆管涵基础类型根据基底土质而定。当基底为软弱地基时，采用混凝土或浆砌片石圬工基础；当基底为砂砾、卵石、碎石及密实均匀的黏土或砂土地基时，可采用砂砾基础垫层。

(2) 拱涵

拱涵的洞身由拱圈和涵台（包括涵台基础）两部分组成。若拱涵为两孔以上，还应包括涵墩（包括涵墩基础）。拱圈的横截面形式有半圆形、圆弧形和卵形三种，应用较多的是圆弧形，如图5—2—1c所示。

砌筑拱涵的材料，可根据当地的供应情况选用砖、石、混凝土预制块等。

拱涵的常用跨径为100 cm 、150 cm 、200 cm、250 cm、300 cm、500 cm，对应拱圈厚度一般为25 ~ 35 cm。圆弧拱的矢跨比一般为1∶3或1∶4。涵台（墩）高一般为5 ~ 400 cm，台顶护拱宽度为40 ~ 140 cm，台身底宽为70 ~ 260 cm，墩身宽度为50 ~ 140 cm，但可根据具体情况增大或减小。

拱涵基础根据地基土质情况有分离式和整体式两种。跨径大于2 ~ 3 m的拱涵，宜采用分离式基础。小跨径、卵形涵及松软地基上的拱涵宜采用整体式基础。基础底面埋置深度一般为1 m，但地基土质较差时，可适当加深。当基础设在冻土层时，基底在冰冻线下至少25 cm。

(3) 盖板涵

盖板涵是常用的矩形截面涵洞，洞身由盖板、涵台（墩）和基础组成。

盖板有石盖板和钢筋混凝土盖板，当跨径较小、洞顶具有一定填土高度时，可采用石盖板；当跨径较大时，宜采用钢筋混凝土盖板，如图5—2—1b所示。盖板的厚度随孔径和板顶填土高度而变，通常在10 ~ 30 cm之间，其混凝土标号不低于C20，板顶面采用人字形排水坡。

盖板涵洞的涵台（墩）和基础可用M10水泥砂浆砌片石或用混凝土浇筑。涵台（墩）内壁采用垂直面，外侧采用斜坡或垂直面，底部应与基础结合成整体。

(4) 箱涵

箱涵的洞身为整体闭合式钢筋混凝土结构，由涵身和基础两部分组成。箱涵常用材料为钢筋混凝土，洞身横截面一般为长方形或正方形。因施工较困难，造价较高，只在软土地基上使用。

箱涵常用跨径为200 cm、250 cm、300 cm、400 cm和500 cm。涵壁厚一般为22 ~ 35 cm，内壁面四个角处往往做成45°的斜面，其尺寸为5 cm × 5 cm。箱涵基础一般为双层结构，上层为混凝土结构，厚10 cm，下层为砂砾石垫层，厚度为40 ~ 70 cm。

2. 洞口建筑

洞口建筑由进水口和出水口两部分组成。洞口应使洞身与路基衔接平顺，使水流进出顺畅；同时还要确保路基边坡稳定，使之免受水流冲刷。

根据涵洞与路线的相交形式可分为正交和斜交两种。当涵洞与路线相互垂直时，称为正交涵洞；当涵洞与路线相互不垂直时，称为斜交涵洞。

(1) 正交涵洞的洞口建筑

正交涵洞口建筑有八字式、直墙式、锥坡式、扭坡式、端墙式、走廊式、平头式和流线形等多种形式，其中常用形式有八字式、端墙式、走廊式和平头式，见表5—2—2。

表 5—2—2　　正交涵洞洞口建筑的常用形式及特点

常用形式	构造特点
八字式	八字式洞口建筑为敞开斜置八字翼墙构成，敞开角宜采用30°，且左右翼墙对称 八字翼墙墙身宜由块（片）石砌筑，有条件时可做料石或混凝土预制块镶面。当八字墙与路中线根据地形和水流情况可正交或斜交时，正交时称为直墙式洞口，斜交时称为斜八字式洞口 八字式翼墙施工简单，造价较低，是最常用的洞口形式。适用于河沟平坦顺直，无明显沟槽，且沟底与涵底高差变化不大的情况
端墙式	端墙式（又称为一字墙式），正洞口与涵洞纵轴线垂直，涵台两侧使用矮墙挡住路堤边坡，墙外侧可用砌石椭圆锥坡、天然土坡、砌石护坡或挡土墙与天然沟槽、渠道和路基相连接，构成多种形式的一字墙式洞口。适用于沟床稳定、土质坚实的河沟以及流速较小的人工渠道或不易受冲刷的岩石河沟
走廊式	走廊式洞口由两道平行翼墙在前端展开成八字形或圆曲线形构成的，这种形式可使涵前的壅水水位在洞口部分提前收缩跌落，因此可降低无压力式涵洞的计算高度或提高涵内计算水深，增大涵洞的宣泄能力，适用于高路堤
平头式	平头式（又称领圈式）洞口，常用于钢筋混凝土圆管涵，需制作特殊的洞口管节，模板耗材较多，但可大大节省材料。适用于水流通过涵洞挤束不大和流速较小的情况

（2）斜交涵洞的洞口建筑

涵洞与路线斜交时，洞口建筑采用的形式与正交时基本相同，根据洞身的构造不同，有两种处理方法。

1）斜交斜做。为使涵洞外形美观及适应水流条件，可使涵洞洞身端部与路中线平行，而与涵洞轴线斜交，这种涵洞洞口建筑的处理方法称为斜交斜做，如图 5—2—4a 所示。斜交涵洞的洞口建筑外形美观，但施工较麻烦，一般用于盖板涵和箱涵。

2）斜交正做。在圆管涵或拱涵中，为避免两端圆管或拱圈的施工困难，可采用斜交正做洞口。即洞口端部与涵洞轴线相垂直，端墙采用台阶式或斜坡式，如图 5—2—4b 所示。这种洞口由于两个翼墙高度不同，因而长短也不一致，但尾端连线应与路中线平行。尽管斜交正做施工较简单，但外形不美观，在实际中采用较少。

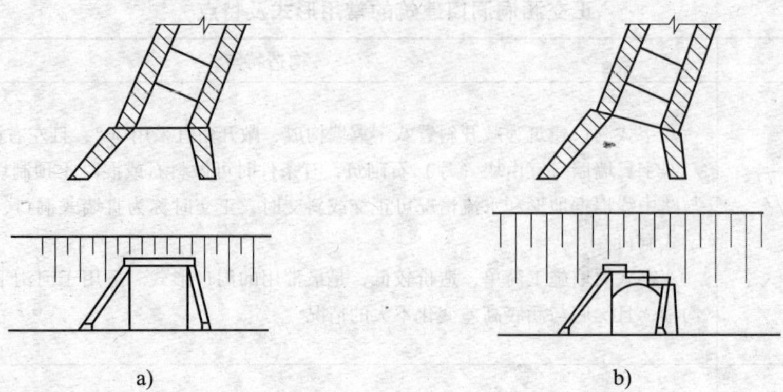

图 5—2—4　斜交洞口

a）斜交斜做八字式洞口　b）斜交正做八字式洞口

一般地，涵洞出入口附近的河床，特别是下游，水流流速大并易出现漩涡，为防止洞口处基底被水淘空而引起涵洞毁坏，进出口应设置洞口铺砌来加固，并在铺砌层末端设置浆砌片石截水墙（垂裙）来保护铺砌部分。

三、涵洞的施工

1．圆管涵的施工

圆管涵一般由多根管节组成，管节通常是在工厂预制的。圆管涵的施工根据基础情况主要分为有圬工基础管涵和无圬工基础管涵两种。这里只介绍单孔管涵的施工。

（1）有圬工基础管涵的施工工序

1）挖基坑并准备修筑管涵基础的材料。

2）砌筑圬工基础或浇筑混凝土基础。

3）将预制好的管节进行安装，修筑涵洞出入口端墙、翼墙及涵底（端墙外涵底铺装）。

4）铺设管涵防水层及修整。

5）铺设管涵顶部防水黏土（设计需要时），涵洞缺口填土及修建加固工程。

（2）无圬工基础管涵的施工工序

1）挖基和备料与单孔有圬工基础管涵相同。

2）在捣固夯实的天然土表层或砂砾垫层上，修筑截面为圆弧状的管座，其深度等于管壁的厚度，如图 5—2—5a）所示。

3）在圆弧管座上铺设垫层的防水层，然后安装预制好的管节，管节间接缝宜留 1 cm 宽，如图 5—2—5b）所示。

4）在管节的下侧再用天然土壤或砂砾垫层材料作培填料，并捣实至设计高程，再将防水层向上包裹管节，防水层外再填筑塑性黏土，并保证其与管节密贴，如图 5—

2—5c）所示。

严寒地区填筑的塑性黏土必须使用非冻胀土。

5）修筑管涵出入口端墙、翼墙及两端涵底及进行整修工作。

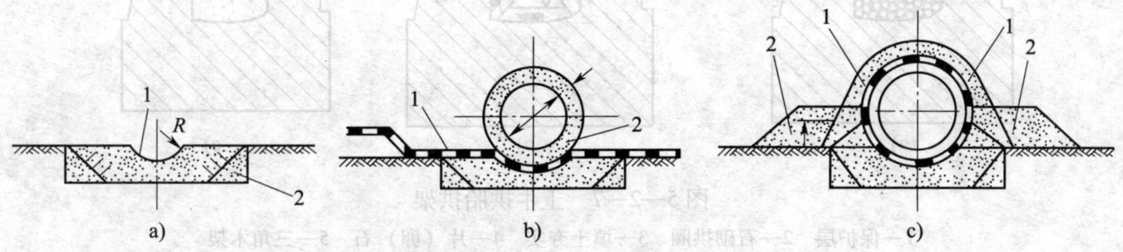

图 5—2—5 无圬工基础的圆管涵的施工工序

a）1—管座 2—夯实的天然土壤或砂（砾）垫层

b）1—防水层 2—管涵

c）1—塑性黏土 2—防水层和塑性黏土敷设后立即填筑的特别填土（非冻胀土）

2．拱涵、盖板涵的施工

拱涵、盖板涵的洞身可就地浇筑，也可在工厂预制完成后再安装。其主要施工工序如下：

（1）就地浇筑拱涵、盖板涵

就地浇筑拱涵时需要使用拱架和支架，拱架有钢拱架（见图 5—2—6）和土牛拱胎（见图 5—2—7）两种。钢拱架可用角钢、钢板和钢轨等材料在工厂制成装配式构件，在工地拼装后使用。土牛拱胎有透水盲沟、三角木架和全填土三种，在水流不大的小桥涵中使用较多，可节省木料，既经济又安全。盖板涵的施工与拱涵相同。

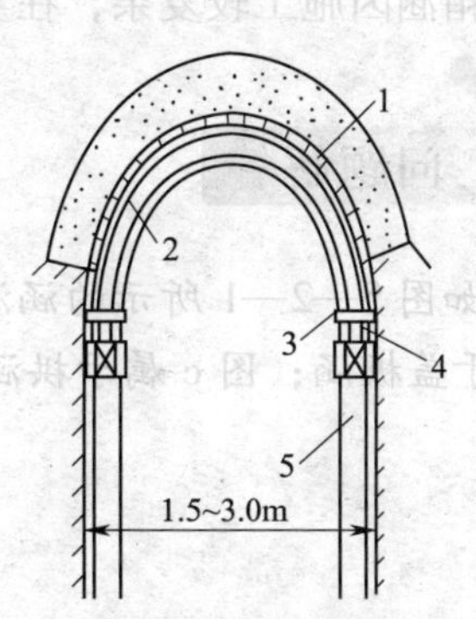

图 5—2—6 拱涵钢拱架

1—模板 2—钢轨 3—支座模板 4—木楔 5—立柱

（2）预制构件

预制构件时常用的模板为木模和土模。木模所用木材应符合有关规定，土模分为地下式、半地下式和地上式三类。土模宜用亚黏土，土中不应含有杂质，粒径应小于 1.5 mm，土的湿度应适当，夯筑土模时含水量一般控制在 20% 左右，夏季含水量可高一些，冬季可低一些。

（3）安装构件

预制构件安装前应仔细检查以下几个方面：

1）检查构件及边墙尺寸，调整沉降缝。

2）拱座接触面及拱圈两边均需凿毛（沉降缝除外）并浇水湿润，用灰浆砌筑。

3）拱圈和盖板装吊可用扒杆、链滑车或吊车。

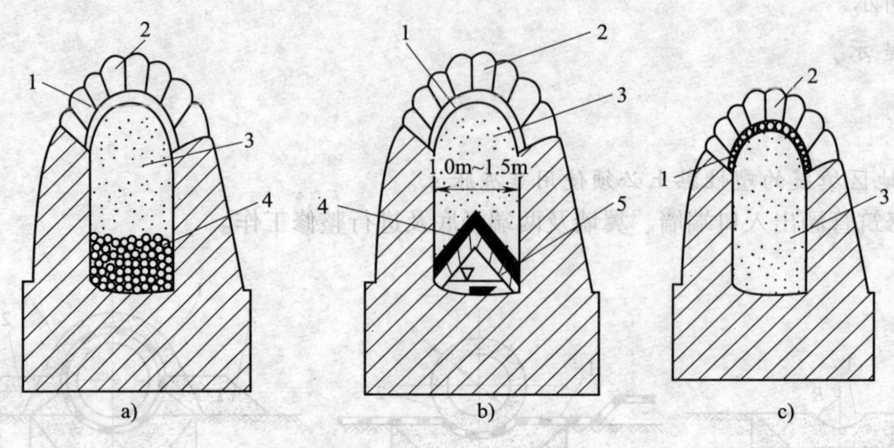

图5—2—7　土牛拱胎拱架

1—保护层　2—石砌拱圈　3—填土夯实　4—片（卵）石　5—三角木架

a）有透水盲沟土牛拱胎　b）三角木架土牛拱胎　c）全填土土牛拱胎

4）安装预制混凝土盖板，应注意涵台强度应达到设计强度的70%以上；安装好后，盖板上的吊装孔应用砂浆或其他材料堵塞。

箱涵因施工较复杂，在实际应用中较少，这里不再介绍。

如图5—2—1所示的涵洞是由洞身和洞口建筑两部分组成的。其中图a属于圆管涵；图b属于盖板涵；图c属于拱涵；图d属于箱涵。

课题三　隧　道

- 了解隧道的概念、作用；
- 了解隧道常用的施工方法；
- 掌握隧道的构造及类型；
- 能够认识隧道各组成部分、类型。

我国地域辽阔，多山岭重丘，山区公路建设任务十分繁重。修建隧道虽然是更合理的方案，既可以缩短公路里程，改善线形和交通运输条件，提高行车速度，又能保护国土环境。但由于受资金限制及其他因素影响，很少考虑修建隧道。过去修筑低等级公路，大都采用盘山绕行或高填深挖的做法。

20 世纪 80 年代以来，随着我国改革开放的不断深化，国民经济蓬勃发展，公路客货运输量大幅度增长，公路特别是干线公路通行能力不足的矛盾日益突出。因此修建高等级公路和扩大干线公路的通行能力已成为公路建设的重中之重。隧道数量大大增加，规模增大，修建技术也有了很大提高。近年来，我国在高等级公路建设中，已建成千米以上的长大隧道 40 余座。为了保持国民经济的持续、快捷、健康发展，为了扩大内需、加快基础设施建设及实施西部大开发战略，我国加大了对公路建设的投入。因此今后隧道修建将会愈来愈多，隧道必将充分发挥其在公路交通中的重要作用。如图 5—3—1 所示。

a）

b）

图 5—3—1 隧道

a）公路隧道 b）铁路隧道

隧道按位置一般分为哪些类型？由哪几部分组成？

一、隧道的概念、分类

隧道是公路工程的重要组成部分，修建在地下或水下并铺设公路、铁路供机车车辆通行的建筑物，是一种地下通道。它有多种分类方法，各种类型见表 5—3—1。本节主要介绍公路中使用较多的山岭隧道。

表 5—3—1　　隧道的分类

隧道分类	类型	定义
按隧道长度（L）分	短隧道	$L \leqslant 500$ m
	中隧道	500 m $< L \leqslant$ 1 000 m
	长隧道	1 000 m $< L \leqslant$ 3 000 m
	特长隧道	$L >$ 3 000 m
按隧道位置分	山岭隧道	为缩短距离和避免大坡道而从山岭或丘陵下穿越的隧道
	水下隧道	为穿越河流或海峡而从河下或海底通过的隧道
	城市隧道	为适应铁路通过大城市的需要而在城市地下穿越的隧道
按地质条件分	土质隧道	修建在土层中的隧道
	石质隧道	修建在岩层中的隧道

二、公路隧道的构造

公路隧道由主体构造物和附属构造物是两大类组成。主体构造物通常指洞身衬砌和洞门，是为了保持岩体的稳定和行车安全而修建的人工永久建筑物；附属构造物是主体构造物以外的其他构造物，包括人行道（或避车洞）、防排水设施、通风、照明、应急和公用设施等。

1. 洞身衬砌

隧道开挖后，为使围岩稳定，确保运营安全，需按一定轮廓尺寸建造一层具有足够强度的支护结构，这种隧道支护结构称为隧道（洞身）衬砌。洞身衬砌主要由围岩、边墙和拱圈三部分组成，如图 5—3—2 所示。

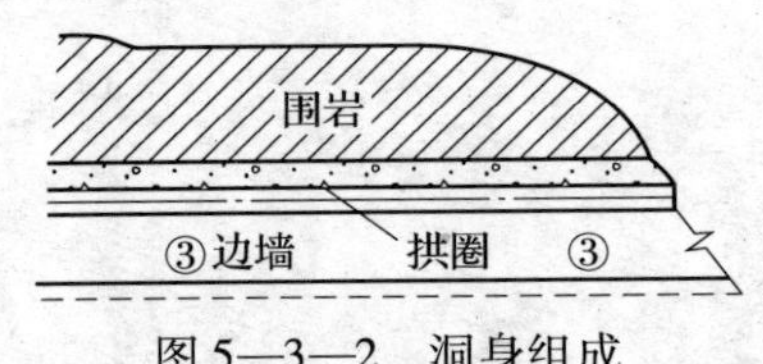

图 5—3—2　洞身组成

公路隧道衬砌应具有足够的强度、耐久性、抗渗性、耐腐蚀性和抗风化及抗冻性等，还要满足经济、就地取材、易于机械化施工等要求。常用的材料有混凝土、喷射混凝土、锚杆与喷锚支护、钢筋混凝土、石料等。

洞身衬砌根据洞身围岩类别的不同可以采用直墙式衬砌、曲墙式衬砌、喷射混凝土衬砌、锚喷衬砌及复合式衬砌等类型，常用的类型有以下三种，如图 5—3—3 所示。

（1）直墙式衬砌

直墙式衬砌通常用于岩石地层垂直围岩压力较大，水平围岩压力很小的情况。一般适用于Ⅳ、Ⅴ类围岩，有时也可用于Ⅲ类围岩。

（2）曲墙式衬砌

曲墙式衬砌适用于Ⅲ类以下围岩中，围岩水平压力很大，或除了围岩垂直压力外，常有底压力。当地质条件较差时，为防止衬砌沉陷，抵御底鼓压力，使衬砌形成封闭结构，在隧道底面设置仰拱；当基础条件比较好时，可采用无仰拱曲墙式衬砌。

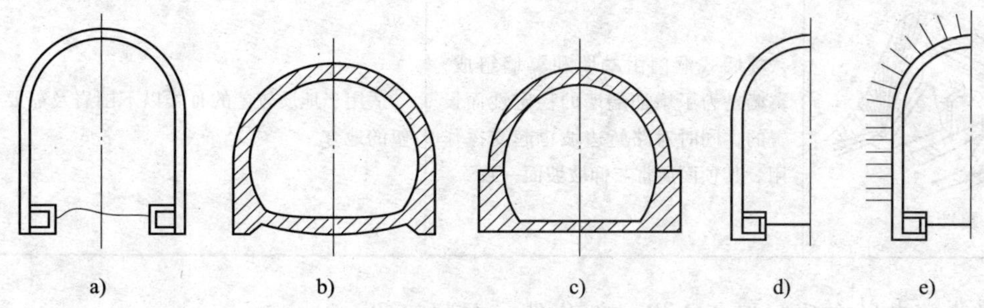

图 5—3—3　洞身衬砌

a）直墙式衬砌　b）封闭式曲墙式衬砌　c）无仰拱曲墙式衬砌
d）喷射混凝土衬砌　e）锚喷衬砌

（3）喷射混凝土、锚喷衬砌

锚喷衬砌适用于Ⅴ、Ⅵ类围岩。根据实际情况先安装锚杆，再喷射混凝土，喷射厚度为 6 ~ 15 cm，必要时可增设钢筋网。

如果以喷射混凝土、锚杆或钢筋网中的一种或几种组合作用作为初期支护对围岩加固，维护围岩的稳定，防止有害松动；待初期支护变形基本稳定后，再现浇混凝土作为二次衬砌，即为复合式衬砌。复合式衬砌由初期支护和二次衬砌组成的。

2. 洞门

洞门位于隧道的两端，是隧道的外露部分，俗称出入口。它一方面起着稳定洞口仰坡坡脚的作用，另一方面也有装饰美化洞口的效果。根据地形和地质条件的不同，隧道洞门需选择合适的形式，常见的有端墙式、柱式和翼墙式等形式。见表 5—3—2。

表 5—3—2　　**洞门常见形式**

常见洞门形式	特点	适用条件
端墙式	端墙式洞门又称为一字洞门，其构造简单，施工方便，受力条件明确，是最常见的洞门形式	适用于岩质稳定的Ⅳ类以上围岩和地形开阔的隧道
柱式	柱式洞门在端墙上增加对称的两个立柱，不但雄伟壮观，而且对端墙局部加强，增加洞门的稳定性	适用于地势陡峭的Ⅳ类围岩，仰坡有下滑的可能性，又受地质或地形条件的限制，不能设置翼墙，洞口地形较开阔的隧道

续表

常见洞门形式	特点	适用条件
翼墙式	翼墙式洞门由端墙和翼墙组成。翼墙是为了增加端墙的稳定性而设置的，同时对路堑边坡也起支撑作用。其顶面通常与仰坡坡面一致	适用于地质较差的Ⅲ类以下围岩及需要开挖路堑的地方

隧道除洞身衬砌和洞门两个组成部分外，在洞门覆盖层较薄，容易坍塌地段，应加筑明洞。明洞是指用明挖法修建的隧道，或在露天修建而有回填土予以遮盖的结构物。明洞的结构类型，根据地形、地质、回填土状况而定，通常由顶盖和边墙组成。当底部地层可能挤入洞内时，需设置仰拱，如图5—3—4所示。

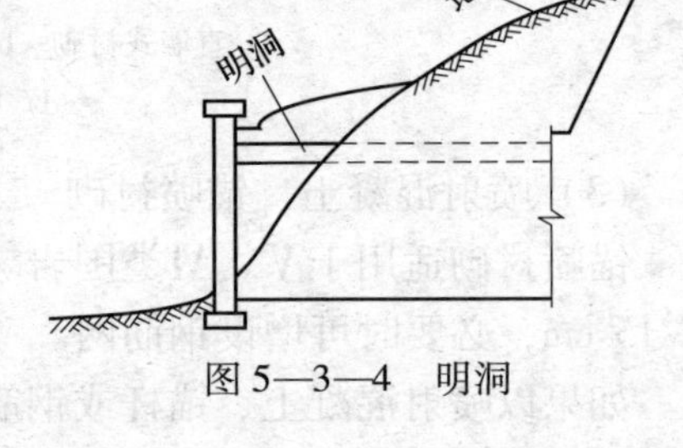

图5—3—4　明洞

3．隧道附属构造物

隧道附属构造物是指为确保交通安全和顺适而设置的人行道（或避车洞）、防排水设施、通风、照明、应急和公用设施等。这些设施均应根据公路等级、隧道长度、设计交通量、地理位置与所在环境及使用条件等综合研究确定，按安全、经济、适用的原则进行设计、施工。

三、公路隧道的施工

隧道施工是指隧道开挖、支护与测量方法、施工技术和施工管理的总称。

根据隧道穿越地层的不同地质条件和社会生产工业化的发展，公路隧道施工包括以下三类：山岭隧道、软土隧道和水下隧道。本节只介绍最常用的山岭隧道的施工。

山岭隧道的施工方法主要包括矿山法（钻爆法）和掘进机法两种。矿山法又分为传统矿山法和新奥法。传统矿山法是采用钻爆开挖加钢木构件支承的施工方法；新奥法是采用钻爆开挖加锚喷支护的施工方法；掘进机法是采用隧道掘进机施工的方法。

1．传统矿山法

传统矿山法是人们在长期的施工实践中发展起来的。它是以木或钢构件作为临时支撑，待隧道开挖成型后，逐步将临时支撑撤换下来，而代之以砌筑整体式厚衬为永久性支护的施工方法。由于木构件支撑耐久性及对坑道形状的适应性差，支撑撤换工作既麻烦又不安全，且对围岩有所扰动，目前很少采用。因此使用较多的支撑是钢构件，这种构件支撑可直观和有效地维持坑道稳定，施工人员也容易理解和掌握，常被应用于不便采用锚喷支护的隧道或坍方处理中。

传统矿山法的施工流程如图5—3—5所示。

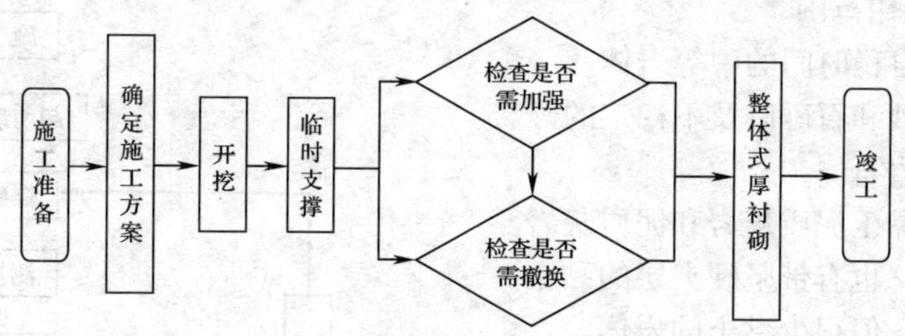

图 5—3—5 传统矿山法的施工流程

2. 新奥法

新奥法（NATM）是充分利用围岩的自承能力和开挖面的空间约束作用，采用锚杆和喷射混凝土为主要支护手段，对围岩进行加固，约束围岩的松弛和变形，并通过对围岩和支护的量测、监控，指导地下工程的设计施工方法。

新奥法是新奥地利隧道施工方法的简称，在我国常把新奥法称为“锚喷构筑法”。采用该方法修建地下隧道时，对地面干扰小，工程投资也相对较小，已经积累了比较成熟的施工经验，工程质量也可以得到较好的保证。

（1）新奥法施工要点

1）作业多采用光面爆破和预裂爆破，并尽量采用大断面或较大断面开挖，以减少对围岩的扰动。

2）根据围岩特征采用不同的支护类型和参数，及时施做密贴于围岩的柔性喷射混凝土和锚杆初期支护，以控制围岩的变形和松弛。

3）在软弱破碎围岩地段，使断面及早闭合，以有效地发挥支护体系的作用，保证隧道稳定。

4）二次衬砌原则上是在围岩与初期支护变形基本稳定的条件下修筑的，围岩与支护结构形成一个整体，从而提高支护体系的安全度。

5）尽量使隧道断面周边轮廓圆顺，避免棱角突出处应力集中。

6）通过施工中对围岩和支护的动态观察、量测，合理安排施工程序，进行设计变更及日常的施工管理。

（2）新奥法的支护原则和手段

围岩不仅是承载物体，而且是承载结构；围岩承载圈和支护体组成巷道的统一体，是一个力学体系；巷道的开挖和支护都是为改善与提高围岩的自身支撑能力服务。

新奥法是以喷射混凝土、锚杆支护为主要支护手段，因锚杆喷射混凝土支护能够形成柔性薄层，与围岩紧密黏结的可缩性支护结构，允许围岩有一定的协调变形，而不使支护结构承受过大的压力。

（3）新奥法的施工程序

新奥法的施工有多种方法，最常用的是全断面施工法。以下为全断面施工法的施工流程，如图 5—3—6 所示。

(4) 新奥法适用范围

1) 具有较长自稳时间的中等岩体。

2) 弱胶结的砂和石砾以及不稳定的砾岩。

3) 强风化的岩石。

4) 刚塑性的黏土泥质灰岩和泥质灰岩。

5) 坚硬黏土，也有带坚硬夹层的黏土。

6) 微裂隙的，但很少黏土的岩体。

7) 在很高的初应力场条件下，坚硬的和可变坚硬的岩石。

新奥法施工是隧道施工中使用较多的施工方法。它是从实际经验中总结出来的，又在不断实践经验中得以丰富其内容和进一步发展，新澳法施工在我国推广以来，经过几十年的发展，通过科研、设计、施工三结合，在修建中梁山、二郎山、西山坪等多座公路隧道中，应用新奥法取得了较大的成就。

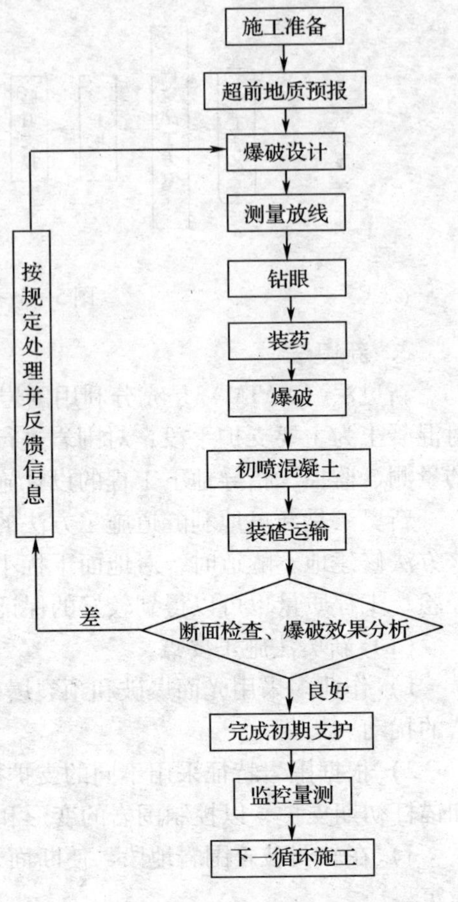

图5—3—6　新奥法的全断面施工流程

3. 掘进机法

掘进机是开挖隧道时使用的一种公路机械。隧道掘进机包括全断面隧道掘进机和臂式掘进机两种类型，如图5—3—7所示。全断面隧道掘进机是利用回转刀具切削破岩及掘进，形成整个隧道断面的一种新型、先进的隧道施工机械。臂式掘进机（又称部分断面掘进机）是一种集切削破岩、自动行走、装载石碴等多种功能为一体的高效联合作业机械。

隧道掘进机施工时具有安全、快速、优质，自动化和机械化程序高，围岩振扰动小，对环境影响小，但能耗大、断面单一，对岩层变化的适应性差，投资高等特点。因此在隧道施工中使用较少。

a）

b）

图5—3—7　隧道掘进机

a）全断面隧道掘进机　b）臂式掘进机

我国是幅员辽阔、地质复杂、多山地丘陵的发展中国家，城市化交通处于起步阶段，大规模的水利及交通事业方兴未艾，隧道事业必将有更大的发展。

问题解答

根据以上所学知识，隧道按所在位置可分为山岭隧道、水下隧道、城市隧道。由主体构造物和附属构造物两大类组成。主体构造物包括洞身衬砌和洞门；附属构造物包括人行道（或避车洞）、防排水设施、通风、照明、应急和公用设施等。

阅读材料

天堑总能变通途，人类的智慧除了建造广厦，很大程度上都体现在交通的建设中。面对高山阻挡，人们总能开山凿洞，缔造一个个令人惊叹的隧道奇观。我国的秦岭终南山公路隧道，2007 年 1 月建成通车，这是世界最长的双洞单向公路隧道，它北起西安市长安区青岔，南至商洛市所辖的柞水县营盘镇，隧道净宽 10.5 m，限高 5 m，全长 18.02 km，设计时速 80 km，总投资 31.93 亿元，人们驱车 15 min 便可穿越秦岭这一中国南北分界线。

值得称道的是，这个“世界之最”是完全由中国人自主设计施工的，而且在设计上也体现了人性化的理念：隧道里专门设置了特殊灯光带，通过不同的灯光和幻灯图案变化呈现出“蓝天”“白云”“彩虹”等景象，可以使驾驶员和乘客仿佛置身室外，有助于缓解驾驶和乘车的疲劳感。

思考与练习

1. 桥梁是由哪几部分组成的？
2. 桥梁按受力体系可分为哪几种？
3. 桥梁按桥长和跨径可分为哪几种？
4. 梁桥按上部结构的静力体系可分为哪几种？
5. 梁桥按上部结构的截面形式一般可分哪几种？
6. 桥面系通常包括哪些组成部分？
7. 拱桥按主拱圈的横截面形式可分为哪几类？
8. 板拱主要分为哪几种？
9. 什么是双曲拱？双曲拱是由哪几部分组成的？
10. 实腹式拱上建筑是由哪些部分组成的？

11. 空腹式拱上建筑与实腹式拱上建筑的主要区别是什么？
12. 斜拉桥是由哪几部分组成的？
13. 斜拉桥根据塔柱数量可分为哪几种？
14. 高架桥的主要特点是什么？
15. 桥墩和桥台的主要区别是什么？
16. 梁桥重力式桥墩的主要特点是什么？
17. 梁桥桥台主要有哪几种类型？
18. 简述梁桥与拱桥的主要区别。
19. 基础根据埋置深度可分为哪几类？
20. 深基础常采用哪两种？
21. 什么是桩基础？
22. 桩基础按施工方法可分为哪几类？
23. 什么是沉井？沉井的特点是什么？
24. 简述桥梁的施工流程。
25. 涵洞按构造形式分为哪几类？
26. 涵洞是由哪几部分组成的？
27. 简述八字式洞口建筑。
28. 隧道按所在位置可分为哪几种？
29. 公路隧道主要由哪几部分组成？
30. 洞门的常见形式有哪几种？

模块六

公路沿线设施

- ◆ 了解交通安全设施的分类及要求；
- ◆ 了解交通管理设施的分类及要求；
- ◆ 了解公路附属设施及公路美化的措施；
- ◆ 能够认识公路的交通安全、交通管理及附属设施。

为保证汽车安全、经济、舒适地行驶和公路的正常使用，公路工程除要有坚实耐用的路基、路面、桥涵、隧道等主体工程结构物外，还应有必要的沿线设施。公路沿线设施包括交通安全设施、交通管理设施、公路附属设施及环境保护等。公路的技术等级和具体情况不同，沿线设施的内容及要求也不同。高等级公路交通量大，行车速度快，沿线设施应完善、坚固、醒目、美观、经济、实用。

如图 6—1—1 所示，图 a ~ f 分别属于哪类公路沿线设施？它们各有什么作用？

一、交通安全设施

交通安全设施是为保障行车和行人的安全，充分发挥公路的作用，在公路沿线所设置的护栏、隔离设施、视形诱导设施、照明设备、人行天桥、人行地道、隔离带等设施的总称。

图 6—1—1　公路沿线设施

1．护栏

护栏是交通安全设施的重要组成部分，对防止行车事故的发生起着极其重要的作用。护栏主要有以下两种分类。

（1）按护栏的构造形式划分

按护栏的构造形式划分为柔性护栏、半刚性护栏和刚性护栏三类，如图 6—1—2 所示。

图 6—1—2　护栏

a）柔性护栏　b）半刚性护栏　c）刚性护栏

1）柔性护栏。柔性护栏的主要形式是缆索护栏，是具有较大的缓冲能力的韧性结构，多根缆索固定在立柱上，主要依靠缆索的拉应力吸收车辆碰撞的能量，使用时间长，容易修复，且外形美观，但施工较复杂，且对驾驶员的视线诱导性较差。

2）半刚性护栏。半刚性护栏的主要形式是梁式护栏，具有一定的刚度和柔性。主要代表形式是波形护栏，它主要通过横梁的变形吸收冲撞能量，损坏处容易修复，对驾驶员具有较好的视线诱导作用，且外形美观，应用较为广泛。

3）刚性护栏。刚性护栏的主要形式是混凝土墙式护栏，具有较大的刚度，主要依靠汽车爬高、变形和摩擦来吸收碰撞能量。刚性护栏在碰撞时几乎不变形，因而维修费用低。车辆行驶过程中，刚性护栏对驾驶员有较大的行驶压迫感。并且当车辆与护栏相撞时，对车辆和人员的伤害较大。

根据以上所学知识可知，图 6—1—1a 所示波形梁护栏属于半刚性护栏，是高速公路上经常使用的一种护栏，主要设置在公路路肩上及中央分隔带等地方，起到分隔和防止穿越等作用。其柔性较好，损坏处较易修复。

（2）按护栏设置位置划分

按护栏设置位置划分为路侧护栏、中央分隔带护栏和桥梁护栏三类。

1）路侧护栏。路侧护栏设置于公路路肩上，用于防止失控车辆越出路外，避免碰撞路外其他设施。

2）中央分隔带护栏。中央分隔带护栏是设置于公路中央分隔带内的护栏，用于防止失控车辆穿越中央分隔带闯入对向车道，并保护中央分隔带内的构造物。

3）桥梁护栏。桥梁护栏是设置于桥梁上的护栏，用于防止失控车辆越出桥外，造成重大交通事故。

2. 隔离设施

隔离设施主要是对高速公路、一级公路进行隔离封闭的人工构造物。用于防止行人、牲畜、非机动车等进入、穿越高速公路、一级公路或其他禁入区域，避免产生交通事故，并能防止非法侵占公路用地。

隔离设施一般有金属网、钢板网、刺铁丝网和常青绿篱等形式。

根据以上所学知识可知，图 6—1—1b 所示的隔离栅属于公路隔离设施，主要用于防止非机动车及行人穿越。

3. 视线诱导设施

视线诱导设施是沿车道两侧设置的，用以指示公路间、车行道边界及危险路段位置的设施。主要包括分流诱导标、合流诱导标、线形诱导标等，如图 6—1—3 所示。

a）　　　　b）　　　　c）

图 6—1—3　视线诱导设施

a）分流诱导标　b）合流诱导标　c）线形诱导标

根据以上所学知识可知，图 6—1—1c 所示分、合流诱导标属于视线诱导设施，车辆在道路上行驶需有一定的通视距离，以便掌握道路前方的情况，尤其在夜间行驶时，仅依靠前车灯照明来判断道路前方的路况、把握行驶的方向是有一定困难的，因为汽车前灯的照明范围是有限的，要达到白天的通视距离，就要依赖于诱导设施。

二、交通管理设施

交通管理设施是为了保证良好的交通秩序、避免发生交通事故的必要条件，但必须与有效的公路管理手段相配合，才能发挥公路运输效率，确保行车安全。

交通管理设施主要包括交通标志、交通标线和其他交通管理设施。

1. 交通标志

交通标志用于管理交通、保证公路交通安全、协助车辆顺利通行的交通设施。交通标志包括主标志和辅助标志两大类，见表 6—1—1。

表 6—1—1　交通标志的分类及作用

分类		作用	示例
主标志	指示标志	用于指示车辆、行人行进或停止的标志，如直行、左转等标志	允许掉头
	指路标志	用于指示车辆、行人行进的方向、地点、距离信息	G105 指路

续表

分类		作用	示例
主标志	禁令标志	用于对车辆、行人的交通行为加以限制或禁止	禁止车辆驶入
	警告标志	用于预告公路上各种行车易发生危险的情况，警告驾驶员、行人注意危险地点	注意危险
辅助标志		设置在主标志下起辅助说明的作用。如表示时间、距离、理由等	学校 表示警告理由

根据以上所学知识可知，图 6—1—1d ~ 6—1—1f 所示都属于交通管理设施中的交通标志。图 d 为交通信号灯，图 e 为停车场路口，图 f 为交叉路口。

2. 交通标线

交通标线是由标划于路面上的各种线条、箭头、文字等构成，如图 6—1—4 所示。

图 6—1—4　交通标线示意图

3. 其他交通管理设施

(1) 交通监控设施

交通监控设施是现代化交通管理系统中不可缺少的环节，它可及时获悉公路上发生的偶然性事件，以帮助公路管理人员及时采取措施疏导交通，保证交通正常。交通监控设施包括视频监控、电话等。

(2) 收费设施

收费设施包括收费站（见图 6—1—5）、收费员、车辆检测器等。

图6—1—5　收费站

三、公路沿线附属设施

高速公路交通量大，车速快，驾驶员必须保持较高的视觉意识，以保证行车安全，但高速公路线形好，行驶时间过长，驾驶员会感到枯燥、疲劳，注意力难以集中，容易引起交通事故。另外车辆还需要加油、加水及维修检查。所以在高速公路沿线应布设一定的交通设施，称为公路沿线附属设施，包括停车场、公共厕所、餐厅、加油站、商店等。

四、公路美化

公路的美化是保证公路高速行车、舒适、驾驶员良好的视觉与心理相协调的重要因素。所以在公路、特别是高等级公路的设计、施工、养护和管理的全过程中，除考虑工程和交通的技术要求外，还要考虑美学观点，使公路线型、公路沿线设施与公路景观相协调。

1．公路景观设计

公路景观设计是公路美化的主要内容，是使自然景观与公路工程结构物达到有限的协调，建立起完整的公路景观系统。所以公路景观设计就是从使用者的视觉、心理出发以保证公路的功能、美观及经济的一致性。

公路景观包括自然景观和人文景观两部分。自然景观，主要指天然形成的地形、地貌和地物，如大海、平原、山区等景物。人文景观，是指人类在日常生活中为满足物质和精神生活需要而设计出来的各种建筑物。在公路美化设计时要以对沿线公路景观影响最小为前提。

目前，我国大力推广的GBM工程就是一项改善和提高公路工程质量及管理水平，促进公路环境形成流畅、安全、舒适和优美的工程。在公路的美化设计中，将建筑工程学与心理学融汇于自然景观之中，将人、车、路三者与大自然紧密结合，按照标准化、规范化和美化的要求，精心设计、精心施工和科学管理。它突出表现了公路自身的线形美、造型美、路面清洁、交通流畅等特点，是一项集建筑工程学、交通工程学、建筑艺术学、公路美学、园艺学、管理学及交通心理学于一体的系统工程。

2. 公路绿化

公路绿化是公路美化的重要内容，它对于提高交通安全性和舒适性，缓解公路施工给沿线地区带来的不良影响，保护自然环境和改善生活环境等都具有极其重要的意义。公路绿化还有利于诱导加强视线，有利于行车安全。

公路绿化时，应根据公路所在区域的自然条件、经济条件及公路的等级等确定绿化方式，选择绿化植物品种，并借助公路沿线的自然景观，设计各种绿化造型以及花坛、草坪等，以增加公路景观，如图 6—1—6 所示。

a） b） c） d）

图 6—1—6 公路绿化

a）立交区绿化 b）休息区绿化 c）主线绿化 d）道路外部绿化

我国公路绿化主要有以下几点内容：

（1）立交区绿化

图 6—1—6a 所示为立交区绿化，它应具有以下作用。

1）为行车提供安全和舒适的环境。

2）保护周围的生活环境和自然环境。

3）导向和标志功能。

4）为附近的收费站和养护设施提供和谐的景观。

（2）休息区绿化

服务区、管理区和收费站区是司乘人员和管理人员休息的场所，因此进行细致的绿化是必要的。绿化必须与当地背景和景观特点相结合。可以利用树木和花卉来增强季节感，也可采用桌子、凳子、水池、喷泉以及娱乐设施等，为司乘人员提供休息的空间，如图6—1—6b 所示。

（3）主线绿化

图6—1—6c 所示为主线绿化，它主要是为了提高行车的安全性和舒适性，主要有以下几点：

1）必须充分考虑沿线景观特点、地形特点和交通特点，保证景观较长距离的连续性。

2）基调树应按设计目的确定，最好选用性状一致的树种、开花的树种或秋叶树种。

3）应以基调树为基础，在创造更好的道路景观的同时，保证公路建筑标准和视线距离。

（4）道路外部绿化

主线以外的绿化目的是为了保护生活、农业和自然环境以及防灾等。在公路两侧往往建设绿化带来保护环境，如图6—1—6d 所示。一方面可降低噪声污染和尾气污染，另一方面植物也可使景观更加和谐。绿化带位于路界外，宽度一般10～20 m。

绿化带的设计一般考虑两点：一是与区域景观和景色相协调，二是利用开花的和秋叶的树木和花卉创造美景。同时保护自然环境和野生动物也是公路绿化的重要内容，如修建动物通道，并种植植物，以利于动物通过。

近几年我国公路绿化技术有了长足的发展，喷播技术等新技术已经在公路绿化中得到了广泛应用。对于一些绿化的难题，如寒冷和积雪地区、岩石边坡和特殊土壤条件下的种植技术，也已开始研究，但仍存在一些问题。

我国目前公路绿化存在的问题主要有：

（1）过分强调短期效果。

（2）过分强调景观效果。

（3）植物选择和配置不合理。

（4）种植技术有待进一步提高。

要真正搞好公路绿化，应将公路绿化工程与公路建设同步进行规划、设计、施工和验收，要培养和组织专业绿化工程的施工和日常养护工作，真正做到“栽、管、护”密切结合，实现美化公路，提高公路使用效率的目的。

思考与练习

1. 护栏按构造形式划分有哪几种？
2. 交通管理设施主要包括哪几类？
3. 交通标志包括哪几类？
4. 公路景观设计包括哪几个方面？